本书得到以下单位资助出版：
☆内蒙古财经大学
☆中蒙俄经贸合作与草原丝绸之路经济带
　构建研究协同创新中心

内蒙古自治区
社会经济发展
蓝皮书

总主编／杜金柱　侯淑霞

内蒙古自治区
区域经济综合竞争力发展报告
（2016）

杜金柱　冯利英　韩　猛　郭亚帆／著

THE REGIONAL ECONOMY DEVELOPMENT
REPORT ON INNA MONGOLIA（2016）

图书在版编目（CIP）数据

内蒙古自治区区域经济综合竞争力发展报告（2016）/杜金柱等著.—北京：经济管理出版社，2017.1
ISBN 978-7-5096-4141-5

Ⅰ.①内… Ⅱ.①杜… Ⅲ.①区域经济发展—研究报告—内蒙古—2016 Ⅳ.①F127.26

中国版本图书馆 CIP 数据核字（2015）第 302773 号

组稿编辑：王光艳
责任编辑：许　兵
责任印制：黄章平
责任校对：车立佳

出版发行：经济管理出版社
　　　　　（北京市海淀区北蜂窝 8 号中雅大厦 A 座 11 层　100038）
网　　址：www.E-mp.com.cn
电　　话：(010) 51915602
印　　刷：北京九州迅驰传媒文化有限公司
经　　销：新华书店
开　　本：720mm×1000mm/16
印　　张：11.5
字　　数：219 千字
版　　次：2017 年 1 月第 1 版　2017 年 1 月第 1 次印刷
书　　号：ISBN 978-7-5096-4141-5
定　　价：98.00 元

·版权所有　翻印必究·
凡购本社图书，如有印装错误，由本社读者服务部负责调换。
联系地址：北京阜外月坛北小街 2 号
电话：(010) 68022974　邮编：100836

内蒙古自治区社会经济发展蓝皮书
编委会

总 主 编　杜金柱　侯淑霞

编　　委　金　桩　柴国君　冯利伟　李兴旺
　　　　　朱润喜　冯利英　吕　君　许海清
　　　　　张启智　张智荣　宋继承　萨如拉
　　　　　娜仁图雅　王香茜　贾智莲
　　　　　娜仁图雅　赵秀丽　王世文

总 序

2015年，面对错综复杂的国际形势和艰巨繁重的国内改革发展稳定任务，内蒙古自治区各族人民在自治区党委、政府的正确领导下，深入学习贯彻党的十八大，十八届三中、四中、五中全会及习近平总书记系列重要讲话精神，按照"五位一体"总体布局和"四个全面"战略布局的总要求，牢固树立和贯彻落实创新、协调、绿色、开放、共享的发展理念，主动适应经济发展新常态。

《内蒙古自治区2015年国民经济和社会发展统计公报》显示，2015年末全区常住人口为2511.04万人，比2014年增加6.23万人。人口自然增长率为2.4‰。城镇化率达到60.3%，比2014年提高0.8个百分点。全区实现地区生产总值18032.8亿元，按可比价格计算，比2014年增长7.7%。全年居民消费价格总水平比2014年上涨1.1%。年末全区城镇单位就业人员为292.6万人。年末城镇登记失业率为3.65%。全年实现失业人员再就业人数为6.1万人。全年完成一般公共预算收入1964.4亿元，一般公共预算支出4290.1亿元，分别比2014年增长6.5%和10.6%。财政收入在增收困难较大的情况下，顺利完成了全年增长目标。全年农作物总播种面积756.8万公顷，比2014年增长2.9%。年末全区农牧业机械总动力为3805.1万千瓦，比2014年增长4.8%；综合机械化水平达到81.4%。全年全部工业增加值为7939.2亿元，比2014年增长8.2%。全区规模以上工业企业实现主营业务收入18522.7亿元，比2014年下降0.3%；实现利润940.5亿元，比2014年下降23.8%。全年规模以上工业企业产品销售率为96.6%，产成品库存额为643.2亿元，比2014年增长0.7%。全年建筑业增加值为1263.2亿元，比2014年增长6.7%。全年全社会固定资产投资总额为13824.8亿元，比2014年增长14.5%。其中，500万元以上项目完成固定资产投资13651.7亿元，比2014年增长14.5%。新开工项目12695个，比2014年增长2.4%；在建项目投资总规模35672亿元，比2014年下降0.1%。全年社会消费品零售总额为6107.7亿元，比2014年增长8.0%。全年海关进出口总额为790.4

亿元，比 2014 年下降 11.6%。全年实际使用外商直接投资额 33.7 亿美元，比 2014 年下降 15.4%。全年完成货物运输总量 20.9 亿吨，比 2014 年增长 2.1%。全年完成旅客运输总量 19820 万人，比 2014 年增长 0.2%。年末全区民用汽车保有量为 400.1 万辆，比 2014 年增长 7.6%；全年邮电业务总量（2010 年不变价）为 400.3 亿元，比 2014 年增长 19.1%。全年实现旅游总收入 2257.1 亿元，比 2014 年增长 25.0%。接待入境旅游人数 160.8 万人次，比 2014 年下降 3.8%；旅游外汇收入 9.6 亿美元，比 2014 年下降 4.0%。国内旅游人数为 8351.8 万人次，比 2014 年增长 12.6%；国内旅游收入为 2193.8 亿元，比 2014 年增长 25.7%。年末全区金融机构人民币存款余额为 18077.6 亿元，全年新增存款 1641.3 亿元，比 2014 年增长 11.0%。全年全体居民人均可支配收入为 22310 元，比 2014 年增长 8.5%。数据显示，2015 年内蒙古自治区社会经济总体发展实现了稳中有进、稳中有好、进中有创、创中提质的良好态势，结构调整出现积极变化，改革开放不断深化，民生事业持续进步，经济社会发展迈上新台阶，实现了"十二五"圆满收官，为"十三五"经济社会发展、决胜全面建成小康社会奠定了坚实基础。

为真实反映内蒙古自治区社会经济发展全景，为内蒙古自治区社会经济发展提供更多的智力支持和决策信息服务，2013 年，由内蒙古财经大学组织校内学者编写了《内蒙古自治区社会经济发展研究报告丛书》，丛书自出版以来，受到社会各界的广泛关注，亦成为社会各界深入了解内蒙古自治区的一个重要窗口。2016 年，面对新的社会经济发展形势，内蒙古财经大学的专家学者们再接再厉，推出全新的《内蒙古自治区社会经济发展蓝皮书》，丛书的质量和数量均有较大提升，力图准确诠释 2015 年内蒙古自治区社会经济发展的诸多细节，书目包括《内蒙古自治区区域经济综合竞争力发展报告（2016）》源《内蒙古自治区文化产业发展报告（2016）》源《内蒙古自治区旅游业发展报告（2016）》源《内蒙古自治区社会保障发展报告（2016）》源《内蒙古自治区财政发展报告（2016）》源《内蒙古自治区能源发展报告（2016）》源《内蒙古自治区金融发展报告（2016）》源《内蒙古自治区投资发展报告（2016）》源《内蒙古自治区对外经济贸易发展报告（2016）》源《内蒙古自治区中小企业发展报告（2016）》源《内蒙古自治区区域经济发展报告（2016）》源《内蒙古自治区工业发展报告（2016）》源《蒙古国经济发展现状与展望（2016）》源《内蒙古自治区商标品牌发展（2016）》源《内蒙古自治区惠农惠牧政策促进农牧民增收发展报告（2016）》源《内蒙古自治区物流业发展报告（2016）》源。

一个社会的存续与发展，有其特定的社会和经济形态，同时也离不开独有的思想意识、价值观念和技术手段。秉承社会主义核心价值观、使命意识和学术的职业要求是当代中国学者应有的担当，正是基于这样的基本态度，我们编撰了本套丛书，丛书崇尚学术精神，观点坚持学术视角，客观务实，兼容并蓄；内容上专业深入，丰富实用；兼具科学研究性、实际应用性、参考指导性，希望能给读者以启发和帮助。

丛书的研究成果或结论属个人或研究团队观点，不代表单位或官方结论。由于研究者水平有限，特别是当前复杂的世界政治经济形势下的社会演进节奏日新月异，对社会科学研究和发展走向的预测难度可想而知，因此书中结论难免存在不足之处，恳请读者指正。

编委会
2016.8

前　言

《内蒙古自治区区域经济综合竞争力发展报告（2016）》作为内蒙古自治区社会经济发展研究报告系列丛书出版，要感谢内蒙古财经大学以及社会各界的支持与厚爱。

内蒙古自治区位于中国北部边疆，西北紧邻蒙古国和俄罗斯，面积118.3万平方公里，占全国总面积的12.3%，在全国各省中名列第三位。全区共辖9个地级市和3个盟。近年来，内蒙古自治区经济保持高增长态势，科技、教育、金融、人民生活水平等各方面实力显著提升。然而，由于自然、地理等各方面原因，内蒙古自治区整体经济综合竞争力在全国仍处于中下游水平，且经济发展的可持续性、基础设施建设有待加强，人民生活水平亟待提高。同时，由于内蒙古自治区地域广阔，东西跨度大，区内各盟市发展极不平衡，为合理规划各盟市经济发展布局，提升内蒙古自治区整体经济综合竞争力，首先要明确各盟市及内蒙古自治区整体经济发展现状，以便为制定经济发展规划提供决策依据。

内蒙古自治区区域经济综合竞争力评价研究工作始于2004年，以内蒙古财经大学统计与数学学院教师为研究团队，成立了内蒙古自治区区域经济综合竞争力评价课题组，首期研究成果《内蒙古区域国际竞争力发展的统计研究》已于2008年12月正式出版。随着研究内容在广度和深度上不断拓展，课题组关于区域经济综合竞争力概念及其相关理论的理解不断深入，研究成果也日趋完善和成熟。

在首期内蒙古区域国际竞争力评价研究模型的基础上，内蒙古财经大学区域竞争力研究团队于2012年正式启动了内蒙古自治区区域经济综合竞争力的评价研究。项目明确提出了研究模型的重点要落在区域经济综合竞争力评价的层面上，以便较好地适应当前我国经济改革与发展的大环境。基于以上背景，课题组对原有指标体系进行了修正，形成了用于评价内蒙古自治区区域经济综合竞争力的评价指标体系，评价成果《内蒙古自治区区域经济综合竞争力发展报告（2008～2011）》一书已于2014年7月正式出版。

进入21世纪以来，在科学发展观的指引下，中国经济发展模式正经历着巨大的变革，经济发展不再简单追求数量上的增加，而是更加注重经济发展的效益、效率以及附加值的创造。同时在经济不断发展的基础上，还应该注重人民生活水平的不断提高、环境的可持续发展等。正是基于这一当前国内经济发展形势，本书对内蒙古自治区区域经济综合竞争力评价指标体系（2008～2011）进行了进一步修订，形成了体现经济发展效益、质量以及反映民生等问题的内蒙古自治区区域经济综合竞争力评价指标体系（2016），在此基础上对内蒙古自治区整体以及各盟市各要素进行了评价研究。

本书是在已有研究《内蒙古自治区区域经济综合竞争力发展报告（2008～2011）》的基础上，充分借鉴国内外最新相关研究成果撰写而成。首先，界定了区域竞争力的概念及内涵；其次，在深入分析内蒙古自治区区域经济特点及变化趋势的基础上，遵循客观性、系统性、层次性、针对性、可行性和可比性的原则，构建了符合内蒙古自治区区情的三层次区域经济综合竞争力评价指标体系；再次，基于所建立的指标体系，对内蒙古自治区整体及各盟市经济综合竞争力进行了评价；最后，针对不同类型和发展水平盟市的经济综合竞争力特点及相对差异性，明确了各盟市的竞争优势和劣势，提出了提升内蒙古自治区区域经济综合竞争力的对策建议。

全书共分为四个部分，基本框架内容如下：

第一部分：总报告篇，即第一章。即内蒙古自治区区域经济综合竞争力评价报告。该部分是在后两部分研究的基础上，概括总结内蒙古自治区区域经济综合竞争力评价的指标体系、方法，给出内蒙古自治区区域经济综合竞争力评价结果，分析内蒙古自治区区域经济综合竞争力存在的问题以及提升内蒙古自治区经济综合竞争力的对策与建议。

第二部分：综述与方法篇，即第二章。主要介绍当前区域经济综合竞争力研究的现状与本报告的研究背景、理论依据以及内蒙古自治区区域经济综合竞争力指标体系的构建与评价方法选取等。

第三部分：实证分析篇，即第三章、第四章。分别基于全国视角和全区视角对内蒙古自治区以及12个盟市的区域经济综合竞争力进行全面、深入、科学的比较分析和评价，明确内蒙古自治区以及12个盟市经济综合竞争力的区域分布，揭示内蒙古自治区以及12个盟市经济综合竞争力的优劣势和相对地位。

第四部分：政策建议篇，即第五章。在对内蒙古自治区以及12个盟市经济综合竞争力评价分析的基础上，提出提升内蒙古自治区以及各盟市经济综合竞争力的对策建议。

　　本书在写作过程中得到了内蒙古财经大学科研处的大力支持,在此表示衷心地感谢。同时也非常感谢经济管理出版社的鼎力相助及辛苦工作。

　　由于时间紧、工作量大,所搜集处理的信息资料难免有偏误,恳请区内外同行、专家和学者批评指正。

内蒙古自治区区域经济综合竞争力评价课题组
2015 年 10 月 8 日

目 录

第一章 内蒙古自治区区域经济综合竞争力评价与对策研究 …………… 1

  第一节 内蒙古自治区区域经济综合竞争力评价的指标体系和方法 …… 2
    一、内蒙古自治区区域经济综合竞争力评价指标体系 ………………… 2
    二、内蒙古自治区区域经济综合竞争力评价方法 ……………………… 4
  第二节 内蒙古自治区区域经济综合竞争力评价的主要结论 …………… 7
    一、内蒙古自治区区域经济综合竞争力评价结果——全国视角 ……… 7
    二、内蒙古自治区各盟市区域经济综合竞争力评价结果
        ——全区视角 ……………………………………………………… 12
  第三节 提升内蒙古自治区区域经济综合竞争力的对策与建议 ………… 17
    一、优化产业结构，进一步提升产业结构竞争力 ……………………… 17
    二、合理规划对外开放格局，凸显内蒙古自治区作为向北
        开放窗口的战略重要性 ………………………………………… 20
    三、加大节能减排力度，增强经济可持续发展能力 …………………… 21
    四、大力发展人才强区战略，提升人力资源竞争力 …………………… 22
    五、加快发展现代金融业，为国民经济发展保驾护航 ………………… 24
    六、提升科技创新能力，为社会经济发展提供不竭动力 ……………… 25
    七、加强基础设施建设，为人民生活提供物质保障 …………………… 25
    八、提升管理服务意识，增强管理服务竞争力 ………………………… 27
    九、努力建设惠民工程，切实提高人民生活水平 ……………………… 28
    十、努力提升经济实力，促进社会经济又好又快发展 ………………… 29

第二章 内蒙古自治区区域经济综合竞争力研究设计 …………………… 31

  第一节 内蒙古自治区区域经济综合竞争力概念及模型 ………………… 32

一、区域经济综合竞争力的概念 …………………………………… 32
　　二、区域经济综合竞争力理论 …………………………………… 34
第二节　内蒙古自治区区域经济综合竞争力评价指标体系构建 ………… 38
　　一、内蒙古自治区区域经济综合竞争力评价指标体系的演变 …… 38
　　二、内蒙古自治区区域经济综合竞争力评价模型的构建原则 …… 45
　　三、内蒙古自治区区域经济综合竞争力评价指标体系 …………… 49
第三节　内蒙古自治区区域经济综合竞争力评价的逻辑框架与方法 …… 52
　　一、内蒙古自治区区域经济综合竞争力研究的逻辑框架 ………… 52
　　二、内蒙古自治区区域经济综合竞争力评价方法 ………………… 53

第三章　内蒙古自治区区域经济综合竞争力评价——全国视角 …………… 57
第一节　全国省域经济综合竞争力静态评价分析 ………………………… 58
　　一、全国省域各要素竞争力评价分析 …………………………… 58
　　二、全国省域经济综合竞争力评价分析 ………………………… 76
　　三、内蒙古自治区各要素竞争力及经济综合竞争力分析 ………… 80
第二节　全国省域经济综合竞争力动态评价分析 ………………………… 82
　　一、2012年全国省域各要素竞争力与经济综合竞争力评价 …… 82
　　二、全国省域经济综合竞争力动态评价分析 …………………… 86
　　三、内蒙古自治区各要素竞争力及经济综合竞争力动态变化分析 … 87
第三节　全国省域经济综合竞争力类型划分 ……………………………… 88
　　一、聚类方法简介 ………………………………………………… 88
　　二、类型划分 ……………………………………………………… 89
　　三、特点分析 ……………………………………………………… 90
第四节　内蒙古自治区区域经济综合竞争力存在的问题 ………………… 92

第四章　内蒙古自治区区域经济综合竞争力评价——全区视角 …………… 97
第一节　内蒙古自治区区域经济综合竞争力静态评价分析 ……………… 98
　　一、内蒙古自治区各要素竞争力评价分析 ……………………… 98
　　二、内蒙古自治区区域经济综合竞争力总水平评价分析 ………… 115
第二节　内蒙古自治区各盟市经济综合竞争力评价分析 ……………… 117
　　一、呼和浩特市经济综合竞争力评价分析 ……………………… 117
　　二、包头市经济综合竞争力评价分析 …………………………… 119
　　三、呼伦贝尔市经济综合竞争力评价分析 ……………………… 122
　　四、兴安盟经济综合竞争力评价分析 …………………………… 124

五、通辽市经济综合竞争力评价分析 …………………………… 126
　　六、赤峰市经济综合竞争力评价分析 …………………………… 128
　　七、锡林郭勒盟经济综合竞争力评价分析 ……………………… 131
　　八、乌兰察布市经济综合竞争力评价分析 ……………………… 133
　　九、鄂尔多斯市经济综合竞争力评价分析 ……………………… 135
　　十、巴彦淖尔市经济综合竞争力评价分析 ……………………… 137
　　十一、乌海市经济综合竞争力评价分析 ………………………… 140
　　十二、阿拉善盟经济综合竞争力评价分析 ……………………… 142
　第三节　内蒙古自治区各盟市经济综合竞争力类型划分 …………… 144
　　一、内蒙古自治区区域竞争力聚类结果 ………………………… 144
　　二、不同区域竞争力类型的区域的特点分析 …………………… 144
　第四节　内蒙古自治区各盟市经济综合竞争力特点及问题分析 …… 146
　　一、呼和浩特市经济综合竞争力特点及问题分析 ……………… 146
　　二、包头市经济综合竞争力特点及问题分析 …………………… 147
　　三、呼伦贝尔市经济综合竞争力特点及问题分析 ……………… 147
　　四、兴安盟经济综合竞争力特点及问题分析 …………………… 148
　　五、通辽市经济综合竞争力特点及问题分析 …………………… 148
　　六、赤峰市经济综合竞争力特点及问题分析 …………………… 149
　　七、锡林郭勒盟经济综合竞争力特点及问题分析 ……………… 149
　　八、乌兰察布市经济综合竞争力特点及问题分析 ……………… 150
　　九、鄂尔多斯市经济综合竞争力特点及问题分析 ……………… 150
　　十、巴彦淖尔市经济综合竞争力特点及问题分析 ……………… 151
　　十一、乌海市经济综合竞争力特点及问题分析 ………………… 151
　　十二、阿拉善盟经济综合竞争力特点及问题分析 ……………… 151

第五章　提升内蒙古自治区区域经济综合竞争力的对策建议 …………… 153
　　一、优化产业结构，进一步提升产业结构竞争力 ……………… 154
　　二、合理规划对外开放格局，凸显内蒙古自治区作为向北开放
　　　　窗口的战略重要性 …………………………………………… 156
　　三、加大节能减排力度，增强经济可持续发展能力 …………… 158
　　四、大力发展人才强区战略，提升人力资源竞争力 …………… 158
　　五、加快发展现代金融业，为国民经济发展保驾护航 ………… 160
　　六、提升科技创新能力，为社会经济发展提供不竭动力 ……… 161
　　七、加强基础设施建设，为人民生活提供物质保障 …………… 162

八、提升管理服务意识，增强管理服务竞争力 …………………… 163
九、努力建设惠民工程，切实提高人民生活水平 …………………… 164
十、努力提升经济实力，促进社会经济又好又快发展 ……………… 165

参考文献 ……………………………………………………………… 167

第一章

内蒙古自治区区域经济综合竞争力评价与对策研究

内蒙古自治区位于中国北部边疆，西北紧邻蒙古国和俄罗斯，面积118.3万平方公里，占全国总面积的12.3%，在全国各省中名列第三位。内蒙古自治区是以汉族占多数，蒙古族为主体，同时还有朝鲜族、回族、满族、达斡尔族、鄂温克族、鄂伦春等少数民族的多民族地区。全区共辖9个地级市和3个盟；其下又辖11个县级市、17个县、52个旗和21个区（2013年）。呼和浩特市、包头市和鄂尔多斯市等为自治区内主要城市。

近年来，内蒙古自治区经济保持持续高增长态势，科技、教育、金融、人民生活水平等方面实力显著提升。然而，由于自然、地理等各方面原因，内蒙古自治区整体经济综合竞争力在全国仍处于中下游水平，且经济发展的可持续性、基础设施建设有待加强，人民生活水平亟待进一步提高。同时，由于内蒙古自治区地域广阔，东西跨度宽，区内各盟市发展极不平衡。为合理规划各盟市经济发展布局，提升内蒙古自治区整体经济综合竞争力，首先要明确各盟市及内蒙古自治区整体经济发展现状，以便为制定经济发展规划提供决策依据。

第一节 内蒙古自治区区域经济综合竞争力评价的指标体系和方法

一、内蒙古自治区区域经济综合竞争力评价指标体系

经济综合竞争力的内涵十分丰富，涵盖了经济领域各个产业、行业和各个方面，涉及宏观经济、中观经济、微观经济各个层次，包含了所有经济要素，建立了一个能够对所有经济要素进行客观、准确评价和分析的指标体系及数学模型，是进行综合评价的重要基础性工作。

内蒙古自治区区域经济竞争力评价研究工作始于2004年，以内蒙古财经大学统计与数学学院教师为研究团队，成立了内蒙古自治区区域经济综合竞争力评价课题组。随着研究内容在广度和深度上不断拓展，课题组关于区域经济综合竞争力概念及其相关理论的理解不断深入，研究成果也日趋完善和成熟，并相继出版了《内蒙古区域国际竞争力发展的统计研究》（2008年12月）和《内蒙古自治区区域经济综合竞争力发展报告（2008~2011）》（2014年7月）。

进入21世纪以来，在科学发展观的指引下，我国经济发展模式正经历巨大的变革，经济发展不再简单追求数量上的发展，转而更加注重经济发展的效益、效率以及附加值的创造。同时在经济不断发展的基础上，还应该注重人民生活的不断提高、环境的可持续发展等。基于这一当前国内经济发展形势的要求，并秉承客观性、系统性、层次性、针对性、可行性和可比性的原则，本书对原内蒙古自治区区域经济综合竞争力评价指标体系进行了进一步修订，形成了体现经济发展效益、质量以及反映民生问题的内蒙古自治区区域经济综合竞争力评价指标体系（2015），见表1-1。

表1-1 内蒙古自治区区域经济综合竞争力评价指标体系（2015）

总序号	序号	二级指标及权重	三级指标权重	单位
1	1	经济实力竞争力（0.198）	地区生产总值（0.149）	亿元
2	2		人均地区生产总值（0.270）	元
3	3		地区生产总值增长率（0.081）	%
7	4		全社会消费零售总额（0.149）	万元
8	5		人均全社会消费零售总额（0.270）	元
9	6		全社会消费零售总额增长率（0.081）	%

续表

总序号	序号	二级指标及权重	三级指标权重	单位
10	1	产业结构竞争力（0.071）	第二产业、第三产业增加值占 GDP 比重（0.210）	%
11	2		工业企业全员劳动生产率（0.220）	%
12	3		第三产业增加值占 GDP 比重（0.430）	%
13	4		大中型工业企业增加值占 GDP 比重（0.140）	%
14	1	对外开放竞争力（0.029）	进出口总额（0.260）	万美元
15	2		进出口总额增长率（0.140）	%
16	3		人均进出口总额（0.140）	美元
17	4		进出口总额占 GDP 的比重（0.460）	%
18	1	可持续发展竞争力（0.130）	万元 GDP 能耗（负指标）（0.54）	吨标准煤/万元
19	2		万元 GDP 电耗（负指标）（0.300）	千瓦时/万元
20	3		环境保护支出 GDP 比重（0.160）	%
21	1	人力资源竞争力（0.112）	人口自然增长率（0.081）	%
22	2		人均教育经费（0.149）	元
23	3		万人高等学校在校学生数（0.270）	人/万人
24	4		万人高等学校专任教师数（0.270）	个/万人
25	5		职业学校年毕业学生数（0.149）	人
26	6		城镇人口比重（0.081）	%
27	1	金融发展竞争力（0.070）	存款余额（0.144）	万元
28	2		人均存款余额（0.250）	元
29	3		贷款余额（0.144）	万元
30	4		人均贷款余额（0.250）	元
31	5		保险费净收入（0.050）	万元
32	6		保险密度（0.081）	元
33	7		保险深度（0.081）	%
34	1	科技创新竞争力（0.198）	万人科技活动人员（0.277）	人/万人
35	2		科技经费支出占 GDP 比重（0.468）	%
36	3		研究机构个数（0.095）	个/万人
37	4		科研经费支出（0.160）	万元
38	1	基础设施竞争力（0.044）	人均公路长度（0.350）	公里/人
39	2		全社会旅客周转量（0.190）	万人公里
40	3		全社会物资周转量（0.350）	万吨公里
41	4		电信光缆线路长度（0.110）	公里

续表

总序号	序号	二级指标及权重	三级指标权重	单位
42	1	管理服务竞争力（0.029）	财政收入（0.087）	万元
43	2		财政收入占GDP比重（0.257）	%
44	3		财政收入年递增率（0.153）	%
45	4		财政自给率（0.415）	%
46	5		失业率（负指标）（0.087）	%
47	1	人民生活水平竞争力（0.119）	城镇人均可支配收入（0.110）	元
48	2		农村人均纯收入（0.110）	元
49	3		城镇人均消费性支出（0.210）	元
50	4		农场人均消费性支出（0.210）	元
51	5		社保覆盖率（0.370）	%

注：以上指标均为硬指标，数据来源于历年《中国统计年鉴》、《内蒙古统计年鉴》及各盟市统计年鉴和其他统计资料。

二、内蒙古自治区区域经济综合竞争力评价方法

（一）层次分析法

层次分析法（Analytic Hierarchy Process，AHP）是将与决策总是有关的元素分解成目标、准则、方案等层次，在此基础之上进行定性和定量分析的决策方法。该方法是美国运筹学家匹兹堡大学教授萨蒂于20世纪70年代初，在为美国国防部研究"根据各个工业部门对国家福利的贡献大小而进行电力分配"课题时，应用网络系统理论和多目标综合评价方法，提出的一种层次权重决策分析方法。该方法将定量分析与定性分析结合起来，用决策者的经验判断各衡量目标能否实现的标准之间的相对重要程度，并合理地给出每个决策方案的每个标准的权数，利用权数求出各方案的优劣次序，比较有效地应用于那些难以用定量方法解决的课题，是系统科学常用到的一种系统分析方法，被广泛地应用于社会、经济系统决策中。

层次分析法根据问题的性质和要达到的总目标，将问题分解为不同的组成因素，并按照因素间的相互关联影响以及隶属关系将因素按不同层次聚集组合，形成一个多层次的分析结构模型，从而最终使问题归结为最低层（供决策的方案、措施等）相对于最高层（总目标）的相对重要权值的确定或相对优劣次序的排定。具体步骤如下：

1. 建立层次结构模型

将决策的目标、考虑的因素（决策准则）和决策对象按它们之间的相互关

系分为最高层（一级指标）、中间层（二级指标）和最低层（三级指标），绘出层次结构图。

2. 构造比较判断矩阵

判断矩阵是表示本层所有因素针对上一层某一个因素的相对重要性的比较。本书通过专家调查赋权方法确定各层次各因素之间的权重，得到判断矩阵 $A = (a_{ij})$。其中判断矩阵的标度方法见表1-2。

表1-2 层次分析法比例标度的含义

权重赋值	含义
1	表示两个因素相比，具有相同重要性
3	表示两个因素相比，前者比后者稍微重要
5	表示两个因素相比，前者比后者明显重要
7	表示两个因素相比，前者比后者强烈重要
9	表示两个因素相比，前者比后者极端重要
2、4、6、8	表示上述相邻判断的中间值
倒数	若因素 i 与因素 j 的重要性之比为 θ_{ij}，那么因素 j 与因素 i 的重要性之比为 $1/\theta_{ij}$

3. 求解判断矩阵，并进行一致性检验

对于得到的判断矩阵通过特征根法求解，同时选取一致性比率 CR 进行一致性检验，这里 $CR = \dfrac{CI}{RI}$，$CI = \dfrac{\lambda_{\max} - n}{n - 1}$ 为指标数为 n 的一致性指标，RI 为与指标数 n 相对应的平均随机一致性指标（见表1-3），$\lambda_{\max}$ 为判断矩阵的最大特征根。当判断矩阵为一致性矩阵时，可以用它对应于特征根 λ 的特征向量作为被比较因素的权向量，当判断矩阵基本符合完全一致性条件（即小于0.1）时，不一致程度可接受，能够允许其特征向量作为权数向量，否则要重新成对比较，对判断矩阵加以调整。

表1-3 平均随机一致性指标

n	1	2	3	4	5	6	7	8	9	10	11
RI	0	0	0.58	0.90	1.12	1.24	1.32	1.41	1.45	1.49	1.51

4. 计算各层元素的组合权重，并检验其一致性

总排序是指每一个判断矩阵各因素针对目标层（最上层）的相对权重。这一权重的计算采用从上而下的方法，逐层合成。

假定已经算出第 1 层 m 个元素相对于总目标的权重 $w = (w_1, w_2, \cdots, w_m)^T$，第 2 层 n 个元素对于上一层（第 1 层）第 j 个元素的单排序权重是 $p_j = (p_{1j}, p_{2j}, \cdots, p_{nj})^T$，其中不受 j 支配的元素的权重为零。令 $P = (p_1, p_2, \cdots, p_n)$，表示第 2 层元素对第 1 层 n 个元素的排序，则第 2 层元素对于总目标的总排序：

$$b = (b_1, b_2, \cdots, b_n)^T = pw$$

或 $b_i = \sum_{j=1}^{m} p_{ij} w_{ji} = 1, 2, \cdots, n$

同样，也需要对总排序结果进行一致性检验。

假定已经算出针对第 1 层第 j 个元素为准则的 $C.I._j$、$R.I._j$ 和 $C.R._j$，$j = 1, 2, \cdots, m$，则第 2 层的综合检验指标：

$C.I._j = (C.I._1, C.I._2, \cdots, C.I._m) b$

$R.I._j = (R.I._1, R.I._2, \cdots, R.I._m) b$

$C.R. = \dfrac{C.I.}{R.I.}$

当 $C.R. < 0.1$ 时，认为判断矩阵的整体一致性可以接受。

（二）本书所采取的其他研究方法

1. 竞争力水平分值表

竞争力水平分值表能够将各个地区在经济综合竞争力总水平以及各要素层面上的大量情况完整、集中地加以反映，但是也有缺点，就是大量信息堆积，使用者读表时较为困难。

2. 特定区域要素竞争力水平及排名雷达图

雷达图用于比较某一地区各要素的优势和劣势，对每个地区画一个圆，在圆上等角度画出 10 条半径线，分别表示 10 个要素的竞争力水平及排名高低。在竞争力水平雷达图中，半径与圆弧的接点处表示该地区此要素得分最高、优势最大，半径与圆心（在本书中，最低分转化为 60 分）的接点处表示该地区此要素得分最低、劣势最大；在竞争力排名雷达图中，半径与圆弧的接点处表示该地区此要素得分最低、劣势最大，半径与圆心的接点处表示该地区此要素得分最高、优势最大。如果一个地区的 10 个要素都是得分最高，即把 10 条半径与圆弧的接点依次连接，组成一个圆内接正 10 边形，所围面积最大，反映这个地区的竞争力总水平最高。这里有一个假定，一个地区的某个要素如果排名第一，则最高得分为 100 分。用这种方法表示竞争力状况非常直观醒目，不但对竞争力总水平的反映非常直观，而且 10 边形的哪个顶点距离圆心最近、距离圆弧最远，即反映这个要素优势最大，也同样非常直观醒目。

3. 区域竞争力水平及排名比较雷达图

使用雷达图对全区 12 个盟市的竞争力水平值及排名进行描述，每个要素竞争力画一个圆，在圆上等角度画出 12 条半径，分别表示 12 个盟市。在竞争力水平雷达图中，半径与圆弧的接点处表示特定要素在该地区得分最高、优势最大，半径与圆心的接点处表示特定要素在该地区得分最低、劣势最大；在竞争力排名雷达图中，半径与圆弧的接点处表示特定要素在该地区得分最低、劣势最大，半径与圆心的接点处表示特定要素在该地区得分最高、优势最大。通过图形表示，各盟市在全区的排列位置和各盟市之间的差异也就一目了然；但缺点是每个雷达图只能反映一个要素或指标的差异，信息量较小。

4. 条形图

使用条形图对全国 30 个省以及全区 12 个盟市的竞争力水平值进行描述，每一年份画一个条形图，横轴标注各地区名称，纵轴标注各地区在该年份下区域经济综合竞争力总水平及各要素竞争力的分值，各地区在全国、全区的排列位置和各地区之间的差异一目了然。缺点是每个条形图只能反映一个年份的差异，信息量较小。

5. 竞争力地图分析

竞争力地图可以可视化地反映和刻画一个地区区域经济综合竞争力的空间特性，在研究区域竞争力的时空分布特征方面具有明显的优势。

6. 聚类分析

聚类分析的原理在于依照数据把相似的对象放在一起，使得类别内部"差异"尽可能小，而类别之间的"差异"尽可能大，聚类分析就是按照对象之间的"相似"程度来把对象进行分类。

本书分别从全国和全区视角出发，将全国各省市以及全区各盟市的区域经济竞争力依据评价结果进行分类，从而使各地区经济综合竞争力在全国或全区的相对位置更加清晰。

第二节　内蒙古自治区区域经济综合竞争力评价的主要结论

一、内蒙古自治区区域经济综合竞争力评价结果——全国视角

内蒙古自治区区域经济综合竞争力在我国除西藏外的 30 个省市区中排名位于中游，整体竞争优势一般。综合考虑其原因，内蒙古自治区区域经济综合竞争力在对外开放、可持续发展、人力资源、金融发展、科技创新以及管理服务等几个方面都存在不同程度的问题，制约了内蒙古自治区区域经济综合竞争力的有效

提升。

内蒙古自治区对外开放竞争力在2012年和2013年连续两年均位列全国倒数第一。随着全球化步伐的加快，内蒙古自治区对外开放进程整体有所加快，对外贸易规模不断扩大。2013年，外贸进出口总额接近120亿美元，比上年增长6.5%。但尽管如此，在"基数低、底子薄"的背景下，内蒙古自治区的对外开放程度仍相对落后，外贸进出口总额对内蒙古自治区经济的贡献度仍然很低，2013年仅占到全区GDP比重的4%，在30个省市区中仅略高于青海，位列第29名。

内蒙古自治区对外开放的主要特点表现：首先，边境贸易规模近两年呈现下降趋势，2013年内蒙古自治区边境贸易额为40.3亿美元，占对外贸易总额的33.6%，下降14.8%，其中出口3.96亿美元，增长10.5%；进口36.34亿美元，下降16.9%。且进出口方面存在显著的逆差局面，2013年超过32亿美元，且从近期来看，这种逆差局面难以逆转。造成内蒙古自治区边境贸易长期、大量贸易逆差的原因主要是我国从蒙古国、俄罗斯进口大量的资源性商品，而出口商品主要以日用消费、建材等方面的生活品为主。从贸易方式来看，内蒙古自治区边境小额贸易仍然是支撑。从市场结构来看，市场多元化发展日益成熟，一些新兴市场取得一定进展，但是俄罗斯、蒙古国、日本、韩国、美国、欧盟成员国等国家仍是内蒙古自治区的传统市场，总体变化不大。在出口商品结构上，仍然以服装类、食品类等劳动密集型和低附加值商品为主，高新技术商品出口乏力。从对外贸易的主体结构来看，私营企业进出口活力不断增强，国有企业进出口贸易增长迅速。但是我们仍应该注意到，内蒙古自治区与蒙古国、俄罗斯的边境贸易方面存在着较强的互补性，加上地域、文化、民族认同感等方面的原因，内蒙古自治区在边境贸易方面具有较大的潜力可挖掘。

在利用外资方面，内蒙古自治区直接利用外资保持平稳增长，资金规模进一步扩大，外资渠道进一步拓展，有效地缓解了内蒙古自治区建设资金的不足，也带来了先进的技术、新的观念和管理思想，为内蒙古自治区产业与技术升级起到了积极的作用。

尽管内蒙古自治区对外开放程度不断发展壮大，但仍然存在许多问题。主要表现在以下几个方面：第一，内蒙古自治区对外开放与全国平均水平差距明显，经济开放程度仍然较低，特别是对外贸易和利用外资方面规模小、层次低，结构不合理等方面的问题十分突出，发展水平已经落后于西部其他省市区。第二，内蒙古自治区招商引资成效不显著，内蒙古自治区各地区虽然先后出台了许多优惠政策来提高引资规模，但是由于内蒙古自治区特定的经济、社会、地理、环境等因素的制约，吸引外资的规模仍很小，对高层次人才、技术、设备引进不足。第三，内蒙古自治区投资环境有待进一步优化，特别是软环境方面，内蒙古自治区还没有形成一套系统完善的体制机制。例如，在口岸建设投入机制方面，各级政府没有形成合力，投入仍显不足。在国内外合作平台建设方面，跨境经济合作还没有破题，综合保税区建设步伐落后于其他沿边省区。在政府间协调机制方面，跨境经济合作区的设立、基础设施的对接、口岸通关的协调等方面还缺乏国家层面的对话协商机制。第四，对外贸易结构不合理，内蒙古自治区对外贸易的主要支撑要素是进口，主要集中于蒙俄边境小额贸易。进口商品主要以能源、原材料为主，而在整个产业链中内蒙古自治区主要承担的是对原辅材料的初低级加工，增值率较低，出口商品同样多以低附加值产品为主，结构层次不合理。第五，对外贸易企业整体实力较弱，开拓国际市场的方式过于单一，多以资源型、粗放型经营企业为主，容易导致同类型企业的恶性竞争力。第六，内蒙古自治区利用外资的质量和效益差，渠道少。当前内蒙古自治区利用外资规模较小，具有一定规模的项目较少，缺乏跨国型大企业和公司的进入，而能提升内蒙古自治区经济质量、经济结构和技术水平的企业和项目就更少。

在可持续发展竞争力方面，2012年和2013年内蒙古自治区在全国的排名分别为第24位和28位。下降幅度较大。在"十一五"时期以及"十二五"前期，内蒙古自治区以能源、化工、冶金建材、农畜产品加工为主导的资源型产业不断发展壮大，已经成为我国重要的能源、重化工业、农畜产品加工业基地，但是也对内蒙古自治区当前产业结构的调整、经济的可持续发展以及环境生态问题带来了巨大的影响。特别是随着我国当前经济形势的下行，国内部分行业产能过剩以及对资源环境的日益重视，将进一步加剧内蒙古自治区资源型产业发展带来的影响。因此，在今后一个时期，在加快转变经济增长模式的大前提下，实现资源型产业的转型升级，实现经济的可持续发展为重中之重。就当前内蒙古自治区经济的可持续发展来看，主要面临以下几个方面的问题：第一，从资源利用来看，内蒙古自治区存在着大量资源浪费、利用率低下的问题；从原因来看，自然资源定价不合理，刺激了资金大量投入自然资源外延式扩大再生产，进一步导致不合理的资源消费模式。第二，内蒙古自治区资源型产业投资不适度，规模适度是保证资源与环境的可持续发展的重要原因，但是过去几十年里，由于缺乏规划以及对产业结构、环境污染等方面问题的重视不够，使得内蒙古自治区在能源开发、利用以及生态环境方面存在开发、发展规模不合理等问题，例如对土地资源的掠夺式发展加速了土地贫瘠化，草场退化等问题，资源开发以及产业结构不合理导致能源消耗严重，污染问题突出，破坏了资源、环境的整体优化问题。第三，资源开发效应较低，由于受到资源型产业发展战略导向的影响，又缺少相关的发展规划，导致内蒙古自治区产业链发展不完善，多以产品的初级加工为主，而非资源型产业和新兴产业发展不足，产业关联度低，开发效益低，导致经济的可持续竞争力发展不足。此外，从环境保护来看，由于内蒙古自治区本身处于内陆地区，干旱缺水，加上对环境问题的意识相对落后，资金投入落后于经济增长水平，一直资源利用过度化，造成地下水位大幅下降、土地沙漠化和土壤污染等较为严重的生态环境问题。

从人力资源方面来看，2012年和2013年内蒙古自治区排名分别位于第22位和第24位，有一定的下降趋势。就全国来看，人力资源竞争力处于全国下游位置，竞争力较弱。近些年，随着内蒙古自治区经济的快速发展，人民生活水平的不断提高，人力资源的开发也取得了不错的发展成绩，但是受制于地域、经济水平、高等教育水平发展等方面的因素，人力资源发展仍不能很好地满足经济社会发展的要求。综合来讲，主要存在以下几个方面的问题：第一，内蒙古自治区人力资源总体素质偏低，与经济持续快速发展的要求不相适应。当前人力资源受教育水平整体不高，主要以高中以下水平为主，远不能满足产业结构调整，高新技术产业发展以及经济发展模式转变的需求，大学以上学历人口的不足，导致经济发展的创新能力不足、就业压力大等一系列问题。第二，高素质的专业技术人才和高技能人才短缺与推进新型工业化及发展优势特色产业的需求不相适应。这里主要体现在一方面是总量不足，工人队伍中专业技术人员特别是掌握高科技技能人员的比重较低，无法满足企业需求。另一方面是知识和能力结构不匹配，现有专业技术人才的知识和能力存在一定程度的老化，不能适应新技术、新型产业的发展需求；此外，现有高技术人才队伍的职称结构不合理，高级人才比例偏低。第三，内蒙古自治区人才流失现象比较严重，一方面是由于大量就读于外地的内蒙古自治区生源地的大学生毕业后大多选择在外就业；另一方面由于受到经济发达地区的优厚待遇的吸引，大量高级人才、技术骨干流失。从原因来看，一方面，内蒙古自治区教育方面的投入不足，发展滞后，高等院校的专业设置不合理，导致经济社会发展急需的人才不足，而传统的产业人才培养过剩，供求结构不合理；另一方面，内蒙古自治区市场配置人力资源的基础性作用远没有充分发挥作用，户籍、档案、身份等仍然是阻碍人才流动的主要障碍，而人才引进政策、手续僵化等也进一步限制了对人才的吸引程度。此外，较低的人口自然增长率和城镇化比例也是导致内蒙古自治区人力资源竞争力排名较低的原因。

在金融发展方面，2012年和2013年内蒙古自治区在全国30个省市区中分别位列第21位和第19位，排名有小幅上升。处于全国中游偏下和下游偏上位置，竞争优势较弱。金融是现代经济的核心，一个健康的金融体系将对区域经济的发展起到强有力的推动作用。"十一五"以来，内蒙古自治区先后出台了《内蒙古自治区人民政府关于自治区金融生态环境建设的指导意见》、《内蒙古自治区人民政府办公厅关于印发金融稳定协调机制工作方案的通知》和《关于进一步加强内蒙古自治区金融稳定工作的意见》等多个重要文件，支持和推动了金融改革。在全球金融危机爆发后，为应对危机产生的不利影响，内蒙古自治区党委和政府认真贯彻货币政策，采取积极有效的金融宏观调控政策，确保了自治区金融业快速、稳定、健康发展。内蒙古自治区金融行业的发展取得了显著进步。但同时，我们也应看到，内蒙古自治区金融业发展中存在一些不容忽视的问题。主要体现在以下几个方面：第一，内蒙古自治区金融产业发展规模偏小，金融市场成熟度不足。从存贷款总额来看，不足广东省的 1/6，和北京相比也不足 1/3。第二，内蒙古自治区内部金融也发展极不平衡，东西部之间发展极不平衡，呼包鄂三地发展程度较高，而东部的地区发展较低。第三，内蒙古自治区融资环境有待改善，内蒙古自治区发放贷款手续烦琐，周期较长。商业银行大量淡出农村牧区，金融市场后贷款门槛高、利率也高。大小企业之间以及国有与私营企业之间也存在不平衡。新增贷款比较多地集中于大企业、大项目和政府性基础设施建设，中小企业和私营企业融资环境还没有根本性改善，特别是小企业融资难问题十分突出。从原因来看，金融与经济的基本关系是经济决定金融。表现为经济发展水平决定着金融规模，经济发展结构决定金融结构，主要是由于地区经济规模太小，导致金融发展规模不足。第四，内蒙古自治区行业结构和地区结构发展不协调导致其金融发展潜力不足。此外，内蒙古自治区金融融资失衡，也是导致其金融发展滞后的主要因素。

在科技创新方面，2012 年和 2013 年内蒙古自治区在全国 30 个省市区中皆排名第 23 位，排名较为稳定，处于全国下游区位，竞争优势较低。自改革开放以来，尤其是"西部大开发战略"的实施，使内蒙古自治区整体科技水平有了明显的进步，但在全国来看仍处于发展较为落后的水平。从存在的问题来看，当前内蒙古自治区虽然从事科研的人数以及科研机构数不断地增加，但是成果不多，专利、发明数远落后于全国平均水平。专业技术人才的紧缺以及企业的需求之间存在明显矛盾，尤其是企业专业技术人员紧缺，人才结构不合理，技术创新性能力不足。从问题的原因来看，一方面，是内蒙古自治区对科技创新支持投入不足导致的，从评价指标来看，内蒙古自治区每万人科技活动人员不足 2 人，排名第 17 位，R&D 经费占 GDP 比重仅为 0.69%，在全国排名倒数第 6 位，是全国最低的省区之一，这对内蒙古自治区技术进步影响较为严重；另一方面，内蒙古自治区拥有自主知识产权的企业较少，技术储备不足，技术创新能力不稳定，不能持续稳定地促进技术进步，难以形成的科技竞争力。

在管理服务方面，2012 年和 2013 年内蒙古自治区在全国 30 个省市区中排名分别位列第 24 位和第 21 位，排名稍有上升，但一直处于劣势水平。从存在的问题来看,虽然近些年内蒙古自治区经济一直保持了较高的增速,政府财政收入显著提高,但是政府投资增长太快,导致财政自给率较低。此外,内蒙古自治区的失业率水平较高。从形成原因来看,主要是内蒙古自治区近年经济增长主要依靠政府投资拉动为主,而内需拉动以及民营经济活力不足,财政收入增长乏力。此外,内蒙古自治区工业产业结构较为单一,主要以煤重化工为主,而近年煤炭、有色金属销量和价格下跌是导致财政收入下降或增长乏力的主要原因。

二、内蒙古自治区各盟市区域经济综合竞争力评价结果——全区视角

(一)呼和浩特市经济综合竞争力评价结果

呼和浩特市作为内蒙古自治区的首府城市,在经济发展方面具有许多得天独厚的优越条件,通过对前述各项评价的分析和概括,可以看出呼和浩特市各竞争要素均位于全区上游水平,经济发展水平总体上较高,人力、财力、科技支撑强劲。呼和浩特市作为全区的政治、经济和文化中心,金融业相对发达,市内有区内最高水平的科研机构和高等院校,各级各类人才会聚,其所产生的经济效益和社会效益是其他盟市无可比拟的。这些因素为呼和浩特市人力资源竞争力高居榜首,金融活动竞争力位于全区第一位奠定了坚实基础。而相对最强的科技创新竞争力,又是提升宏观经济竞争力的强力支撑,同时也为提升人民生活水平竞争力和基础设施竞争力提供了有力支持。但是,通过评价分析,我们也发现了一些不容忽视的问题。

第一,可持续发展竞争力与经济综合竞争力不相称,在全区处于中间区位。经济发展的可持续是当今社会发展的内涵要求,通过节能减排、加强环境保护推动社会经济的可持续发展是长久之计。但是,推进节能减排和环境保护需要坚实的经济基础,这也是一些经济欠发达地区可持续发展竞争力排名比较低的原因之一。呼和浩特市在2012年和2013年可持续发展竞争力排名分别是第7位和第6位,可见其节能减排和环境保护工作与区域经济综合竞争力的较高水平不相匹配,需要继续加强环境保护工作,加大节能减排力度。

第二,产业结构、管理服务竞争力和基础设施竞争力有下降趋势。产业结构竞争力虽一直在优势区位,但排名比2012年下降1位。主要原因是大中型工业企业增加值占GDP比重有所下降。从对城市功能的定位来讲,大中型企业适当远离呼和浩特市也是有利于首府保持经济可持续发展的合理安排。管理服务竞争力由2012年的第3位降到2013年的第6位,下降幅度较大,基础设施竞争力由第5位降到第6位。作为经济现代化的重要标志,管理服务和基础设施对经济综合竞争力的提升有着重要的推动作用,两者之间也需要协调发展。管理服务体现了政府财政收支管理能力及对社会失业和就业的调整,基础设施则涉及人民生活

方便程度以及经济建设的进程,在评价期内呼和浩特市在这两个方面均有下降趋势,需要提高自身财政自给率,努力控制失业率,积极完善基础设施建设。

(二) 包头市经济综合竞争力评价结果

包头市是内蒙古自治区最大的工业城市,经济发展的总体水平较高,经济综合竞争力一直位于全区上游水平。经济实力、产业结构、人力资源、人民生活等要素竞争力排名均位居全区前列。值得肯定的是,可持续发展竞争力、基础设施竞争力和管理服务竞争力排名均有所上升,特别是可持续发展竞争力排名,由2012年的第9位上升为2012年的第4位,上升幅度较大;后两者则分别上升2位。但是,包头市的科技创新竞争力必须引起有关部门的高度关注。评价期内包头市的科技创新竞争力指数均列全区最低,这与其经济综合发展水平相去甚远。科技活动人员少,科研机构设置量低,科研经费支出偏低,这些劣势因素必须在短期内有所扭转,否则在科技创新驱动的新常态背景下,包头市必然面临经济发展动力不足的尴尬局面。

(三) 呼伦贝尔市经济综合竞争力特点及问题分析

呼伦贝尔市是内蒙古自治区著名的边境口岸城市之一。依靠外向型经济的快速发展,经济综合竞争力一直位于全区中游水平。对外开放竞争力在10个竞争力要素中优势最明显,连续两年位列全区第2位,这体现出了作为内蒙古自治区重要的外贸口岸城市,呼伦贝尔市的竞争优势。可持续发展竞争力提升幅度很大,由2012年的全区第10位上升至2013年的全区第3位,上升了7位,进而对经济综合竞争力由第8位上升为第6位做出了重要贡献。

从其他竞争要素来看,经济实力竞争力处于中间水平,优势不显著;产业结构竞争力下降,第二产业、第三产业对经济综合竞争力的提升支撑不足。从呼伦贝尔市的产业结构来看,第二产业、第三产业总值虽有提升,但是在全区竞争中优势仍不明显,对产业结构竞争力的支撑作用不突出;财力、人力和智力对经济发展的支撑作用不足。作为现代经济发展的必不可少的三个主要因素,财力、人力和智力对经济发展的影响不言而喻,呼伦贝尔市的经济综合竞争力优势并不明显,其中的一个主要原因就在于人力资源、金融发展、科技创新及管理服务等要素竞争优势不明显,特别是管理服务竞争力要素,基于地理位置和社会发展程度的限制,在全区一直处于竞争的劣势,这在很大程度上限制了呼伦贝尔市经济综合竞争力的进一步提升。

(四) 兴安盟经济综合竞争力评价结果

兴安盟地处内蒙古自治区东北部,经济发展水平总体上比较落后,经济综合竞争力一直位于全区最下游水平。

值得肯定的是可持续发展竞争力和科技创新竞争力。近两年来排名均有较大幅度的提升，分别由 2012 年的全区第 5 位和第 7 位上升至 2013 年的第 2 位和第 3 位，能够为兴安盟经济发展提供长久动力。但是兴安盟经济在发展过程中也存在诸多问题。

经济基础薄弱，经济结构不合理。基于地理位置和资源禀赋等条件的限制，兴安盟的经济增长速度一直滞后于全区平均水平。经济增长方式粗放，外向型经济发展基础薄弱，民营经济投资不足，第二产业、第三产业发展滞后，经济总量特别是工业总量偏小等因素严重制约了兴安盟的经济发展和经济综合竞争力的提升。

财力、人力和智力等要素处于完全竞争劣势，对经济发展支撑不足。从近几年兴安盟的金融发展竞争力、管理服务竞争力及人力资源竞争力的排名来看，这些要素在全区全面处于竞争劣势，缺少了这些要素的支撑，经济增长方式必然过于单一，缺少稳定性，后劲不足。

基础设施薄弱，人民生活水平相对较低，导致可持续发展能力不足。无论是社会保障、交通设施，还是现代通信设施，在全区都处于下游水平。基础设施的不健全严重制约了地区的招商引资，导致投资乏力，经济发展动力不足。此外，人民生活水平较低，城乡发展不平衡，对人才的吸引力不够，导致人才流失严重，这些因素共同制约了经济综合竞争力的提升。

（五）通辽市经济综合竞争力评价结果

通辽市是内蒙古自治区东部的中心城市，经济综合竞争力位于全区中下游水平。在各要素中，可持续发展竞争力由 2012 年的第 11 位上升至 2013 年的全区第 1 位，对经济综合竞争力排名的提升起到了决定性的作用。其他竞争力要素均处于中下游水平，且存在以下主要问题：

经济实力竞争力下滑，第三产业相对滞后。在三次产业内部，通辽市以第一产业为主打力量，第二产业实力较强，但是第三产业发展滞后；政府管理服务竞争力下滑；金融发展滞后，对经济综合竞争力的支持不足。从近两年通辽市金融发展竞争力的排名来看，分别位列第 11 位和第 12 位；处于竞争力的劣势区位，对区域经济发展的支撑不足，影响了经济综合竞争力的进一步提升；基础设施薄弱和人民生活水平不高，通辽市在交通设施和现代通信方面基础薄弱，处于竞争的劣势，作为区域经济增长所依赖的必要条件，无法为经济增长保驾护航；对外开放竞争力处于劣势地位，不能很好地带动经济增长。

（六）赤峰市经济综合竞争力评价结果

赤峰市是内蒙古自治区人口最多的城市，地处东北振兴区和环渤海经济区腹地，近两年经济综合竞争力略有下降，在全区处于劣势地位。

在各要素竞争力中，基础设施和可持续发展竞争力均高于经济综合竞争力。

特别是基础设施竞争力,在 2013 年的排名中位列全区上游,需继续保持和加强。主要存在以下问题:

经济实力竞争力没有优势,位列第 8 位、第 9 位;产业结构竞争力薄弱,两年之间排名没有变化,均位列第 10 位;人力资源竞争力连续两年全区垫底;金融发展滞后,管理服务、科技创新要素竞争力发展不足,影响了经济综合竞争力的稳步提升;从近两年赤峰市在管理服务竞争力排名来看,虽有小幅上升,但是仍不足以支撑经济综合竞争力的进一步提高;人民生活水平亟待改善。

(七) 锡林郭勒盟经济综合竞争力评价结果

锡林郭勒盟地处内蒙古自治区中部,是国家重要的畜产品基地和西部大开发的前沿,近年来经济发展稳步提升,竞争力均位于全区中等优势水平。

外向型经济特征显著,经济实力竞争力排名稳定。锡林郭勒盟与蒙古国边境线长达 1098 公里,有二连浩特和珠恩嘎达布其两个常年开放的国家一类陆路口岸,在地理位置上具备发展外向型经济的条件。由以上分析可知,锡林郭勒盟外向型经济竞争力发展迅速,2012 年、2013 年对外开放竞争力均位列全区第 1 位。可持续发展竞争力也有较大幅度的提升,由 2012 年的全区 12 位上升为 2013 年的第 8 位,为经济综合竞争力的提升做出了重要贡献。但是也存在以下问题:

作为宏观经济的重要组成部分,经济实力竞争力及产业结构竞争力一直处于中游水平,有很大的提升空间;在其他竞争力要素中,科技创新竞争力处于上游水平,剩余的要素基本处于中势,均有很大的上升空间。特别是基础设施竞争力大幅下滑,需要引起相关部门的重视。

(八) 乌兰察布市经济综合竞争力评价结果

乌兰察布市位于内蒙古自治区中部,近年来经济发展较快,但是总体水平不高,经济综合竞争力一直位于全区劣势水平。

经济结构不合理、外向型经济大幅下滑、产业竞争力发展严重滞后,导致经济增长动力不足。近几年来,乌兰察布市的经济结构始终处于失衡状态,在全区处于竞争的劣势,再加上经济基础薄弱,导致经济发展不平衡,素质较差。由于对外开放经济最终依赖于自身的经济实力,而进出口贸易容易受到外部因素的影响,从而导致经济综合竞争力始终处于全区劣势水平。此外,由于产业竞争力薄弱,特别是第二产业、第三产业竞争优势较弱,导致经济综合竞争力提升乏力。

管理服务、金融发展和科技创新竞争力发展处于劣势水平。作为经济发展的重要保障和支撑,乌兰察布市在政府财政、金融发展和科技方面,完全处于竞争劣势水平,无法为经济综合竞争力的提升提高可靠的保障作用。

可持续发展、人民生活和人力资源压力并存,限制了经济发展竞争力的提升。由于粗放式的经济发展模式,经济增长对能源消耗的依赖较为严重,高能耗、低资源综合利用率导致经济增长缺乏可持续性。此外，人民生活水平持续落后，城乡收入差异较大，以及人力资源的匮乏等因素共同制约了乌兰察布市的经济可持续发展能力。

基础设施薄弱，无法为经济发展提供基础保障作用。乌兰察布市的基础设施竞争力处于劣势水平，对区域经济发展提供的支撑不足，影响了经济综合竞争力的提升。

（九）鄂尔多斯市经济综合竞争力评价结果

鄂尔多斯市是内蒙古自治区新兴的一座能源型城市，依托能源优势，近几年来经济发展总体上保持较高水平，经济综合竞争力一直位于全区上游水平。

鄂尔多斯经济竞争力、产业结构竞争力、金融发展竞争力、管理服务竞争力及人民生活水平竞争力优势明显，但和对外开放竞争力反差较大。依托强大的能源优势，近几年来鄂尔多斯市在经济实力竞争力、产业结构竞争力等方面始终保持明显的竞争优势，创造了内蒙古自治区乃至全国的一个发展奇迹。但是鄂尔多斯市的经济发展对能源的依赖较为严重，经济增长模式粗放，能源消耗严重，因而影响了可持续发展竞争力水平；且科技创新竞争力水平处于中势区位，与优势要素竞争力相比，相差较大。因此，鄂尔多斯市需坚持不懈地扩大改革开放，积极引进外资以及国外先进的技术和管理经验，不断开拓国外市场及提升科技创新，以提升经济外向度竞争力水平。

（十）巴彦淖尔市经济综合竞争力评价结果

巴彦淖尔市是内蒙古自治区西部的新兴城市，位于举世闻名的河套平原，地处黄河流域，农业发展水平较高。近几年虽然经济发展的总体整体态势良好，但经济综合竞争力位于全区中下游水平。

巴彦淖尔市对外开放和科技创新竞争力是可圈可点之处，基础设施竞争力有所增强。存在的主要问题表现如下：

经济基础薄弱，经济结构不合理，产业经济发展滞后导致经济综合竞争能力不强。巴彦淖尔市是一个以农业经济为主的地区，经济基础薄弱，经济结构不够合理，第一产业、第二产业、第三产业之间严重失衡，导致经济发展的动力不足。

管理服务和金融发展竞争力无力为经济综合竞争力的提升提供必要保障。巴彦淖尔市的政府财政和金融发展竞争力始终处于竞争的中势水平，发展滞后，对经济综合竞争力的支撑不足。

可持续发展竞争力排名由全区第 1 位直线下降至第 11 位，需引起相关部门的高度重视。产业结构单一和粗放的经济增长模式导致了经济发展对能源消耗的依赖较强，再加上地域因素导致的人力资源匮乏等因素，共同导致了巴彦淖尔市可持续发展竞争力的下降。

（十一）乌海市经济综合竞争力评价结果

乌海市是内蒙古自治区一座新兴的工业城市，经济发展的总体水平较高，经济综合竞争力位于全区中游水平。

乌海市经济综合竞争力的突出特点是各要素发展极不均衡，既有排名全区前列的管理服务竞争力和金融发展竞争力，也不乏竞争力排名全区倒数第 1 位、倒数第 2 位的基础设施竞争力和科技创新竞争力，这在很大程度上会牵制该地区经济综合竞争力的整体提升。存在的主要问题表现如下：对外开放竞争力滞后，在经济竞争力各要素中，乌海市管理服务竞争力与对外开放竞争力形成强烈的反差，前者有着突出的竞争力优势，而后者则完全处于劣势水平；基础设施最薄弱，可持续发展能力骤降。乌海市的基础设施，特别是交通设施建设严重滞后，能源消耗和环境保护形势非常严峻，严重影响乌海市的经济可持续发展能力；科技创新能力连续两年位列倒数第二，需加强科研投入，发挥其对经济发展的不可替代的重要作用。

（十二）阿拉善盟经济综合竞争力评价结果

阿拉善盟地处内蒙古自治区最西端，近年来经济发展的总体水平较高，经济综合竞争力排名一直位于全区前列，但是各要素竞争力强弱程度有别。

经济实力和产业结构竞争力较强，但对外开放竞争力下滑明显。虽然阿拉善盟有策克、乌力吉两个对蒙口岸，在 2012 年随着口岸工业园区和物流园区建设力度的加大，口岸加工业、进出口贸易和现代物流业等蓬勃发展，使得对外开放竞争力优势明显，但在 2013 年下降显著。资源利用、能源消耗和环境保护压力并存。作为内蒙古自治区地区乃至全国沙漠化严重的地区，资源和环境问题一直是阿拉善盟较为突出的问题之一，必须予以高度重视，以提高可持续发展竞争力水平。

第三节　提升内蒙古自治区区域经济综合竞争力的对策与建议

通过前面的评价分析，我们明确了目前内蒙古自治区整体及各盟市区域经济综合竞争力的现状，以下就提升内蒙古自治区区域经济竞争力给出针对性的对策建议。

一、优化产业结构，进一步提升产业结构竞争力

内蒙古自治区产业结构竞争力在全国排名第 14 位，处于中游偏上水平。总体上存在以下问题：第一，第一产业占比较大，但农业机械化程度较低，农业产

出效率偏低，发展后劲相对不足。第二，第二产业内部结构有待于优化，能源、重化工业占很大比重，而低能耗、高附加值产业比重较低。第三，第三产业比重虽然有所提升，但是餐饮、商贸等传统服务业所占比重仍然较大，金融、证券、保险、信息以及旅游等现代新型传统服务业发展相对落后。

就内蒙古自治区内部而言，鄂尔多斯市、包头市和呼和浩特市产业结构竞争力排名分别位列前三甲，此外，乌海市和阿拉善盟产业结构竞争力也相对较强；排名处于第6~10位的依次是锡林郭勒盟、通辽市、乌兰察布市、赤峰市和呼伦贝尔市；排名最后两位的是巴彦淖尔市和兴安盟。

提升产业结构竞争力，必须从调整优化产业结构、转变经济增长方式两个方面入手，逐步打破以能源、基础原材料为主的单一产业结构，构建资源型产业和非资源型产业并举，多元发展、多极支撑的现代产业体系。

（一）优化产业结构，构建可持续的现代产业体系

要立足各地的具体实际，以构筑具备持续性竞争优势的产业体系为目标，根据产业的不同类型和发育程度，继续调整优化产业结构，发展壮大发展趋势好、后劲足、带动面大的现代制造业，改造、提高占 GDP 比重较大但技术水平不够高的传统产业；壮大旅游、金融保险、现代物流业等具有一定基础又有较好发展前景的产业，培育新技术、高科技等现在比较弱小但代表着经济未来发展方向的新兴产业，着力发展特色产业，不断增强产业经济的独特竞争优势，努力形成一个内部关系协调、聚合力强、整体水平高、竞争优势持久的产业体系。

在第一产业方面，内蒙古自治区应该转变当前畜牧业发展方式。在牧区、半农半牧区坚持以草定畜，因地制宜发展草原畜牧业，在农区大力发展设施畜牧业，推进标准化规模养殖。在农业发展方面，内蒙古自治区应该提高农业现代化水平。加强农业基础设施建设，优化种植业结构，提高农业机械化水平，提倡保护性耕作，大力发展旱作节水农业。完善现代农业产业体系，发展高产、优质、高效、生态、安全的现代农业，推进农业生产经营专业化、标准化、规模化、集约化。发展设施农业和都市观光农业。

在第二产业发展中，首先，内蒙古自治区作为能源大省，应该进一步落实国家能源基地的定位，稳步推进国家能源基地建设。一方面，内蒙古自治区应该积极优化及规范煤炭资源开发，推进资源整合，提升煤炭开发工艺创新。另一方面，应该充分利用内蒙古自治区的地缘优势，开发并利用风电、太阳能等清洁能源。在能源开发的基础上，充分发挥煤炭、有色金属、农畜产品等资源优势，提高资源的开发和深加工水平，努力打造国家新型化工、有色金属生产加工和绿色农畜产品生产加工基地，实现资源就地高效转化。其次，大力发展稀土深加工产品和应用产品，鼓励本土企业与国内外企业在稀土深加工、新材料与应用方面的

合作与重组；积极打造"多晶硅—单晶硅—电子级硅片和太阳能级硅片一系列太阳能电池和组件"硅材料产业链。再次，以内蒙古自治区丰富的稀土资源为基础，积极培育战略性新兴产业。鼓励新材料、新医药、新一代信息技术和节能环保等战略性新兴产业的发展。加强稀土资源保护，加大资源开发整合和储备力度，加快稀土关键应用技术研发和科技成果产业化速度，提高稀土开发利用水平。最后，在发展新兴产业的同时，还应积极引进和发展高新技术改造提升冶金、建材、轻纺等传统产业的竞争力，提高企业技术装备水平和产品竞争力。推进传统产业产品的换代升级，扩大产业规模，提高产品档次。同时，在工业发展中既要注重引进国外先进技术，同时也要提升自身的创新能力，提升产业配套水平，积极引进先进生产设备和技术，提升生产效率、减少污染，走新型产业发展道路。

在第三产业发展中，把发展服务业作为产业结构优化升级的重点，推进生产性服务业和生活性服务业的发展。加强区域性物流节点城市的物流基础设施建设，合理布局商业网点，完善城乡流通网络，提升城市社区服务业功能和水平，加快发展服务贸易，积极发展软件出口、服务外包和高新技术服务业以及民族商品贸易。建设草原文化旅游大区，提升草原、森林、沙漠、地质奇观等重点旅游景区水平，扶持发展休闲农业和乡村旅游，打造精品旅游线路；加强旅游公路、景区公共服务等基础设施建设，提升城市旅游集散中心功能。培育壮大金融业，进一步发展银行、证券、保险、信托、期货等金融服务，加快建设现代金融服务体系，推进金融改革创新，规范金融市场秩序。支持服务业综合改革试点区域做好相关工作。

（二）推动产业延伸和产业升级，转变经济增长方式

要大力推进产业集聚，不断延伸和壮大产业链群。整合各类经济园区，增强产业集约化竞争力。具体而言，要坚持淘汰落后产能，严格控制不符合国家产业政策的小化工项目，改造或关闭高耗能、高污染的工业项目，同时要巩固能源、冶金、化工和农畜产品加工等产业的主导地位，继续推动产业延伸和产业升级，努力扩大非资源型产业规模。

此外，要切实增强自主创新能力。努力增强原始创新、集成创新和引进消化吸收再创新能力，优化升级产业结构。推进科技基础设施、创新平台和创新载体建设，加强核心技术和共性关键技术研发，鼓励地方科研单位与国家级科研院所开展科技合作，推动新技术开发和成果应用。提升高新技术开发区产业集聚和自主创新能力，充分发挥企业家和科技领军人才在科技进步中的作用。

对于各盟市的产业布局，也需从服务内蒙古自治区乃至中国北方整体出发，针对各地区特点和发展优势进行合理引导，逐步构建合理的功能性产业布局。

二、合理规划对外开放格局，凸显内蒙古自治区作为向北开放窗口的战略重要性

内蒙古自治区对外开放竞争力在全国30个省市区排名中位列倒数第一，对外开放竞争力处于劣势。2013年内蒙古自治区的进出口额、实际利用外资额分别只有120亿美元和44亿美元，经济的外贸依存度不到5%，对外开放仍然是内蒙古自治区经济发展的短板。

就内蒙古自治区内部而言，对外开放竞争力的排名情况如下：锡林郭勒盟位列第1位，呼伦贝尔市、巴彦淖尔市以及呼和浩特市分别位列第2位、第3位、第4位，处于第5~8位的依次是包头市、鄂尔多斯市、阿拉善盟和赤峰市，排名处于第9~12位的依次是通辽市、乌兰察布市、兴安盟和乌海市。

由此可见，整体上来看，内蒙古自治区对外开放竞争力严重落后于国内其他省份。这一方面与其地理位置有关，另一方面也与其发展战略不无关系。

2013年，国家主席习近平提出了共建"一带一路"的构想，丝路沿线人口约44亿，经济总量约21万亿美元。"一带一路"战略主要包括中蒙俄经济带、新亚欧大路桥经济带、中国—南亚—西亚经济带、海上战略堡垒；涉及新疆、陕西、甘肃、宁夏回族自治区、青海、内蒙古自治区、黑龙江、吉林、辽宁、广西壮族自治区、云南、西藏、上海、福建、广东、海南等18个省（市、自治区）。其中，内蒙古自治区被定位为向北开放的重要窗口，在"中蒙俄经济带"中必然扮演重要的角色。

未来几年，内蒙古自治区应认真贯彻落实国家"一带一路"和向北开发战略，加快与俄蒙互联互通公路通道建设，抓住关键通道、关键节点和重点工程，优先打通缺失路段，畅通"瓶颈"路段，提升道路通达水平，加快构建连通内外、安全畅通的北疆草原"新丝路"。作为国家向北开放的大门，转型中的内蒙古自治区被列入"一带一路"战略16个省份之中。作为我国向北开放的重要桥头堡，近年来，内蒙古自治区大力实施向北开放战略，制定出台了《内蒙古自治区建设国家向北开放桥头堡和沿边经济带规划》等，二连浩特市、满洲里市重点开发开放试验区建设总体规划已经获得国家发改委批复，从2015年开始，内蒙古自治区将每年安排15亿元用于口岸基础设施建设。这必将为内蒙古自治区融入"一带一路"发展战略提供基础保障。国家实施的"一带一路"战略为内蒙古自治区加快推进对外开放带来了新的机遇。

在这一新形势下，内蒙古自治区应该进一步加大开放的广度与深度，扩大对外贸易规模，以改善当前对外贸易相对落后、对外贸易依存度低的格局。具体策略如下：

首先，扩大对外经贸合作。大力发展外向型经济，鼓励机电、轻纺、建材和优势特色农畜产品，以及高新技术产品"走出去"，加大对国内短缺原材料进口的扶持力度。创新利用外资方式，吸引外商投资特色优势产业，扩大基础设施、社会事业、生态环保、扶贫开发等领域利用外资规模。支持有条件的企业在境外建立资源开发基地。促进边境贸易发展，对进口有资质限制的商品，在核定边贸企业资质时适当放宽标准。推进满洲里重点开发开放试验区建设，研究建立二连浩特国家重点开发开放试验区。规划建设沿边开发开放经济带。探索在巴彦淖尔等有条件的地区设立边境经济合作区，支持在符合条件的地区设立海关特殊监管区和保税监管场所。探索建立中俄、中蒙跨境旅游合作区。

其次，加强口岸综合能力建设，优化口岸通关环节。目前，港口远洋运输是我国对外经贸往来的主要方式，也是运输成本最低、能耗最低，最为低碳环保的运输方式，加快沿边口岸与沿海港口的快速通道建设，可实现口岸资源与港口资源的互补，进一步提升对外开放能力。依托对俄蒙口岸的亚欧大陆桥节点优势，可进一步扩大口岸功能，拓展与沿海港口联运业务，发展商贸物流、货物中转、跨境旅游等特色优势产业。

最后，加强区域合作，提升沿边各区域的对外开放水平。深化国内区域合作。进一步加强与北京、东北三省及其他省区的区域合作，建立健全合作机制，拓展合作领域，积极引导中央企业和其他省（区、市）企业到内蒙古自治区投资兴业。鼓励跨地区的重大基础设施建设和产业园区共建，支持内蒙古自治区与沿海地区合作建设出海通道和临港产业基地，与相邻省（区）合作建设能源产业集聚区。支持建设承接产业转移示范区，国家产业转移引导资金适当向内蒙古自治区倾斜。进而促进合理的地区产业分工，并实现规模经济，提升区域国际竞争力，进而在国际贸易中获得相应利益。

此外，内蒙古自治区应该进一步打造开放合作平台。除了加强与俄蒙毗邻地区的交往和联系，还应该积极参与东北亚、中亚等国际区域合作，加快建设北疆草原"新丝路"。逐渐形成全方位、多层次、宽领域的对外开放格局。对内对外开放相互促进，加快国际经济技术合作步伐，使外向型经济逐步成为国民经济的重要组成部分和增长点。

三、加大节能减排力度，增强经济可持续发展能力

经济发展是否可持续，关系到经济前行是否顺畅，也关系着子孙后代的福祉。经验表明，任何以牺牲资源和环境为代价的经济增长都是不可持续的，也是不可取的。

2013 年，内蒙古自治区的可持续发展竞争力排在了全国倒数第 3 位，可见，

资源型的经济发展烙印在内蒙古自治区仍然非常严重。

就内蒙古自治区内部而言，可持续竞争力排名前4位的盟市依次分别是通辽市、兴安盟、呼伦贝尔市和包头市；排名处于第5~8位的依次是阿拉善盟、呼和浩特市、赤峰市和锡林郭勒盟；排名处于第9~12位的依次是鄂尔多斯市、乌兰察布市、巴彦淖尔市以及乌海市。因此，提高内蒙古自治区经济发展的可持续性的任务刻不容缓。应具体做好以下工作：

首先，应该切实做好节能减排工作。大力实施重点节能工程，支持高载能行业节能改造和重大节水技术改造工程建设。加快淘汰落后产能，推行清洁生产，积极发展循环经济。开展循环经济示范、主要污染物排污权有偿使用和交易试点工作。推广应用低碳技术，实施森林草原固碳增汇技术示范工程，控制温室气体排放。

其次，内蒙古自治区应进一步加强环境综合整治，加大全区水资源和土地资源的污染防治，加强城镇和工业园区污水、垃圾、危险废物处理等环保基础设施建设，实现危险废物全过程规范化管理。推进重点城市大气污染防治工程建设。提高环境监管能力，完善管理体系。此外，内蒙古自治区还应加大沙地沙漠和水土流失治理力度。加强沙地沙漠综合治理。进一步推动重点地区防沙治沙专项治理工程和沙化土地封禁保护区建设，推广实用技术和模式，鼓励发展沙产业，实施生态绿洲保护与治理工程，切实发挥内蒙古自治区作为我国北方重要的生态安全屏障的作用。

最后，在水资源、土地资源以及大气防治的基础上，内蒙古自治区还应进一步做好草原生态和森林生态保护与建设。在草原生态方面进一步推进草原牧区基础设施建设，发展设施畜牧业和人工草场，稳步实施生态移民，培育后续产业。提高草原防灾减灾能力，加大草原防火和病虫鼠害防治力度。探索建立基本草原保护制度，加强草原生态监测监理体系建设，加大草原管护力度。在森林生态保护与建设方面，继续实施天然林保护和"三北"防护林工程，巩固退耕还林成果，支持人工造林和森林改造培育。

四、大力发展人才强区战略，提升人力资源竞争力

内蒙古自治区人力资源竞争力在全国排名第24位，处于全国下游水平。反映了当前内蒙古自治区在人力资源竞争力方面的弱势。

在内蒙古自治区内部，呼和浩特市人力资源竞争力位列第1位，第2~4位依次是包头市、阿拉善盟和鄂尔多斯市，排名处于第5~8位的分别是锡林郭勒盟、乌海市、呼伦贝尔市和通辽市；排名处于第9~12位的分别是巴彦淖尔市、兴安盟、乌兰察布市和赤峰市。

国以才立，业以才兴。人才是科学发展的第一资源，是关系一个地区经济社会发展的决定性因素。

人才工作是一项着眼长远、事关区域发展的战略性工作，更是一项长期、系统的工程。让人才工作理念深入人心，大量培养和引进推动科学发展的各类人才，是"人才强区"的当务之急。

（一）大力实施人才培养工程，助推各类人才成长

人才投入是赢得未来的战略性投入，是效益最大的投入。想方设法培养人才，千方百计爱护人才，以最大的诚意、最好的服务、最优的环境留住人才，助推各类人才成长创业是人才工作的重中之重。

首先，优先发展学前教育，巩固提高九年义务教育，普及高中阶段教育。改善义务教育办学条件，积极推进边远地区义务教育均衡发展，支持乡镇（苏木）、村（嘎查）和边远艰苦农牧区学校改善特殊教育学校条件，建立健全保障机制。

其次，大力发展少数民族教育，提高双语教学质量，以及民族学校的办学质量，以培养更多的少数民族人才。

最后，积极发展职业教育，提高高等教育办学质量，鼓励国家重点高校与内蒙古自治区联合办学，扩大中央部属高校和东部省（市）高校在内蒙古自治区的招生规模，实施对口支援中西部地区高等学校计划和招生协作计划。

（二）大力实施引才引智工程，为"人才强区"战略提供源源不断的动力

第一，更新观念，在全社会形成重才爱才的良好氛围。要树立"大人才观"。只要具有一定知识或技能，能够进行创造性劳动的都是人才。根据内蒙古自治区产业布局和城乡建设发展的需求，人才队伍应该是一个融合多种行业、多个层次的开放型群体。好的领导干部、专家学者是人才，高技能、懂文化、懂技术、在实践中成长起来的业务技术骨干、生产能人也是人才。要树立"人才是科学发展第一资源、人人都可以成才"的理念。让"知识就是财富，知识就是生产力，知识改变命运"等成为人们学习和工作的动力，尊重和重视每一名优秀人才，真正营造出重才爱才的良好氛围。

第二，优化结构，大力引进高学历、高层次人才。根据目前内蒙古自治区整体发展水平和人才短缺的现状，要走人才强区之路，就要创新工作思路和工作方法，加大对高学历、高层次人才的引进力度，快速优化党政人才、管理人才和专业技术人才队伍结构。

第三，打造平台，实现人才智力与产业发展的良性结合。逐步实施技能人才振兴工程，侧重人才与产业对接，通过聘请专家担任"项目教授"、"技术顾问"或联合开发等形式，与国家高校和科研机构结成"产学研"联合体，打造人才

智力推进和转化平台。柔性引进人才，依托产业优势打造人才优势，

"人才强区"之路任重而道远，我们要积极探索更为贴近人才、产业和社会发展需要的工作方式和服务方式，逐步将内蒙古自治区打造成一个包容性强、开放度高、吸纳能力大的人才高地，为全区实现快速发展提供强大的人才保障和智力支持。

五、加快发展现代金融业，为国民经济发展保驾护航

内蒙古自治区金融发展竞争力的指数排名位于第19位，处于中游偏下的水平。内蒙古自治区各盟市金融发展竞争力情况如下：呼和浩特市排名第1位，鄂尔多斯市、乌海市以及包头市分别位列第2位、第3位、第4位；排名处于第5~8位的依次是阿拉善盟、锡林郭勒盟、巴彦淖尔市以及呼伦贝尔市；排名处于第9~12位的依次是赤峰市、乌兰察布市、兴安盟和通辽市。

要实现内蒙古自治区又好又快发展，离不开强有力的金融支持。要有序发展和创新金融组织、产品和服务，全面提升金融服务水平，不断增强金融市场功能，着力拓展金融服务的广度和深度，使其更好地为加快转变经济发展方式服务。

第一，全面增强农村金融服务能力，推动农村经济社会又好又快发展。农村金融是现代农村经济的核心。"十三五"时期，要进一步增强金融服务"三农"的能力，科学合理布局农村金融网点，加大新型农村金融机构培育力度，全面增强农村金融服务能力，持续提高农村地区银行业金融机构的覆盖率，加快完善农村金融组织体系和服务体系，突出农村金融服务针对性。一方面，要加强对水利建设的支持。各级监管部门和各银行业金融机构要高度重视水利建设，将支持水利建设作为现阶段"三农"金融服务工作重点，增加水利建设方面的信贷资金投入。政策性银行、大型商业银行和农村中小银行业金融机构要根据自身的业务功能和市场定位，在保证信贷资金安全的前提下，加强对农田水利建设项目的信贷支持，合理提高农田水利建设贷款比重，合力支持水利建设。另一方面，要加强对农业生产的支持。要着力满足粮食和农产品生产、加工、流通各环节的有效信贷需求。要根据粮食和农产品生产、产销区运输时间、产品销售周期等和从事生产、加工和销售的农户、企业资金需求特点，科学掌控涉农信贷投放节奏，确定信贷投放的时机和额度，保证资金准确、及时到位。

第二，进一步建立健全中小企业金融服务和信用担保体系，促进中小企业发展。要进一步促进小企业金融业务可持续发展，改进小企业金融服务。要通过加大金融支持，建立健全中小企业金融服务和信用担保体系，提高中小企业贷款规模和比重，拓宽直接融资渠道，大力发展中小企业，促进中小企业加快转变发展

方式，强化质量诚信建设，提高产品质量和竞争能力。要引导商业银行进一步加大对小企业业务条线的管理建设及资源配置力度，满足符合条件的小企业的贷款需求。

六、提升科技创新能力，为社会经济发展提供不竭动力

创新是力量之源，发展之基；科技本质是创新，科技发展靠创新；不断创新是当代科技发展的主旋律，创新是一个民族进步的灵魂，是一个国家兴旺发达的不竭动力；一个民族、一个国家或地区只有不断创新才能在激烈的国内外市场竞争中始终处于领先地位。

2013年，内蒙古自治区的科技创新竞争力排名位于第23位，处于下游偏上水平，表明内蒙古自治区科技创新能力整体较弱。各盟市的排名情况：呼和浩特市排名第1位，阿拉善盟和兴安盟分别位列第2位、第3位；第4~12位依次为锡林郭勒盟、巴彦淖尔市、呼伦贝尔市、通辽市、鄂尔多斯市、乌兰察布市、赤峰市、乌海市和包头市。鄂尔多斯市和包头市的科技创新能力需要引起自治区及当地政府的高度重视。为提升内蒙古自治区的科技创新竞争力，需要采取以下措施：

首先，应着力进一步优化创新环境，通过政策引导，资金投入支持等措施推动全区高新技术产业开发区、高新科技园区、产业化基地、可持续发展试验区改善创新创业环境，以此吸引和聚集高层次科技人才，有力地促进了高新技术成果转化和产业化。

其次，搭建科技成果转移平台，实现科技成果与经济发展的有机融合。科技成果转化是使科技成果投入实际应用并走向市场的关键环节，也是促进科技与经济有机融合的重要举措。为了有效推动自治区科技成果转移转化，内蒙古自治区应进一步深入搭建科技成果转移平台，实现科研院所与企业的对接，推进科技成果转移转化。

最后，整合现有创新资源，提升自主创新能力。通过对现有企业、科研院所以及政府机构等部门的科研资源的整合，围绕内蒙古自治区优势产业，建设一批集产学研用为一体的、以企业为主体的独立法人运行模式新型研发机构，为加快构建传统产业新型化、新兴产业规模化、支柱产业多元化的产业发展新格局提供科技支撑。使区域创新体系建设在核心技术、产业共性技术、人才引进和培育、企业孵化等方面发挥骨干和引领作用。

七、加强基础设施建设，为人民生活提供物质保障

基础设施主要包括交通运输、机场、港口、桥梁、通信、水利及城市供排水

供气、供电设施和提供无形产品或服务于科教文卫等部门所需的固定资产,它是一切企业、单位和居民生产经营工作和生活共同的物质基础,既是物质生产的重要条件也是劳动力再生产的重要保障。

内蒙古自治区的基础设施竞争力评价排名位于全国第3位,处于全国上游区位。在相关指标中,人均公路长度全国排名第6位,全社会物资周转量排名第11位,电信光缆线路长度排名第1位。这反映了近年内蒙古自治区基础设施条件有了较大程度的改善。但仍需在以下方面加以改进:

第一,加强农村基础设施建设力度。切实增加政府投入,实施好一批直接服务农村、符合农民需求、让广大农民受益的项目,使农村面貌特别是基础设施和社会事业发展滞后的状况明显改善。统筹考虑区域性和社区性基础设施建设,重点解决农村地区道路硬化、饮水安全、能源清洁、环境美化、信息畅通等问题,以搞好垃圾、污水、厕所、道路整治为重点,全面整治农村环境。

第二,构建城市交通、供水、供电、供热和供燃气等综合体系。城市交通、供水、供电、供热和供燃气等基础设施的完善程度不仅关系到居民生活是否便捷,也是一个城市的对外名片。在供电方面,要逐步简化电网接线,实现双电源双主变,提高供电可靠性。加快风力发电、光伏发电等新能源的推广利用,积极推进智能电网建设,优化电力供应结构。加快建设环城高压天然气管线的进度,逐步更新改造天然气管网,加快燃气应急调节储备设施和液化石油气储配工程建设。在供热方面,全面改造供热管网,拆并整合分散小锅炉房,提高城市集中供热普及率和供热效率,逐步完善市内全部供热分区。在供水方面,要坚持开源与节流并重、防汛与抗旱并举,加强水资源供应能力建设,优先保证城乡供水安全,统筹城市排水与防洪设施建设,尽快形成比较完善的城市供排水体系和防洪体系,加强城市在各类"水灾"面前的防御能力。

在交通方面,进一步完善城市交通规划,加快轨道、快速路的建设,构建城市综合交通体系;进一步加强铁路建设,扩大公路网络覆盖面,提高公路通达深度和公路等级;加大对农村道路硬化的建设力度,要逐步实现"柏油路乡乡通,水泥路村村通"的现代农村交通体系。同时,鼓励市民积极参与绿色出行,有效缓解市内交通压力。

第三,加快信息基础设施建设步伐。政府积极鼓励和支持电信运营商不断改造和更新网络传输、交换设备,完善信息枢纽功能,特别是要提高农村的网络覆盖率。优化邮政设施配置,提高邮件处理能力,逐步建成功能完善、布局合理、技术先进的现代化邮政设施网络。合理规划和布置街道候车亭、电话亭、报刊亭、广告牌、阅报栏、装饰路灯、座椅和垃圾桶等市政公用设施,方便市民生活,提升城市形象,逐步向"数字内蒙古"的目标靠拢。

八、提升管理服务意识，增强管理服务竞争力

内蒙古自治区管理服务竞争力排名位于第 21 位，处于全国下游水平，主要原因是由于内蒙古自治区失业率较高。而从财政收入、财政收入占 GDP 比重、财政年收入递增率以及财政自给率来看，内蒙古自治区同样处于中游靠下或下游靠上位置，都处于较低水平。

从区内各盟市管理服务竞争力排名情况来看，鄂尔多斯市的管理服务竞争力位列全区第 1 位，其次是乌海市、阿拉善盟和包头市；排名处于第 5~8 位的盟市依次是锡林郭勒盟、呼和浩特市、巴彦淖尔市和通辽市；排名处于第 9~12 位的盟市依次是赤峰市、呼伦贝尔市、乌兰察布市和兴安盟。

增强管理服务意识，提升内蒙古自治区管理服务竞争力，需从以下几个方面入手：

首先，深化城市管理体制综合改革。明确各级政府在城市管理中的工作职能，建立市、区、街相互衔接、合理分工和规范高效的城市管理框架。以城市社会管理体制改革推进带动社区管理体制创新，提高社区自治能力建设。充分发挥基层党组织、城乡基层自治组织以及社会中介组织在管理中的作用，把城市管理的基础工作落在实处。

其次，千方百计提高就业率。实施积极的就业政策，加大对就业和创业的支持力度，建立健全促进就业和支持创业的长效机制，以创业带动就业。进一步发挥政府投资、重大项目建设带动就业的作用，解决好城镇"零就业"家庭和就业困难群体的就业问题。加强公共就业服务体系和基层劳动就业公共服务平台建设，推进职业技能培训，建立健全人力资源市场。

鼓励高校毕业生面向基层就业，以强化实际操作技能训练和职业素质培养为着眼点，加强职业培训，提高劳动者就业能力。

健全社区、村镇就业服务网络，强化市、旗县区、街道各级各类职业介绍机构的就业服务功能，推行就业助理服务模式，广泛提供岗位信息，提高职业介绍服务效率和质量。

加强就业服务管理，健全城乡劳动力资源调查制度和就业失业登记制度。完善就业援助制度，落实就业援助政策，通过公益性岗位安置、"一对一"跟踪服务，促进困难群体多渠道实现就业。

再次，合理调节收入分配。兼顾效率和公平，着力提高低收入者的收入水平，逐步扩大中等收入者比重。保障进城务工人员合法权益，增加农民务工收入。提高公务员津贴补贴水平，加快推进事业单位绩效工资改革。加大税收监管和财政转移支付力度，妥善解决区域间和部分社会成员之间收入差距过大的

问题。

最后，克服重建设、轻管理现象，坚持依法、科学、从严、有序管理城市。充分发挥人民群众参与城市管理的作用，积极推进城市管理体制创新和模式转变，着力改进和加强基础管理，提高城市的运行效率和安全保障能力。

九、努力建设惠民工程，切实提高人民生活水平

人民生活水平是真正反映社会经济发展程度的最终指标。经济发展最终目的是让社会生产成果最终普惠于民。在市场经济时代，衡量居民生活水平最直接的指标是居民的消费水平，而居民是否有实力消费，又是否愿意消费，则取决于其收入水平以及住房、教育、保险等各项社会保障程度是否完善。

内蒙古自治区人民生活水平竞争力排名位于全国第 10 位，这是由于内蒙古自治区 5 个人民生活竞争评价指标在全国排名中都较为靠前。尽管如此，内蒙古自治区在人民生活水平发展方面还存在着诸多不足，主要表现在城乡居民收入不平衡，农村人均收入水平上升缓慢；区域内部人民生活水平各地区之间差距较大。由 2013 年的评价结果可知，评价得分在 90~100 分的区域为"呼包鄂"金三角；80~90 分的区域有乌海市和阿拉善盟，指数约为 85 分；70~80 分的区域有巴彦淖尔市、锡林郭勒盟和呼伦贝尔市；60~70 分的区域有通辽市、赤峰市、乌兰察布市和兴安盟。此外，内蒙古自治区劳动保障制度还不够完善，社保覆盖率远低于发达地区。因此，内蒙古自治区城乡居民生活水平和全面建设小康社会的要求之间存在较大差距，仍有较大的提升空间。当前提升内蒙古自治区居民生活水平应从以下几个方面入手：

首先，要进一步完善社会保障体系。建立覆盖城乡的社会保障体系，扩大覆盖范围，加大投入力度，提高保障水平。加快实施新型农村社会养老保险制度，按照先保后征原则，将被征地农牧民纳入社会保障范围。进一步完善城镇基本养老保险、职工基本医疗保险、城镇居民医疗保险、新型农村合作医疗保险、失业保险、工伤保险和生育保险制度，提高社会保险统筹层次，合理确定城乡居民最低生活保障标准。加快建立城镇居民养老保险制度，按照国家统一部署提高企业退休人员基本养老金水平。健全社会救助体系，完善社区服务、儿童福利、养老服务、教育和文化事业的资金保障机制。

其次，规范发展社会福利事业。规范社会福利事业管理和服务，支持和鼓励社会力量参与社会福利事业，推进社会福利社会化，形成以居家为基础、社区为依托、机构为补充的发展格局。加快社会福利基础设施建设，建成民政福利院和旗县区综合福利服务中心。大力发展养老服务机构，鼓励、支持社会力量兴办养老机构。加快建设街道老年活动中心和社区托老所，建立区、街道（乡镇）和

社区（村）居家养老三级网络，提高对"空巢老人"和特困老人的服务水平。加大农村敬老院投入力度，提高农村"五保"老人集中供养率。积极发展残疾人事业，帮助残疾人康复、上学和就业，为残疾人平等参与社会生活创造条件。实行多元化的孤残儿童养育方式，努力提高孤残儿童集中供养率。

再次，加快保障性住房建设。以实现"人人有房住"为政策目标，综合运用土地、财税、金融、行政等手段，增加面向中低收入家庭的普通商品住房和保障住房的供应，满足不同群体的住房需求，充分保障每位市民的居住权。要加快城市棚户区、旧小区的改造力度。做好棚户区、旧小区搬迁改造建设工作，通过科学规划、税费减免、政策配套等多种方式，加大改造力度。完善搬迁改造小区的生活设施，多渠道增加基础设施和社会公益设施的投入。加大投入和出台优惠政策并举，解决棚户区居民搬入新居后的就业、养老、教育、医疗等问题，确保搬迁居民安居乐业。完善住房保障政策，加强经济适用房、廉租房的建设与管理，落实相关政策和建房用地，制定发展规划和年度计划，建立目标责任制。在土地出让（出租）、资金信贷、政策优惠等方面支持企业参与保障性住房建设。进一步提高住房公积金收缴率，扩大覆盖面，提高资金运营水平。给予进城农民工购房、租房补贴。

最后，基于内蒙古自治区居民生活水平的区域差异性，政府应加大扶贫开发力度。积极推进贫困地区基础设施建设，改善发展环境和生产生活条件。加大财政扶贫资金投入力度，扩大扶贫贴息贷款规模，继续实施整村推进、产业化扶贫、劳动力转移培训、以工代赈、兴边富民等工程，提高贫困人口收入。积极做好易地扶贫搬迁工作，妥善解决搬迁农牧民后续发展和长远生计问题。尽快实现农村低保制度与扶贫开发政策有效衔接。积极稳妥发展贫困村互助资金组织，加强定点扶贫和东、西扶贫协作，鼓励民间组织和企业积极参与扶贫开发。

十、努力提升经济实力，促进社会经济又好又快发展

针对内蒙古自治区当前的竞争力发展水平以及发展现状，应从以下几个方面提升自治区的经济实力：

首先，加快城镇化进程。统筹规划、合理布局，促进城市和城镇协调发展，积极构建多中心带动的城镇发展格局。依托盟（市）、旗（县）所在地和建制镇，积极引导产业集聚，提高城镇服务功能，引导城镇有序发展，积极稳妥推进城镇化，以进一步推进内蒙古自治区全区的国民生产和消费水平。

其次，结合城镇化进程，加强县城和重点镇建设，提高集聚和辐射带动能力，提升县域经济。发挥比较优势，扶持资源加工型、劳动密集型、产业配套型等产业发展，培育一批具有一定规模和水平的特色产业，着力打造一批各具特色的经济强县（旗）。

最后，内蒙古自治区区域内部经济发展存在明显的梯度结构，为此，内蒙古自治区应统筹东中西部地区发展，合理布局生产力，增强区域实力和竞争力。推进呼和浩特市、包头市、鄂尔多斯市一体化发展，辐射带动内蒙古自治区西部地区率先发展。加大对东部地区开放与开发支持力度，进一步融入东北及环渤海经济区（圈），主动承接辐射带动和产业转移。优化兴安盟、赤峰市、锡林郭勒盟等地区的水煤资源配置，有序发展煤电、煤化工、有色金属加工、装备制造、农畜产品深加工等产业。支持少数民族聚居区、边境地区、贫困地区加快发展。

此外，还应进一步促进资源型城市转型，建立多元化的产业体系，探索资源型地区可持续发展的新模式。

第二章

内蒙古自治区区域经济综合竞争力研究设计

　　本章为内蒙古自治区区域经济综合竞争力研究设计。首先，对区域经济综合竞争力的概念及相关理论予以界定和梳理；其次，基于客观性、系统性、层次性、针对性、可行性和可比性的原则，构建了内蒙古自治区区域经济综合竞争力评价指标体系（2015）；最后，对本书的逻辑框架和研究方法进行了阐述。

第一节　内蒙古自治区区域经济综合竞争力概念及模型

一、区域经济综合竞争力的概念

(一)"区域"概念的界定

就"区域"的概念来看，通常有两种含义。从经济学的研究视角来看，区域指经济区域，是区域经济学的研究对象，是指按照市场机制运作的经济区域，这一点不同于省、市、县等行政区划的经济学概念。通常一个经济区域是由一个或多个核心城市、若干个相关城镇及其周边辐射地区（包括乡村和城乡结合部）组成的，在空间上密切联系、在功能上有机分工、相互依存，并且具有一体化发展趋势的空间经济复合体。

另一种区域的界定是指行政区域，即通常的省、市、县等行政区域。与行政区域相对应即所谓的地方经济，也称行政区域经济。行政区域经济是我国客观存在的一种经济形式。显然，行政区域不同于经济区域，但是在实际应用中基于组织、计划、调控的需要，常以行政区划为界划分区域；另外，行政区域经济通常和区域经济也相互交织，既有鲜明的行政区域特征，也有明显的市场经济特征。

基于实证分析中所需数据的可得性，本书研究的"区域"即为行政区域，区域经济即为行政区域经济，或地方经济。

(二)"竞争力"的内涵

目前，学术界已普遍认同以"能力"而非"实力"来界定"竞争力"。"能力"是动态的增量概念，而"实力"是静态或比较静态的存量概念，但学术界对"能力"的具体形式仍存在较大争议。主要有以下四种观点：

1. 财富创造能力

这种观点主要源于世界经济论坛（WEF）和洛桑国际管理发展学院（IMD）最初合作发表的《全球竞争力报告》，该观点将一个国家的国际竞争力定义为"在世界市场上均衡地生产出比其竞争对手更多财富的能力"。国内持这类观点的学者有阳国新、樊纲等，分别从区域经济的均衡产出、生产能力和市场地位等角度来描述竞争力。阳国新（1995）认为，"区域竞争力是指各经济区域所提供的商品在某一特定区域市场中占领的市场份额"；樊纲（2002）认为，狭义的竞争力就是"商品在国际市场上所处的地位"，具体而言，"竞争力来源于同样质量的产品具有较便宜的价格，或者说同样质量的产品具有较低成本"；单玉丽、张旭华等（2005）认为区域竞争力是"提供产品和服务的能力"；谢立新（2003）认为"区域竞争力的实质是比较生产力"。

2. 经济持续发展能力

这种观点基于提高竞争力的最终目的是促进国民经济持续增长，体现了古典经济学的核心思想。如张为付、吴进红（2002）认为，区域竞争力是"一个区域与整个市场加强分工与协作，实现区域经济和社会可持续发展的能力"。丁力、杨茹（2003）指出，"竞争力是经济增长的增长能力，它不同于经济实力和经济增长能力，体现为经济增长的加速度"。

3. 资源吸引和有效配置能力

资源吸引和有效配置能力的观点体现了新古典经济学的本质，即对稀缺资源的优化配置。这种观点基于提高区域竞争力基本途径，是目前国内较主流的一种观点。王秉安、陈振华等（2000）认为"区域竞争力是一个区域为其自身发展在其从属的大区域中进行资源优化配置的能力，也就是一个区域为其自身的经济发展对大区域资源的吸引力和市场的争夺力"；蒋满元、唐玉斌（2005）将区域竞争力定义为"区域内各经济主体在市场竞争过程中所形成并表现出来的一种争夺资源或市场的综合能力"；王连月（2004）认为，"区域竞争力是一个区域在竞争和发展过程中与其他区域相比较所具有的吸引、争夺、拥有、控制和转化资源，争夺、占领和控制市场的能力，为其自身发展所具备的资源优化配置能力，也可以说，是一个区域为其自身发展对资源的吸引力和市场的争夺力"。

4. 多种形式的综合能力

此外，还有学者认为区域竞争力是多种形式能力的综合。比较典型的观点：郭秀云（2004）定义区域竞争力为"一个区域在与其他区域竞争中所具有的相对优势，包括经济增长潜力、资源优化配置能力和市场占有能力等，是社会、经济、文化、制度、政策等多因素综合作用的结果"；徐宏、李明（2005）认为区域竞争力是"某一区域在所从属的大区域中对有限资源的吸引力，配置区内资源形成自身比较优势和实现经济成效的行动力，及实现未来良性发展的趋向力，是竞争力资源与竞争力过程的统一"。

实际上，以上几种对竞争力内涵理解不同的观点，并没有本质的区别，只是源于不同的理论思想和研究视角，不存在对错优劣之分，并且几种观点也不构成根本矛盾，完全可以共存。即财富创造是竞争力的直接表现，经济持续增长是提高竞争力的根本意图，资源吸引和有效配置是提高竞争力的基本途径。

（三）区域经济综合竞争力

本书所研究的区域竞争力是区域经济综合竞争力，即以经济指标为主要构成要素，辅以支持其发展的相关因素共同构成的综合竞争力。在区域经济综合竞争力的理解上，本书倾向于前面所述的第三种观点，认为区域经济综合竞争力是指一个区域在现有的经济发展水平条件下，参与市场的竞争和资源的优化配置，从而获得有利于本区域未来发展所需资源的吸引力和市场的争夺力,是该区域在大区域竞争中表现出来的经济综合实力的强弱程度。它具有如下内涵:

其一,区域经济综合竞争力是一种综合性的概念。区域经济综合竞争力包含了区域内所有的经济要素,层次多、覆盖面广,是全面反映地区经济竞争力的各要素的有机组合。

其二,区域经济综合竞争力是体现区域可持续发展的能力,具有动态性。研究区域经济综合竞争力,不仅要研究其现在,还要研究其将来,不仅反映区域目前的经济、社会等方面发展水平,也将预示着未来的发展能力。

其三,区域经济综合竞争力的本质在于对资源有效配置和优化的能力,因此它既包括内部资源的有效配置和合理运用,还包括对区外资源的有效吸纳,从而达到内外资源的协调配合。

二、区域经济综合竞争力理论

区域经济综合竞争力的研究仅有数据的支持是不够的,必须建立在必要而雄厚的理论基础之上。下面对现有的区域竞争力研究理论进行梳理,挖掘决定和影响竞争力强弱的诸因素,进而揭示竞争力的形成与强化机制,探索提升竞争力的有效途径。目前,国内外学者对区域竞争力理论的探讨主要包括比较优势理论、竞争优势理论、新经济增长理论、创新理论、区域经济学和新制度经济学相关理论等。

(一) 比较优势理论

比较优势可以说是经济学中最古老的概念之一,源于对国际贸易和贸易利益主导理论的解释,经历了由古典贸易模型到新古典贸易模型,由斯密的绝对比较优势到李嘉图的相对比较优势(基于技术效率的外生的相对比较优势)、赫克歇尔—俄林的要素禀赋优势、迪克西特—斯蒂格利茨的规模经济优势,再到杨小楷的技术内生和技术外生和交易效率的综合比较优势。比较优势理论经历了由外生到内生,再到内外生并重,由单因素向多因素的发展过程。由过去的单一比较优势理论发展为综合比较优势理论,被视为分工发展的基本驱动力和国际贸易赖以存在的前提。因此说,比较优势已经逐渐发展成一个较宽泛的概念,指本国或本地区在经济发展中所独具的优势资源与有利条件,不仅包括丰富的自然资源、劳动力、资本等基础要素,还包括先进技术、智力资源、独特的历史文化背景,以及由区位条件、市场化、法制化和政府效能等决定的较高的交易效率。

根据比较优势理论,不同国家和地区应利用各自的比较优势发展经济以形成竞争力,而上述比较优势条件均可成为形成区域竞争力的要素。

(二) 竞争优势理论

竞争优势是指一国在世界市场竞争中实际显示的优势，是生产力水平的标志，是由波特在反思比较优势理论的基础上创立的。该理论对国内区域竞争力的研究具有较深的影响，被很多学者如王秉安 (2000) 等视为区域竞争力的理论基础。根据波特的理论，产业及企业的国际竞争力是一个国家生产率的直接体现，是国家竞争优势的基础。生产要素、需求条件、支援与相关产业、企业战略、结构与竞争状态及机会、政府六个要素相互影响，共同决定了产业及企业在国际竞争中的强弱，这就是波特著名的"国家竞争力钻石体系"。在竞争优势理论中，波特强调各个要素的作用是一个动态系统性机制的变化。国内市场竞争压力和地理集中使得整个"钻石"构架组成一个完整系统。国内竞争的压力可以提高国内其他竞争者的创新能力，而地理集中将使基本因素整合为一个整体，从而更容易相互作用和协调提高。在"国家竞争力钻石体系"中，波特认为，科学、技术等后天先进生产要素的作用要比资源禀赋等基础要素的作用更重要，自然资源的缺乏往往能够转换成产业升级的动力与压力；国内需求远比可观的市场规模重要，顾客的需求迫使企业不断创新，而自身价值观的全球化又可以引领国际市场需求趋势；相关产业中的企业通过互动，可以对产品进行创新与升级来降低成本，具有相互受益和自我强化的效果；企业战略和管理制度不存在绝对的好坏，关键是能否汇集一国具有优势的管理实物和组织模式，而激烈的国内竞争给企业的创新和改善带来压力，有利于竞争优势持续升级；机会是国家竞争优势中的可变因素，关键在于能否及时合理地把握和利用；此外，对于政府而言，不应该着眼于短期的成本利益，完全的自由放任原则是不可取的，适当的角色应该是"鼓励改变、促进国内市场竞争与刺激创新，并尽可能给各区域创造公平的竞争环境"。

竞争优势理论与比较优势理论存在着本质的区别。比较优势理论倾向于宏观分析，而竞争优势理论则从企业参与国际竞争的微观角度解释产业竞争力和国家竞争优势的形成，从钻石体系六要素入手探索比较和提升区域竞争力的途径和对策，特别强调在资源禀赋和国内市场规模处于劣势的条件下，仍可通过技术创新、企业竞合、有效政府管理等其他因素的改善获得竞争优势地位。

目前，国内区域竞争力研究的理论更多地倾向于竞争优势理论，认为竞争优势理论是对比较优势理论的重大突破。比较优势最重要的贡献在于差异性的生成，例如资源成本的差异，产品差异等，进而企业能在竞争中获得差别利益。而竞争优势理论强调的是一个国家和地区的内生能力，例如创新力，其在核心竞争力中的地位相对于比较优势更重要。现有的研究中，有的文献否认比较优势理论对区域竞争力研究的理论支撑，认为比较优势不足以形成优势和竞争力，对竞潜力的重视程度不够。但也有部分学者坚持比较优势理论在区域经济发展中的基础地位，认为只有发挥比较优势，才能够形成持久的竞争优势。例如，林毅夫指出"国家或地区只有在经济发展的每一个阶段选择符合自己要素禀赋结构的产业结构和生产技术，经济中的多数企业才会具有自生能力，从而能够促进经济体的资本积累、要素禀赋结构的提升，实现经济的快速发展"，这也就是说，区域经济持续发展和竞争力的形成必须遵循比较优势原则。

（三）新经济增长理论

20世纪80年代以来，随着以罗默（Paul. Romer）和卢卡斯（Robert. Lucas）为代表的"新增长理论"的出现，经济增长理论再次焕发生机。新经济增长理论的重要创新之一是把新古典增长模型中的"劳动力"的定义扩大为人力资本投资，即人力不仅包括绝对的劳动力数量和平均技术水平，而且还进一步包括劳动力的教育水平、生产技能的训练和相互协作能力的培养等，这些因素统称为"人力资本"。美国经济学家保罗·罗默1990年在理论上第一次提出了技术进步内生的增长模型，从而把经济增长建立在内生技术进步上。技术进步内生增长模型的基础包括三个方面：技术进步是经济增长的核心；大部分技术进步是出于市场激励而导致的有意识行为的结果；知识商品可反复使用，无须追加成本，成本只是生产开发本身的成本。基于对决定内生增长的各因素的理解和强调的不同，新经济增长理论也出现了多种模式。如罗默的知识积累增长模式、卢卡斯的专业化人力资本增长模式、斯科特的资本投资增长模式以及巴罗的政府支出增长模式等。

新经济增长理论的发展对区域竞争力研究有着重要的启迪意义，它表明从长期发展来看，必须重视发展教育和培养人才，重视知识积累和技术进步，且持续的较大规模研发投入和政府对重大科研项目的资金、政策支持也同样是必不可少的。

（四）创新理论

创新理论是美籍奥地利经济学家熊彼特（J. A. Schumpeter）提出的。他在1912年的著作《经济发展理论》中，最早将创新定义为一个经济学概念，将"创新"、"发明"与"发现"区别开来，认为创新是在生产体系中引入一种新的生产要素的组合。这种组合具体包括了以下一些内容：第一，引入一种新的产品或提供一种产品的新质量；第二，采用一种新的生产方式；第三，开辟一个新的市场；第四，获得一种原料或半成品的新的供给来源；第五，实行一种新的企业组织形式。熊彼特进一步指出，创新是经济发展的动力，并引发了资本主义经济的长期发展和市场结构变化。此后，创新理论逐渐成为西方经济学中重要的分支，内容涉及创新活动的内外联系与过程、创新的动力机制（技术推动与需求推动）、创新的类型（激进式与渐进式）、技术创新的扩散效应、制度创新及国家和区域创新系统等各个方面。

国内学者樊新生等将创新理论纳入区域竞争力研究的理论背景之中，并指出创新理论可以使我们从更深层次了解竞争力的意义。

（五）区域经济学相关理论

国内学者王秉安、陈德宁等将区域经济学中的区位论、空间结构理论、集聚经济理论、地域生产综合体理论和区域经济发展梯度理论纳入区域竞争力的研究理论背景中。区位论主要从原料、运输费用、劳动力、集聚力、成本因素、市场因素等各个方面探讨区域经济主体的发展条件，寻求经济活动在空间分布上的最优化。空间结构理论是在古典区位理论的基础之上进一步发展起来的，从各种经济活动主体在空间中的集聚程度及相互关系中寻求其最优组合与相对位置，考察它们在相互作用中的动态变化规律。集聚经济理论主要涉及区域内不同规模、不同性质企业的组合及其在地理上集中与分散的经济合理性问题。地域生产综合体理论从对区域内丰富资源的开发和有效利用角度出发，主张有选择、有计划地安置与专业化主导产业相联系的各企业；与地域生产综合体相近的一个概念是产业集群，指相关产业中相互依赖、相互合作、相互竞争的企业以获取集聚经济效益为意图的在地理上的集中，是适应市场经济和自由竞争环境而产生和形成的。区域经济发展梯度理论指的是由于处在不同生命周期阶段的产业具有不同的空间布局规律，因此产生了区域经济技术水平的空间差异和区域经济发展梯度；创新活动大部分发源于高梯度地区，之后随着时间的推移及产业生命周期阶段的变化，通过多层次的城市系统向低梯度地区进行转移；此外，反梯度推移理论又进一步指出，落后的低梯度地区也可以根据实际情况，通过引进国外领先技术，发展高新技术产业，从而借助后发优势实现超越高梯度地区，然后向较高梯度地区进行反梯度推移。

区域经济学基本理论系统剖析了区域经济发展的基本条件，能够揭示区域产业布局与组织的一般规律，进而为区域竞争力研究建立了最一般的思维框架。但同时，区域经济学基本理论更侧重于从经济地理和生产布局的角度探讨区域经济发展问题，在区域竞争力研究中的资源优化配置能力的解释性方面较弱。

（六）新制度经济学理论

新制度经济学主要从产权关系、交易费用、市场信息、契约安排等方面讨论制度因素对经济增长的作用。认为合理的制度安排能够给人们提供稳定的预期收益，并激励经济主体改善经营和创新，且即使在没有明显技术进步的国家和地区，经济增长也可以通过制度创新过程来加以解释。美国经济学家舒尔茨（T. W. Schultz）指出，制度的功能在于能够提供具有经济价值的服务，降低交易成本，并影响生产要素所有者之间的风险与收益配置，确定职能组织与个人收入之间的联系，确立公共物品和服务的分配框架。诺斯（D. North）认为，制度为一个社会或一种经济秩序提供了合作与竞争的关系，其功能在于创造秩序、降低市场交易的不稳定性；他还强调了制度对提高国家竞争力的重要性，认为有效率的组织是西方经济兴起的真正原因，是经济增长的关键；而要保持组织的有效率，就需要做出合理的制度安排，使个人通过努力获得的收益率接近社会收益率，并且认为这种合理的制度安排通常可以克服自然资源和社会资源的不足。

实践表明，制度因素对经济发展的作用是毋庸置疑的。制度经济学理论对区域竞争力研究的贡献在于，启发人们从特定区域的市场化程度、法制环境、企业治理结构、地方行政管理体系等方面考察竞争力的形成与强化机制，探索通过制度改革和创新谋求竞争力提升的基本途径。

此外，区域竞争力研究还可以从不同角度批判地吸收综合国力论、政府政策论、管理文化论、劳工组织论等一些非主流的学术观点和思想，借鉴比较制度经济学的研究方法，旨在形成系统、完备的理论基础体系和分析研究框架。

第二节 内蒙古自治区区域经济综合竞争力评价指标体系构建

经济综合竞争力的内涵十分丰富，涵盖了经济领域各个产业、行业和各个方面，涉及宏观经济、中观经济、微观经济各个层次，包含了所有经济要素，建立一个能够对所有经济要素进行客观、准确评价和分析的指标体系及数学模型，是进行综合评价的重要基础性工作。

一、内蒙古自治区区域经济综合竞争力评价指标体系的演变

区域经济综合竞争力评价指标体系是开展内蒙古自治区区域竞争力研究的重要基础，体现了研究者对区域经济综合竞争力内涵和特点的理解与诠释。本书所采用的区域经济综合竞争力评价模型在内蒙古自治区区域经济综合竞争力研究原有研究成果基础上进行了修改和完善。

内蒙古自治区区域经济竞争力评价研究工作始于2004年，以内蒙古财经大学统计与数学学院教师为研究团队，成立了内蒙古自治区区域经济竞争力评价课题组。随着研究内容在广度和深度上的不断拓展，课题组关于区域经济综合竞争力的概念及其相关理论的理解不断深入，研究成果也日趋完善和成熟。

表2-1是内蒙古财经大学区域竞争力研究课题组首次提出的关于内蒙古自治区区域国际竞争力的评价模型，该模型由10大要素模块，29个要素支撑点，共计74项指标组成。其中经济实力模块包含4个要素支撑点共10项指标；开放

程度模块包含3个要素支撑点14项指标；产业结构模块包含3个要素支撑点共8项指标；政府管理模块包含3个要素支撑点共5项指标；城乡结构模块包含2个要素支撑点共3项指标；基础设施模块包含4个要素支撑点共9项指标；环境状况模块包含3个要素支撑点共3项指标；科学与技术模块包含2个要素支撑点共6项指标；人力资源与生活质量模块包含3个要素支撑点共13项指标；企业状况模块包含2个要素支撑点共3项指标。

表2-1　内蒙古自治区区域国际竞争力评价指标体系（2008年）

序号	总序号	要素名称	要素支撑点名称	指标名称	计量单位
1.01	1	经济实力	增加值	国内生产总值	亿元
1.02	2			人均国内生产总值	元
1.03	3			国内生产总值增长率	%
1.04	4			人均国内生产总值增长率	%
1.05	5		投资	总投资额	万元
1.06	6			总投资额增长率	%
1.07	7		最终消费	个人最终消费	元
1.08	8			个人最终消费增长率	%
1.09	9		市场规模	人均零售额	元
1.10	10			人均零售额变化率	%
2.01	11	开放程度	商品及服务出口	商品出口额	万美元
2.02	12			商品出口额占GDP比重	%
2.03	13			商品出口额增长率	%
2.04	14			旅游外汇收入	万美元
2.05	15			旅游外汇收入增长率	%
2.06	16			旅游外汇收入占GDP比重	%
2.07	17		商品及服务进口	商品进口额	万美元
2.08	18			商品进口额占GDP比重	%
2.09	19			商品进口额增长率	%
2.10	20			进口倾向（进口额增加/GDP增加）	
2.11	21			商品进出口差额	万美元
2.12	22			外贸依存度（进出口总额/GDP）	%
2.13	23		外国直接投资	直接利用外资	万美元
2.14	24			直接利用外资增长率	%

续表

序号	总序号	要素名称	要素支撑点名称	指标名称	计量单位
3.01	25	产业结构	产出	第一产业增长率	%
3.02	26			第二产业增长率	%
3.03	27			第三产业增长率	%
3.04	28		产出效率	人均第一产业增加值	元/人
3.05	29			人均第二产业增加值	元/人
3.06	30			人均第三产业增加值	元/人
3.07	31		产出结构	第三产业从业人员占总从业人员比例	%
3.08	32			第三产业增加值占GDP比率	%
4.01	33	政府管理	政府支出	地方预算赤字/盈余占GDP比重	%
4.02	34			财政支出占GDP比重	%
4.02	35		财政政策	财政收入占GDP比重	%
4.04	36			行政管理支出占财政支出比重	%
4.05	37		财政绩效	地方财政收入/地方财政支出（财政自给率）	%
5.01	38	城乡结构	城乡差距	城镇居民人均可支配收入/农村居民人均纯收入	%
5.02	39			城镇居民人均可支配收入增长率/农村居民人均纯收入增长率	%
5.03	40		城镇化水平	城镇总人口/总人口	%
6.01	41	基础设施	健康基础设施	卫生机构人员	人
6.02	42			卫生机构数	个
6.03	43		电信基础设施	邮政业务总量	万元
6.04	44			人均邮政业务总量	元
6.05	45		交通基础设施	公路网密度	公里/平方公里
6.06	46			货运周转量	万吨公里
6.07	47		基本基础设施	基本建设投资额	万元
6.08	48			更新改造投资额	万元
6.09	49			年末供水管道长度	公里
7.01	50	环境状况	污染状况	污水污染负荷（负）	万吨/平方公里
7.02	51		污染治理	生活垃圾清运量	万吨
7.03	52		环境状况	建成区绿化覆盖率	%

续表

序号	总序号	要素名称	要素支撑点名称	指标名称	计量单位
8.01	53	科学与技术	研究与开发机构和人员	研发机构数量	个
8.02	54			研发机构从业人员	人
8.03	55			研发机构从业人员占总人口比重	%
8.04	56		研究与开发支出	科研经费支出	万元
8.05	57			人均科研经费支出	元/人
8.06	58			科研经费支出占GDP比重	%
9.01	59	人力资源	就业与失业	就业人口占总人口比重	%
9.02	60			就业增长率	%
9.03	61			城镇失业率	%
9.04	62		教育特征	万人中高等教育入学人数	人
9.05	63			中学学生教师比	—
9.06	64			人均教育支出	元
9.07	65			人均报刊期发数	份
9.08	66		生活质量	城镇人均可支配收入	元
9.09	67			农村人均纯收入	元
9.10	68			人均储蓄存款	元
9.11	69			恩格尔系数	%
9.12	70			消费品价格指数	%
9.13	71			个人购买商品房住宅	万平方米
10.01	72	企业状况	企业规模	国有以及规模以上非国有企业数	个
10.02	73			国有以及规模以上非国有企业总产值	亿元
10.03	74		企业效益	国有以及规模以上非国有企业利润总额	万元

在该指标体系框架下，首期的研究成果《内蒙古区域国际竞争力发展的统计研究》已于2008年12月正式出版。

在首期内蒙古自治区区域国际竞争力评价研究模型的基础上，内蒙古财经大学区域竞争力研究团队于2012年正式启动了内蒙古自治区区域经济综合竞争力的评价研究。项目明确提出了研究模型的重点要落在区域经济综合竞争力评价的层面上，以便于较好地适应当前我国经济改革与发展的大环境。于是对原有指标体系进行了修正，形成了用于评价内蒙古自治区区域经济综合竞争力的评价指标体系，评价成果《内蒙古自治区区域经济综合竞争力发展报告（2008～2011）》

一书于2014年7月正式出版。该指标体系由1个综合指标，9个二级指标即要素模块，23个三级要素支持点，共计95项指标组成。其中宏观经济竞争力模块包含3个要素支撑点，共17项指标；产业竞争力模块包含3个要素支撑点，共17项指标；企业竞争力模块包含2个要素支撑点，共5个指标；可持续发展竞争力模块包含5个要素支撑点，共15项指标；金融竞争力模块包括1个要素支撑点，共7项指标；科技与文化竞争力模块包含1个要素支撑点，共8项指标；政府管理竞争力模块包含2个要素支撑点，共9项指标；基础设施竞争力模块包含3个要素支撑点，共6项指标；发展水平竞争力模块包含3个要素支撑点，共11项指标。相比较于原有区域国际竞争力评价指标体系，修改之后的指标体系有所扩充，纳入了原有指标体系所没有的但对区域经济竞争力有重大影响的要素，增强了模型对区域经济综合竞争力的诠释能力，详见表2-2。

表2-2 内蒙古自治区区域经济综合竞争力评价指标体系（2014年）

序号	总序号	要素名称	要素支撑点名称	指标名称	计量单位
1.01	1	宏观经济竞争力	经济实力	地区生产总值	亿元
1.02	2			地区生产总值增长率	%
1.03	3			人均地区生产总值	元
1.04	4			固定资产投资额	万元
1.05	5			固定资产投资额增长率	%
1.06	6			人均固定资产投资额	元
1.07	7			全社会消费品零售总额	万元
1.08	8			全社会消费品零售总额增长率	%
1.09	9			人均全社会消费品零售总额	元
1.10	10		经济结构	第二产业、第三产业增加值占GDP比重	%
1.11	11			第二产业、第三产业从业人员比重	%
1.12	12			第三产业增加值占GDP比重	%
1.13	13			第三产业从业人数比重	%
1.14	14		经济外向度	进出口总额	万美元
1.15	15			进出口总额增长率	%
1.16	16			人均进出口总额	美元
1.17	17			进出口总额占GDP的比重	%

续表

序号	总序号	要素名称	要素支撑点名称	指标名称	计量单位
2.01	18			第一产业增加值	亿元
2.02	19			第一产业增加值增长率	%
2.03	20		第一产业	人均第一产业增加值	元
2.04	21			第一产业劳动生产率	%
2.05	22			支农资金比例	%
2.06	23			第二产业增加值	亿元
2.07	24			第二产业增加值增长率	%
2.08	25	产业竞争力	第二产业	人均第二产业增加值	元
2.09	26			第二产业从业人数	人
2.10	27			第二产业从业人数增长率	%
2.11	28			第二产业全员劳动生产率	%
2.12	29			第三产业增加值	亿元
2.13	30			第三产业增加值增长率	%
2.14	31		第三产业	第三产业从业人员人数	人
2.15	32			第三产业从业人数增长率	%
2.16	33			人均第三产业增加值	元
2.17	34			旅游外汇收入	万美元
3.01	35		企业规模	规模以上工业企业数	个
3.02	36			规模以上企业平均资产	亿元
3.03	37	企业竞争力		流动资金周转次数	次
3.04	38		企业效益	规模以上企业资产负债率	%
3.05	39			规模以上企业销售利税率	%
4.01	40			单位GDP能耗	吨标准煤/万元
4.02	41		能源消耗	单位工业增加值能耗降低率	%
4.03	42			单位GDP电耗降低率	%
4.04	43	可持续发展竞争力	资源利用	土地资源产出率	万元/公顷
4.05	44			能源产出率	万元/吨标准煤
4.06	45		环境保护	环境保护支出	万元
4.07	46			环境保护支出占GDP比重	%

续表

序号	总序号	要素名称	要素支撑点名称	指标名称	计量单位
4.08	47	可持续发展竞争力	人民生活	城镇人均可支配收入	元
4.09	48			农村人均纯收入	元
4.10	49			恩格尔系数	%
4.11	50		人力资源	人口自然增长率	%
4.12	51			人均教育经费	元
4.13	52			万人高等学校在校学生数	人/万人
4.14	53			万人高等学校专任教师数	个/万人
4.15	54			职业学校年毕业学生数	人
5.01	55	金融竞争力	金融发展	存款余额	万元
5.02	56			人均存款余额	元
5.03	57			贷款余额	万元
5.04	58			人均贷款余额	元
5.05	59			保险费净收入	万元
5.06	60			保险密度（人均保费收入）	元
5.07	61			保险深度（保费收入占GDP之比）	%
6.01	62	科技与文化竞争力	科技文化	万人科技活动人员	人/万人
6.02	63			科技经费支出占GDP比重	%
6.03	64			人均科技经费支出	元
6.04	65			研究机构个数	个/万人
6.05	66			科研经费支出	万元
6.06	67			各盟市文化艺术单位数	个
6.07	68			城镇居民人均文化娱乐支出占消费性支出比重	%
6.08	69			农村居民人均文化娱乐支出占消费性支出比重	%
7.01	70	政府管理竞争力	政府财政	财政收入	万元
7.02	71			财政收入占GDP比重	%
7.03	72			财政收入年递增率	%
7.04	73			财政支出	万元
7.05	74			财政支出占GDP比重	%
7.06	75			财政支出年递减率	%

第二章 内蒙古自治区区域经济综合竞争力研究设计

续表

序号	总序号	要素名称	要素支撑点名称	指标名称	计量单位
7.07	76	政府管理竞争力	政府财政	财政自给率	%
7.08	77		政府调控	城乡消费水平对比	—
7.09	78			失业率	%
8.01	79	基础设施竞争力	健康卫生	卫生机构个数	个/万人
8.02	80			卫生机构人员	人
8.03	81		交通设施	人均公路长度	公里/万人
8.04	82			全社会旅客周转量	万人公里
8.05	83			全社会货物周转量	万吨公里
8.06	84		现代通信	人均邮电业务总量	元
9.01	85	发展水平竞争力	工业化	工业生产总值占GDP比重	%
9.02	86			工业生产总值增长率	%
9.03	87			工业资产总额	亿元
9.04	88			工业资产总额增长率	%
9.05	89			工业资产总额贡献率	%
9.06	90			霍夫曼系数	—
9.07	91		城市化	城镇人口比重	%
9.08	92			人均居住面积	平方米/人
9.09	93		市场化	非国有单位从业人员占城镇从业人员比重	%
9.10	94			全社会消费品零售总额占GDP的比重	%
9.11	95			全社会消费品零售总额占工农产值比重	%

二、内蒙古自治区区域经济综合竞争力评价模型的构建原则

进入21世纪以来，在科学发展观的指引下，我国经济发展模式正经历着巨大的变革，经济发展不再简单追求数量上的发展，转而更加注重经济发展的效益、效率以及附加值的创造。同时在经济不断发展的基础上，还应该注重人民生活的不断提高、环境的可持续发展等。正是基于这一当前国内经济发展形势以及以下构建原则，本书对内蒙古自治区区域经济综合竞争力评价指标体系（2014年）进行了进一步修订，形成了体现经济发展效益、质量以及反映民生问题的内蒙古自治区区域经济综合竞争力评价指标体系（2015年），见表2-3。

表 2-3 内蒙古自治区区域经济综合竞争力评价指标体系（2015）

总序号	序号	二级指标及权重	三级指标权重	单位
1	1	经济实力竞争力（0.198）	地区生产总值（0.149）	亿元
2	2		人均地区生产总值（0.270）	元
3	3		地区生产总值增长率（0.081）	%
7	4		全社会消费零售总额（0.149）	万元
8	5		人均全社会消费零售总额（0.270）	元
9	6		全社会消费零售总额增长率（0.081）	%
10	1	产业结构竞争力（0.071）	第二、第三产业增加值占GDP比重（0.210）	%
11	2		工业企业全员劳动生产率（0.220）	%
12	3		第三产业增加值占GDP比重（0.430）	%
13	4		大中型工业企业增加值占GDP比重（0.140）	%
14	1	对外开放竞争力（0.029）	进出口总额（0.260）	万美元
15	2		进出口总额增长率（0.140）	%
16	3		人均进出口总额（0.140）	美元
17	4		进出口总额占GDP比重（0.460）	%
18	1	可持续发展竞争力（0.130）	万元GDP能耗（负指标）（0.54）	吨标准煤/万元
19	2		万元GDP电耗（负指标）（0.300）	千瓦时/万元
20	3		环境保护支出占GDP比重（0.160）	%
21	1	人力资源竞争力（0.112）	人口自然增长率（0.081）	%
22	2		人均教育经费（0.149）	元
23	3		万人高等学校在校学生数（0.270）	人/万人
24	4		万人高等学校专任教师数（0.270）	个/万人
25	5		职业学校年毕业学生数（0.149）	人
26	6		城镇人口比重（0.081）	%
27	1	金融发展竞争力（0.070）	存款余额（0.144）	万元
28	2		人均存款余额（0.250）	元
29	3		贷款余额（0.144）	万元
30	4		人均贷款余额（0.250）	元

第二章　内蒙古自治区区域经济综合竞争力研究设计

续表

总序号	序号	二级指标及权重	三级指标权重	单位
31	5	金融发展竞争力 （0.070）	保险费净收入（0.050）	万元
32	6		保险密度（0.081）	元/人
33	7		保险深度（0.081）	%
34	1	科技创新竞争力 （0.198）	万人科技活动人员（0.277）	人/万人
35	2		科技经费支出占GDP比重（0.468）	%
36	3		研究机构个数（0.095）	个/万人
37	4		科研经费支出（0.160）	万元
38	1	基础设施竞争力 （0.044）	人均公路长度（0.350）	公里/人
39	2		全社会旅客周转量（0.190）	万吨公里
40	3		全社会物资周转量（0.350）	万元公里
41	4		电信光缆线路长度（0.110）	公里
42	1	管理服务竞争力 （0.029）	财政收入（0.087）	万元
43	2		财政收入占GDP比重（0.257）	%
44	3		财政收入增长率（0.153）	%
45	4		财政自给率（0.415）	%
46	5		失业率（负指标）（0.087）	%
47	1	人民生活水平竞争力 （0.119）	城镇人均可支配收入（0.110）	元
48	2		农村人均纯收入（0.110）	元
49	3		城镇人均消费性支出（0.210）	元
50	4		农场人均消费性支出（0.210）	元
51	5		社保覆盖率（0.370）	%

注：以上指标均为硬指标，数据来源于历年《中国统计年鉴》、《内蒙古统计年鉴》及各盟市统计年鉴和其他统计资料。

（一）客观性原则

所谓客观性原则，是指所建立的数学模型和选择的指标，能够客观真实地反映竞争主体的经济发展和经济综合竞争力的实际，符合区域经济发展的规律。选取的指标既能表明目标区域经济综合竞争力各方面的现状和彼此之间的差异，又能确保所选取指标能够有统一测算和量化的办法。进入指标体系和数学模型的各种数据，要尽可能使用直接数据，少用经过间接量化、含有主观判断因素的数据，要具有较强的权威性与可靠性。

（二）系统性原则

区域经济综合竞争力的衡量不能局限于该区域的经济实力的比较，它还涉及资源、环境、经济、社会、文化、教育等一系列相互联系、相互影响、互相作用、不可或缺的区域经济要素构成的有机整体，涉及区域内众多经济领域、产业、行业等部门，是一个复杂的社会系统工程，整个系统既具有多样性，层次分明，各个组成部分相对独立，又具有完整性，内在逻辑严密，彼此相互依存、缺一不可。因此，经济综合竞争力的指标体系和数学模型的建立，必须充分体现区域经济综合竞争力系统的系统性和完整性。

（三）层次性原则

内蒙古自治区区域经济综合竞争力评价体系分为三个层次。第一层次为一级指标，为区域经济综合竞争力；第二层次为二级指标，即十大竞争力要素，分别是经济实力竞争力、产业结构竞争力、对外开放竞争力、可持续发展竞争力、人力资源竞争力、金融发展竞争力、科技创新竞争力、基础设施竞争力、管理服务竞争力、人民生活水平竞争力；第三层次为三级指标，进一步将二级指标体系细化为51个具体指标。

（四）针对性原则

本书主要是针对内蒙古自治区内部各区域（盟、市）之间进行区域竞争力研究，与国家竞争力、省域竞争力、城市竞争力等研究对象本质上相同，但又有区别。这就要求选取的评价指标体系既能科学、客观地对自治区内各区域竞争力的现状与差异进行评价，还应具有明显的针对性——反映内蒙古自治区地区的西部特征和民族特征。

（五）可行性原则

可行性原则要求所建立的经济综合竞争力指标体系和数学模型，必须便于操作，切实可行，也就是说，在保证指标体系和数学模型准确性的前提下，尽可能地减少指标数量，做到简明扼要，易于操作，切实可行。此外，考虑到国内各种统计数据的口径和可获得性，在确定评价指标体系中不得不舍弃某些理论上十分合理的指标。入选评价指标体系的各指标，其数据分别来自各年度公开发布的《内蒙古统计年鉴》以及《内蒙古经济社会调查年鉴》，从而保证了数据的准确性、科学性以及公正性，进而保证评价结果的客观、公正。

（六）可比性原则

所谓可比性，是指所要建立的区域经济综合竞争力的指标体系和数学模型，必须能够对不同区域的经济综合竞争力状况进行客观评价和相互比较。因为一个区域的经济综合竞争力只同自己的过去相比、只从过去和现在来预测未来发展趋势，是不完全的，只能从与其他区域的比较当中，才能得到全面、正确的体现。

由于指标体系和数学模型中需要有不同类型的统计数据来多方面体现区域经济综合竞争力的状态，就必须对不同类型的指标进行转化处理，例如，需要将总量指标与增速指标转化为分值、指数或排位等相同的指标，使之具有统一性和可比性。

三、内蒙古自治区区域经济综合竞争力评价指标体系

内蒙古自治区区域经济综合竞争力评价指标体系（2015）由1个十级指标，10个二级指标，以及51个三级指标构成。指标通过专家调查法并结合层次分析法进行合成。

（一）内蒙古自治区区域经济综合竞争力指标体系的设计思路

本书是在本课题组已有的研究成果《内蒙古自治区区域经济综合竞争力发展报告（2008~2011》基础上，根据区域经济综合竞争力的构成和特点，按照客观性、系统性、层次性、针对性、可行性、可比性的设计原则，构建的一个三层次的内蒙古自治区区域经济综合竞争力指标体系。在指标体系中，一级指标1个，即区域经济综合竞争力。这一指标用于衡量内蒙古自治区区域的经济综合竞争力最终排名情况。考虑到研究目标和内蒙古自治区各盟市的具体情况，我们将总指标分解为十大要素，分别为：经济实力竞争力、产业结构竞争力、对外开放竞争力、可持续发展竞争力、人力资源竞争力、金融发展竞争力、科技创新竞争力、基础设施竞争力、管理服务竞争力和人民生活水平竞争力。

（二）内蒙古自治区区域经济综合竞争力评价要素构成及功能

1. 经济实力竞争力

经济实力竞争力是一个地区的经济发展状况与经济质量的集中体现，同时也是经济综合竞争力在宏观层面上的展示，衡量一个区域经济综合竞争力是强还是弱，经济实力竞争力是最重要的标志。在本书中经济实力竞争力包括地区生产总值、人均地区生产总值、地区生产总值增长率、全社会消费零售总额、人均全社会消费零售总额以及全社会消费零售总额增长率结构6个三级指标。

2. 产业结构竞争力

产业结构竞争力是一个地区经济发展水平的重要衡量指标，是区域经济综合竞争力的重要组成部分，它决定了一个区域产业结构的合理性，一个合理的产业结构，不仅能够保证产业的现实竞争力，同时还能保证产业未来的发展潜力。如果一个区域产业结构没有竞争力，国民经济也不会有竞争力。本书中，产业结构竞争力包括第二、第三产业增加值占GDP比重、工业企业全员劳动生产率、第三产业增加值占GDP比重、大中型工业企业增加值占GDP比重4个三级指标。

3. 对外开放竞争力

对外开放是我国的一项基本国策，是经济全球化的必然趋势。对外开放竞争

力的强弱衡量了一个国家或区域参与国际竞争与国际交换的能力和水平，同时也是衡量一个区域由封闭性经济向开放型经济转变的重要依据。本书中对外开放竞争力包括进出口总额、进出口总额增长率、人均进出口总额以及进出口总额占GDP比重4个三级指标。

4. 可持续发展竞争力

现阶段，相对于高速增长的地区经济，各地区资源日渐短缺，环境保护与经济发展之间的矛盾日益突出，各地区对人才的争夺日益激烈，这些因素严重影响了地区经济的进一步发展与提升。因此，可持续发展竞争力是区域经济综合竞争力的重要组成部分，关系到一个区域经济发展的后劲，是区域经济综合竞争力体系中不可缺少的部分。本书中，可持续发展竞争力主要包括万元GDP能耗、万元GDP电耗以及环境保护支出占GDP比重3个三级指标。

5. 人力资源竞争力

人力资源是产生一切经济效益和社会效益的根本性因素。所谓人力资源竞争力是指一个地区所具备的对人才吸引和发展的优势。对于一个区域而言，物质资本的多寡固然是重要的，但人力资源的开发对经济增长的贡献比物质资本更为重要。因为人力资源是一种能动性的高增值资源。在现代社会中，一切经济活动都首先体现为人力资源的活动，其他资源都必须处在人力资源的控制之下，只有高质量的人力资源才能担负起经济活动的发展、进取和创新的任务。而且，人力资源在使用过程中还会不断地自我补偿、更新和发展，不断地自我丰富，从而使自身的经济价值不断上升，为社会带来不断递增的经济收益。实践表明，人力资源的开发利用程度，不仅是经济发展的强大动力，而且是区域经济发展的决定因素。本书的人力资源竞争力要素主要包括人口自然增长率、人均教育经费、万人高等学校在校学生数、万人高等学校专任教师数、职业学校年毕业学生数以及城镇人口比重6个三级指标。

6. 金融发展竞争力

随着经济全球化深入发展，以及我国经济持续快速发展和工业化、城镇化、市场化、国际化进程加快，金融发展日益广泛地影响着我国经济社会生活的各个方面，已经成为现代经济的核心，也是一个地区经济实力的重要体现，对于区域资金资源配置、调节经济、服务发展有着重要的意义。本书中，金融竞争力包括存款余额、人均存款余额、贷款余额、人均贷款余额、保险费净收入、保险密度以及保险深度7个三级指标。

7. 科技创新竞争力

随着知识经济时代的到来，科技创新作为经济发展的重要推动力与战略性资源，在区域经济发展的地位越来越重要，因此也决定了科技创新竞争力必然是区域经济综合竞争力中的重要组成部分。本书中，科技创新竞争力包括万人科技活动人员、科技经费支出占 GDP 比重、研究机构个数以及科研经费支出 4 个三级指标。

8. 基础设施竞争力

基础设施是一个地区经济发展的基石，一个地区经济发展很大程度上依赖于基础设施的发展情况。一方面，发达的基础设施能够促进地方经济发展，另一方面，经济发展反过来又会推动基础设施的建设。因此，基础设施竞争力是区域经济综合竞争力体系中的关键因素。这里包括人均公路长度、全社会旅客周转量、全社会物资周转量以及电信光缆线路长度 4 个三级指标。

9. 管理服务竞争力

目前，我国市场经济体系还在不断完善，政府对宏观经济的管理和监控必不可少。而且根据凯恩斯理论，政府宏观调控不仅在我国这样由传统计划经济向市场经济过渡时期不可或缺，在西方市场经济国家也是必不可少的。可以认为区域经济，特别是行政区划经济只有在政府管理与市场经济的两者共同作用下才能健康发展。政府在区域经济发展中仍然起着非常重要的作用，这也决定了政府的管理服务能力是区域经济综合竞争力不可或缺的组成部分。本书管理服务竞争力包括了财政收入、财政收入占 GDP 比重、财政收入年递增增长率、财政自给率以及失业率 5 个三级指标。

10. 人民生活水平竞争力

发展经济的根本目的在于不断提高人民生活的物质与文化生活水平。人民生活水平竞争力总体评价和描述了区域居民的现有生活水平状况，体现了一个区域发展经济的最终成果，同时也体现了一个区域居民的消费能力和市场消费潜力。本书的人民生活水平竞争力包括城镇人均可支配收入、农村人均纯收入、城镇人均消费性支出、农场人均消费性支出以及社保覆盖率 5 个三级指标。

（三）内蒙古自治区区域经济综合竞争力评价指标体系

综上所述，内蒙古自治区区域经济综合竞争力评价指标体系由 1 个综合指标，10 个二级指标即要素模块，以及 51 个三级指标组成。其中经济实力竞争力包括 6 个三级指标，产业结构竞争力包括 4 个三级指标，对外开放竞争力包括 4 个三级指标，可持续发展竞争力包括 3 个三级指标，人力资源竞争力包括 6 个三级指标，金融发展竞争力包括 7 个三级指标，科技创新竞争力包括 4 个三级指标，基础设施竞争力包括 4 个三级指标，管理服务竞争力包括 5 个三级指标，人民生活水平竞争力包括 5 个三级指标。内蒙古自治区区域经济综合竞争力评价指标体系（2015）见表 2 - 3。

第三节　内蒙古自治区区域经济综合竞争力评价的逻辑框架与方法

一、内蒙古自治区区域经济综合竞争力研究的逻辑框架

本书所研究的区域经济综合竞争力，仍然遵循传统的区域竞争力研究框架开展（见图 2-1），主要包括以下几个主要步骤：

（一）确定评价对象

确定评价对象即确定评价的区域，本书主要将 31 个省（市、自治区）和内蒙古自治区 12 个盟市两个不同级别的行政区域作为评价对象。

（二）构建相应的区域竞争力模型，建立指标体系

从区域经济综合竞争力的内涵出发，依据相应的区域经济发展理论，并结合内蒙古自治区的具体情况，基于内蒙古自治区区域经济综合竞争力评价模型的构建原则，建立合适的评价模型，并选择合适的评价指标体系。

（三）确定指标的属性以及选择评价方法，确定各指标权重

首先，在评价指标体系的基础上，进一步确立各指标的属性，即明确各指标属于正向指标还是逆向指标；其次，由于各个指标对评价系统的贡献大小不同，必须进一步明确各指标的权重，指标权重赋值是否合理会在很大程度上影响评价结果的科学性与准确性。本书关于各指标权重的确立主要基于主观赋权法中的层次分析法完成，为此，本书在启动前期就通过专家赋权表向有关专家进行了调查，启动中期进一步邀请有关专家通过座谈会的形式进行论证，并给出了各指标的权重赋值。

（四）收集原始数据

按照指标体系和评价要求，收集原始数据。为保证评价结果的可靠性，原始数据都来自于国家各个区域统计部门提供的数据；在此基础上，对所收集的原始数据进行分类整理和消除量纲。

（五）对研究对象进行综合评价

基于以上准备工作，应用指标合成公式对数据进行加工整理，计算各区域以及各级指标的竞争力得分。

（六）分析评价结果，给出相应的提升竞争力的对策建议

在计算竞争力得分的基础上，通过相关统计方法，例如，图表、竞争力地图、聚类分析等方法研究评价对象的竞争力地位与相对优劣势，指出区域竞争力的现状与存在的问题，并针对性地提出提升经济综合竞争力的对策和建议，形成内蒙古自治区区域经济综合竞争力评价报告。

第二章 内蒙古自治区区域经济综合竞争力研究设计

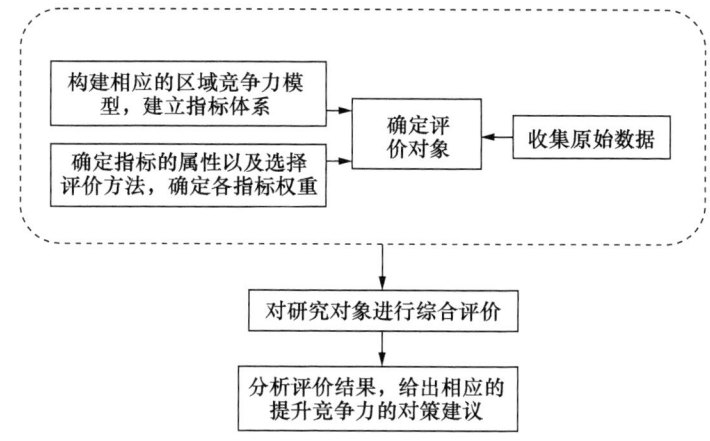

图 2-1 内蒙古自治区区域经济综合竞争力评价总体框架

二、内蒙古自治区区域经济综合竞争力评价方法

(一) 层次分析法

层次分析法 (Analytic Hierarchy Process, AHP) 是将与决策总是有关的元素分解成目标、准则、方案等层次,在此基础上进行定性和定量分析的决策方法。该方法是美国运筹学家匹兹堡大学教授萨蒂于 20 世纪 70 年代初,在为美国国防部研究"根据各个工业部门对国家福利的贡献大小而进行电力分配"课题时,应用网络系统理论和多目标综合评价方法,提出的一种层次权重决策分析方法。该方法将定量分析与定性分析结合起来,用决策者的经验判断各衡量目标能否实现且与标准的相对重要程度,并合理地给出每个决策方案中每个标准的权数,利用权数求出各方案的优劣次序,比较有效地应用于那些难以用定量方法解决的课题,是系统科学常用到的一种系统分析方法,被广泛地应用于社会、经济系统决策中。

层次分析法根据问题的性质和要达到的总目标,将问题分解为不同的组成因素,并按照因素间的相互关联影响以及隶属关系将因素按不同层次聚集组合,形成一个多层次的分析结构模型,从而最终使问题归结为最低层(供决策的方案、措施等)相对于最高层(总目标)的相对重要权值的确定或相对优劣次序的排定。具体步骤如下:

1. 建立层次结构模型

将决策的目标、考虑的因素(决策准则)和决策对象按它们之间的相互关系分为最高层(一级指标)、中间层(二级指标)和最低层(三级指标),绘出层次结构图。

2. 构造比较判断矩阵

判断矩阵是表示本层所有因素针对上一层某一个因素的相对重要性的比较。本书通过专家调查赋权方法确定各层次各因素之间的权重,得到判断矩阵 $A = (a_{ij})$。其中判断矩阵的标度方法见表2-4:

表2-4 比例标度的含义

权重赋值	含义
1	表示两个因素相比,具有相同重要性
3	表示两个因素相比,前者比后者稍微重要
5	表示两个因素相比,前者比后者明显重要
7	表示两个因素相比,前者比后者强烈重要
9	表示两个因素相比,前者比后者极端重要
2、4、6、8	表示上述相邻判断的中间值
倒数	若因素i与因素j的重要性之比为θ_{ij},那么因素j与因素i的重要性之比为$1/\theta_{ij}$

3. 求解判断矩阵,并进行一致性检验

对于得到的判断矩阵通过特征根法求解,同时选取随机一致性指标 CR 进行一致性检验,这里 $CR = \dfrac{CI}{RI}$,$CI = \dfrac{\lambda_{\max} - n}{n - 1}$为指标数为 n 的一致性指标,RI 为与指标数 n 相对应的平均随机一致性指标(见表2-5),$\lambda_{\max}$ 为判断矩阵的最大特征根。当判断矩阵为一致性矩阵时,可以用它对应于特征根 λ 的特征向量作为被比较因素的权向量,当判断矩阵基本符合完全一致性条件(即小于0.1)时,不一致程度可接受,能够允许其特征向量作为权数向量,否则要重新成对比较,对判断矩阵加以调整。

表2-5 平均随机一致性指标

n	1	2	3	4	5	6	7	8	9	10	11
RI	0	0	0.58	0.90	1.12	1.24	1.32	1.41	1.45	1.49	1.51

4. 计算各层元素的组合权重,并检验其一致性

总排序是指每一个判断矩阵各因素针对目标层(最上层)的相对权重。这一权重的计算采用从上而下的方法,逐层合成。

假定已经算出第1层 m 个元素相对于总目标的权重 $w = (w_1, w_2, \cdots,$

$w_m)^T$，第 2 层 n 个元素对于上一层（第 1 层）第 j 个元素的单排序权重是 $p_j = (p_{1j}, p_{2j}, \cdots, p_{nj})^T$，其中不受 j 支配的元素的权重为零。令 $P = (p_1, p_2, \cdots, p_n)$，表示第 2 层元素对第 1 层 n 个元素的排序，则第 2 层元素对于总目标的总排序为：

$$b = (b_1, b_2, \cdots, b_n)^T = pw$$

或：

$$b_i = \sum_{j=1}^{m} p_{ij} w_j \quad i = 1, 2, \cdots, n$$

同样，也需要对总排序结果进行一致性检验。

假定已经算出针对第 1 层第 j 个元素为准则的 $C.I._j$、$R.I._j$ 和 $C.R._j$，$j = 1, 2, \cdots, m$，则第 2 层的综合检验指标：

$$C.I._j = (C.I._1, C.I._2, \cdots, C.I._m) b$$

$$R.I._j = (R.I._1, R.I._2, \cdots, R.I._m) b$$

$$C.R. = \frac{C.I.}{R.I.}$$

当 $C.R.^{(k)} < 0.1$ 时，认为判断矩阵的整体一致性可以接受。

（二）本项研究所采取的其他研究方法

1. 竞争力水平分值表

竞争力水平分值表能够将各个地区在经济综合竞争力总水平以及各要素层面上的大量情况完整集中地加以反映，但是也有缺点，就是大量信息堆积，使用者读表时较为困难。

本书所有评价分值均标准化为 60~100 分。

2. 特定区域要素竞争力水平及排名雷达图

雷达图用于比较某一地区各要素的优势和劣势，每个地区画一个圆，在圆上等角度画出 10 条半径线，分别表示 10 个要素的竞争力水平及排名高低。在竞争力水平雷达图中，半径与圆弧的接点处表示该地区此要素得分最高优势最大，半径与圆心（在本书中，最低分转化为 60 分）的接点处表示该地区此要素得分最低劣势最大；在竞争力排名雷达图中，半径与圆弧的接点处表示该地区此要素得分最低劣势最大，半径与圆心的接点处表示该地区此要素得分最高优势最大。如果一个地区的全部 10 个要素都是得分最高，即把 10 条半径与圆弧的接点依次连接，组成一个圆内接正 10 边形，所围面积最大，反映这个地区的竞争力总水平最高。这里有一个假定，一个地区的某个要素如果排名第一，则得最高分 100 分。用这种方法表示竞争力状况非常直观醒目，不但对竞争力总水平的反映非常直观，而且 10 边形的哪个顶点距离圆心最近、距离圆弧最远，即反映这个要素优势最大，也同样非常直观醒目。

3. 区域竞争力水平及排名比较雷达图

使用雷达图对全区 12 个盟市的竞争力水平值及排名进行描述，每个要素竞争力画一个圆，在圆上等角度画出 12 条半径，分别表示 12 个盟市。在竞争力水平雷达图中，半径与圆弧的接点处表示特定要素在该地区得分最高优势最大，半径与圆心的接点处表示特定要素在该地区得分最低劣势最大；在竞争力排名雷达图中，半径与圆弧的接点处表示特定要素在该地区得分最低劣势最大，半径与圆心的接点处表示特定要素在该地区得分最高优势最大。通过图形表示，各盟市在全区的排列位置和各盟市之间的差异也就一目了然；但缺点是每个雷达图只能反映一个要素或指标的差异，信息量较小。

4. 条形图

使用条形图对全国 30 个省以及全区 12 个盟市的竞争力水平值进行描述，每一年份画一个条形图，横轴标注各地区名称，纵轴标注各地区在该年份下区域经济综合竞争力总水平及各要素竞争力的分值，各地区在全国、全区的排列位置和各地区之间的差异一目了然。缺点是每个条形图只能反映一个年份的差异，信息量较小。

5. 竞争力地图分析

竞争力地图可以可视化地反映和刻画一个地区区域经济综合竞争力的空间特性，在研究区域竞争力的时空分布特征方面具有明显的优势。

6. 聚类分析

聚类分析的原理在于依照数据把相似的对象放在一起，使得类别内部"差异"尽可能小，而类别之间的"差异"尽可能大，聚类分析就是按照对象之间的"相似"程度来把对象进行分类。本书分别从全国和全区视角出发，将全国各省市以及全区各盟市的区域经济竞争力依据评价结果进行分类，从而使各地区经济综合竞争力在全国或全区的相对位置更加清晰。

基于以上评价理论和指标体系，本书第三章和第四章将利用以上工具分别对内蒙古自治区区域经济综合竞争力总水平和各支撑要素竞争力发展水平以及各盟市经济综合竞争力进行分析评价。

第三章

内蒙古自治区区域经济综合竞争力评价——全国视角

本章依据2012年和2013年的全国各省、市、自治区数据,从省域层面上研究内蒙古自治区区域经济综合竞争力以及各要素竞争力在全国的地位、相对水平以及优劣势。由于台湾、香港、澳门以及西藏地区的资料不全,故本章仅选择其余30个省市区进行评价研究。

第一节　全国省域经济综合竞争力静态评价分析

一、全国省域各要素竞争力评价分析

（一）全国省域经济实力竞争力评价指数及分析

2013年全国省域经济实力竞争力综合评价指数以及排名见表3-1和图3-1。

表3-1　2013年全国省域经济实力竞争力指数及排名

省市区	指数	排名	省市区	指数	排名	省市区	指数	排名
北　京	92.9	5	浙　江	89.6	6	海　南	62.3	26
天　津	97.8	2	安　徽	67.2	20	重　庆	73.3	12
河　北	71.5	16	福　建	82.9	9	四　川	71.3	17
山　西	66.4	22	江　西	64.3	23	贵　州	61.2	28
内蒙古	77.4	10	山　东	93.0	4	云　南	63.7	25
辽　宁	84.0	8	河　南	72.4	13	陕　西	71.1	18
吉　林	72.2	14	湖　北	77.3	11	甘　肃	60.0	30
黑龙江	67.9	19	湖　南	71.7	15	青　海	62.6	27
上　海	88.4	7	广　东	94.4	3	宁　夏	60.3	29
江　苏	100.0	1	广　西	64.8	21	新　疆	63.9	24

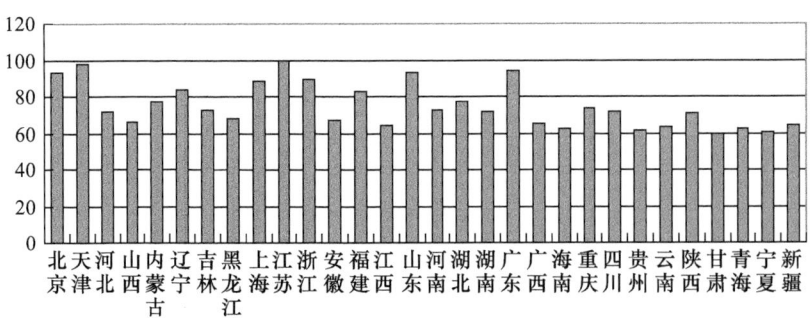

图3-1　2013年全国省域经济实力竞争力指数柱形图

第三章 内蒙古自治区区域经济综合竞争力评价——全国视角

从指数及排名情况来看，江苏省排名第1位，天津市、广东省、山东省、北京市4个省市分别位列第2~第5位，竞争力指数都处于90分以上，经济实力遥遥领先于其他省市区。排名第一的江苏省依托东部长三角经济区，近几年，长三角经济区一直处于全国经济的引领地位。随着产业链持续优化，高新产业和私有化经济发展迅速，已经发展成为我国各省市的典范，类似的省份还有上海市和浙江省，经济实力排名都很靠前，分别位列第6位和第7位。此外，随着国家京津冀地区协同发展战略的提出，天津市经济的发展势头良好，位列第2位。此外，排名位于上游的省市区（前十位）的还有辽宁省、福建省和内蒙古自治区，依次位列第8位、第9位、第10位。排名位于中间位置的依次为湖北省、重庆市、河南省、吉林省、湖南省、河北省、四川省、陕西省、黑龙江省以及安徽省，排名位于后十位的省市区依次是广西壮族自治区、山西省、江西省、新疆维吾尔自治区、云南省、海南省、青海省、贵州省、宁夏回族自治区以及甘肃省。

从排名情况来看，排名位于前十位的省市区除内蒙古自治区外，其余都为东部省区①。而排名位于中游区位的除去重庆市、四川省，均为中部省区，西部省区大多位于下游区位，包括新疆维吾尔自治区、云南省、海南省、青海省、贵州省、宁夏回族自治区以及甘肃省。东部地区的区位优势十分明显。

从竞争力指数得分来看，东部省区的平均值为85.1，中部省区的平均值为70.7，西部省区的平均值为65.3。从排名和得分情况可以看出，我国各省市区的经济实力竞争力水平呈现由东至西、由强到弱的梯度格局。这一格局的出现，是由于我国改革开放后奉行的是"沿海地区经济发展战略"，对东部沿海地区给予各个方面的优惠政策，导致东部沿海地区率先进入经济的高速发展时期。这一政策虽然带动全国经济的迅速发展，但是也不可避免地拉大了东部沿海地区和中西部地区的经济发展差距。尽管进入21世纪后，我国政府陆续提出并实施了西部大开发战略、中部崛起战略以及振兴东北老工业基地等区域政策，但是由于东部沿海地区通过多年的改革开放所积累的综合实力（人力资源、金融发展、产业结构调整、科技创新等方面）优势，加上明显的地域优势，使得中西部地区在经济实力方面仍远远落后于东部地区。

内蒙古自治区经济实力竞争力指数达到77.4，远高于中部地区的平均值。在排名上也是唯一一个进入上游区位的中西部省市。近年来，内蒙古自治区经济发展势头良好，特别是进入21世纪后，抢先抓住国家以能源重化工业发展为主的

---

① 根据传统划分法，可将我国大陆31个省划分为三大经济带，其中东部地区包括：辽宁、北京、天津、河北、山东、江苏、上海、浙江、福建、广东、广西、海南12个省市自治区；中部地区包括：山西、内蒙古、吉林、黑龙江、安徽、江西、河南、湖北、湖南9个省市自治区；西部地区包括：陕西、甘肃、青海、宁夏、新疆、四川、重庆、云南、贵州、西藏10个省市自治区。

阶段机遇，经济保持了十多年的高速增长，一批有实力的企业得以迅速成长，成为全国名牌产品，使得内蒙古自治区的比较优势得以快速形成，在经济实力竞争力评价中得以从中西部地区脱颖而出，跻身上游。但是我们也应该注意到内蒙古自治区的经济规模还比较小。2013年，内蒙古自治区的国民生产总值虽然已经超过1.6万亿元，增速达到9%，全社会零售商品总额达到5000亿元，但是和其他省市特别是和东部发达地区相比，这两项指标仍远远落后。内蒙古自治区无论是总量经济规模，还是市场发育程度都低于其他上游区位的省市，经济实力还相对较弱，对全国经济影响力相对较小。从当前来看，内蒙古自治区经济发展中存在的问题主要有如下几个方面：首先，内蒙古自治区工业化进程相对缓慢，内蒙古自治区经济总量还不够大，财政收入、城乡居民收入水平还比较低，其根本原因在于内蒙古自治区工业化进程缓慢，基本还属于资源开发导向结构，对资源的依赖较大，经济增长中的能耗和物耗水平较高。其次，长期以来，以公有制经济为主的经济增长方式一直在内蒙古自治区占有主导地位，非公有制经济发展缓慢，经济增长活力不足。最后，内蒙古自治区存在区内经济差异，特别是内蒙古自治区东部区和西部区的经济差异，呼包鄂和其他盟市的差异很大，而且这种差异还在扩大，阻碍了全局的经济发展，甚至可能会存在其他负面影响。

（二）全国省域产业结构竞争力评价指数及分析

2013年全国省域产业结构竞争力评价指数及排名见表3-2及图3-2。

表3-2 2013年全国省域产业结构竞争力指数及排名

省市区	指数	排名	省市区	指数	排名	省市区	指数	排名
北 京	100.0	1	浙 江	91.0	5	海 南	60.0	30
天 津	89.7	7	安 徽	72.1	22	重 庆	77.2	11
河 北	76.7	12	福 建	78.3	10	四 川	74.0	18
山 西	80.3	9	江 西	72.1	23	贵 州	73.4	19
内蒙古	76.3	14	山 东	89.8	6	云 南	67.7	27
辽 宁	81.1	8	河 南	76.7	13	陕 西	74.6	17
吉 林	72.5	21	湖 北	75.4	16	甘 肃	68.8	24
黑龙江	68.4	25	湖 南	76.0	15	青 海	68.4	26
上 海	96.7	3	广 东	99.5	2	宁 夏	72.9	20
江 苏	94.8	4	广 西	67.2	28	新 疆	64.3	29

第三章 内蒙古自治区区域经济综合竞争力评价——全国视角

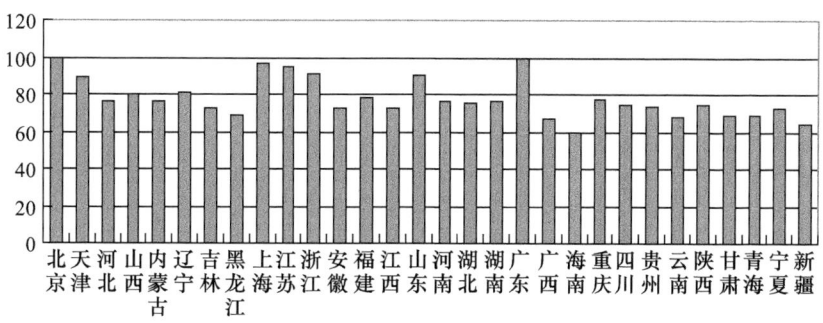

图 3-2　2013 年全国省域产业结构竞争力指数柱形图

图 3-2 和表 3-2 显示，北京市位于第 1 位，广东省和上海市分别位列第 2~3 位。其他位于上游区域的依次为江苏省、浙江省、山东省、天津市、山西省以及福建省。排名位于中游区域的省市区依次分别为重庆市、河北省、河南省、内蒙古自治区、湖南省、湖北省、陕西省、四川省、贵州省以及宁夏回族自治区。排名位于下游区位的十个省市依次为吉林省、安徽省、江西省、甘肃省、黑龙江省、青海省、云南省、新疆维吾尔自治区、广西壮族自治区以及海南省。从排名情况来看，位于上游区位的大部分为东部省市，而中西部省市区大都位于中下游区位，东部省市的区位优势十分明显。从当前的经济发展态势来看，东部地区依托多年改革开放积累的区位优势和总量优势，依托比较齐全的产业结构，已经开始产业结构的超前调整和超前转型，在我国经济转型过程中领先了一大步，使得在当前我国整体及国际下行压力较大的情形下，仍能保持较强的经济活力。从分布地域特征来看，全国省市区的产业结构竞争力排名大体与经济实力竞争力的排名相吻合，整体上体现了经济实力较发达的区域产业结构发展水平相对也较高。但是也应该注意到，对于部分省市，产业结构分布特征并不完全吻合于经济发展，例如天津市、山西省、贵州省等省市。

从产业结构竞争力指数来看，全国产业结构竞争力指数的均值为 77.9，处于上游区位的 10 个省市全部大于此值。此外，中西部的 19 个省市区，除山西省外全部低于此值。从地域来看，东部、中部、西部地区的产业结构竞争力指数均值分别为 85.4、74.4 以及 71.3，中部地区也同样印证了东强西弱这一分布特征，但是中部和西部差异较小。海南省的产业结构竞争力排名位于全国倒数第一，主要原因是海南省建省时间不长，无论是产业规模，还是产业链基础都比较薄弱，没有形成比较优势。

内蒙古自治区产业结构竞争力在全国排名第 14 位，处于中游偏上水平。2013 年，内蒙古自治区经济在中共十八大和十八届三中全会精神以及内蒙古自治区"8337"发展思路的指导下,在实施一系列宏观调控措施下,三大产业平稳推进,取得了新的发展,增长方式不断优化,从统计数据来看,全区2013年完成生产总值16832.38亿元,其中第一产业增加值完成1599.41亿元,增长5.2%;第二产业增加值完成9084.19亿元,增长10.7%,其中工业增加值7944.4亿元,增长11.3%;第三产业增加值完成6148.78亿元,增长7.1%。三次产业结构比由2012年的9.1∶55.4∶35.5调整为9.5∶54.0∶36.5,体现了产业结构优化的成果。其中第二产业的发展实现了"稳增长"与"调结构"的协同发展。工业增加值不仅实现了两位数的增值,同时也实现了内部结构的优化,全区规模以上工业增加值比2012年增长12%以上,均高于全国平均增速。此外,第三产业在三大产业中的比重也有所提高[1]。但是另一方面也应该注意到,内蒙古自治区在产业结构竞争力方面还有许多薄弱环节,产业结构还有很多不合理的地方。首先,内蒙古自治区第一产业还占有相当大的比重,并且农业基础薄弱,大部分地区农牧业还处于粗放式经营阶段,科技含量不足,产业化程度低,发展后劲不足。其次,第二产业结构虽然在不断调整,但是就现阶段来讲,还没有完全摆脱数量型扩张阶段,仍以能源重化工业为主,占据了重要比重,而低能耗、高附加值产业链比重较低。而这些问题在近期仍难以得到有效调整。此外,第三产业在三大产业中的比重虽然有所提升,但是发展仍相对滞后,当前仍以传统服务业(餐饮、商贸等)为主,而现代新型传统服务业(金融、证券、保险、信息以及旅游等)发展相对落后,市场规模较小,市场发育不够成熟。

(三)全国省域对外开放竞争力评价指数及排名

2013年全国30个省市对外开放竞争力评价指数以及排名见表3-3和图3-3。

表3-3 2013年全国省域对外开放竞争力指数及排名

省市区	指数	排名	省市区	指数	排名	省市区	指数	排名
北 京	99.4	2	浙 江	76.9	5	海 南	65.1	13
天 津	75.8	6	安 徽	64.3	15	重 庆	71.3	8
河 北	62.6	24	福 建	72.8	7	四 川	63.5	19
山 西	60.4	29	江 西	63.4	20	贵 州	63.5	18
内蒙古	60.0	30	山 东	69.5	9	云 南	64.5	14
辽 宁	67.2	11	河 南	63.8	17	陕 西	66.1	12
吉 林	61.7	28	湖 北	62.6	22	甘 肃	62.6	23
黑龙江	62.5	25	湖 南	62.0	27	青 海	62.3	26
上 海	96.1	3	广 东	100.0	1	宁 夏	67.4	10
江 苏	79.4	4	广 西	63.2	21	新 疆	64.2	16

[1] http://www.nmg.gov.cn/zwgk/tjxx/tjsj/201503/t20150304_373575.html.

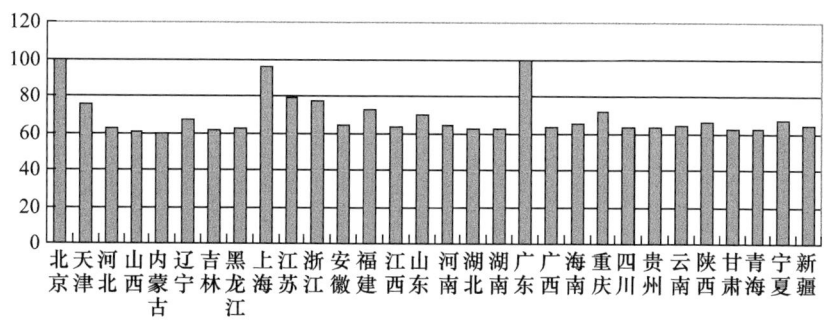

图3-3 2013年全国省域对外开放竞争力指数柱形图

图3-3和表3-3显示，广东省2013年的对外开放竞争力位列第1位，北京市和上海市分别位列第2位、第3位，其他位列上游区位的省市依次为江苏省、浙江省、天津市、福建省、重庆市、山东省以及宁夏回族自治区；位于中游区域的省市分别为辽宁省、陕西省、海南省、云南省、安徽省、新疆维吾尔自治区、河南省、贵州省、四川省以及江西省；对外开放竞争力排名位于下游区域的省市区依次为广西壮族自治区、湖北省、甘肃省、河北省、黑龙江省、青海省、湖南省、吉林省、山西省以及内蒙古自治区。处于对外开放竞争力下游的都属于中西部地区。

从对外开放竞争力评价得分来看，位于前三甲的广东省、北京市以及上海市得分都高于90分，遥遥领先于其他省市。而其他省市中，除了排名位于第4～8位的江苏省、浙江省、天津市、福建省、重庆市五省市得分位于70～80分，其他各省市的对外开放竞争力得分均低于70分（60分最低），和北上广的差距非常大。此外，对外开放竞争力排名高于70分的省市除重庆市外全部集中于东部省市，而排名位于后十位的则以中部地区省市为主，包括了湖北省、河北省、黑龙江省、湖南省、吉林省、山西省以及内蒙古自治区7个中部省市区。可见对外开放竞争力的强弱与各省市区所处的地理位置和我国的对外开放政策有着密切的联系，沿海地区占据地理优势加上改革开放的先机，因此一枝独秀。而中西部地区受制于地理和政策因素，对外开放竞争力和东部省市的差距日益拉大。

内蒙古自治区对外开放竞争力在全国30个省市区排名位列倒数第一，对外开放竞争力处于劣势。但是从竞争力得分来看，内蒙古自治区和中西部其他省市差距并不明显，例如和排名同样位于下游区域的广西壮族自治区（排名第21位，得分63.2）得分相差不过3.2分，而和排名位于中游区域第1位的辽宁省（第11位，得分67.2）仅相差7.2分，可见差距比较小。事实上，内蒙古自治区在开发对外竞争力方面有着得天独厚的区位优势，内蒙古自治区全境有着4000多公里的边境线,外与俄罗斯、蒙古国接壤,内与东北、华北、西北八省区毗邻,是我国向北开放的前沿;全区现有19个对外开放的口岸,其中满洲里、二连浩特分别是两条欧亚铁路大陆桥的重要节点,也分别是我国最大的陆路口岸和我国最大的对蒙古国口岸。此外,由于中蒙俄在经济发展上的互补性强,再加上民族、文化等因素,可以说内蒙古自治区具备了开发对外经济的一切条件。

但是我们应该注意到,当前内蒙古自治区的进出口额、实际利用外资额却分别只有120亿美元和44亿美元,经济的外贸依存度不到5%(2014年数据),对外开放仍然是内蒙古自治区经济发展的短板。内蒙古自治区的口岸经济虽然经过了多年的发展,但仍处于初级发展阶段。现阶段存在的主要问题表现在以下几个方面:首先,内蒙古自治区开放水平需要进一步提高,当前我国企业在境外从事资源开发的少,进口主要以采购等传统贸易为主,获得采矿权的项目也主要是小项目,购买多,开采少,就地加工少,受市场波动和贸易政策影响大。其次,内蒙古自治区对俄罗斯、蒙古国的投资也比较分散,"走出去"取得了一定成效,但是总体仍处于起步阶段。除了大项目少,当前投资的也主要是中小企业、民营企业,有实力的企业投资少,抵御市场波动的能力差,还容易滋生不正当竞争。此外,进出口发展不均衡的问题非常突出,内蒙古自治区的对外贸易主要以进口为主,出口比重较低,进出口结构不合理,发展非常不平衡。从开放环境看,当前内蒙古自治区和蒙古国、俄罗斯的部分口岸基础设施薄弱,已经不能够充分适应贸易发展的需要。[①]

(四) 全国省域可持续发展竞争力评价与分析

2013年全国省域可持续发展竞争力得分与排名见表3-4与图3-4。

表3-4 2013年全国省域可持续发展竞争力指数及排名

省市区	指数	排名	省市区	指数	排名	省市区	指数	排名
北 京	94.0	2	浙 江	86.5	12	海 南	87.3	9
天 津	87.0	11	安 徽	85.0	15	重 庆	83.1	18
河 北	71.2	27	福 建	86.4	13	四 川	80.4	24
山 西	60.0	30	江 西	88.0	7	贵 州	61.5	29
内蒙古	68.6	28	山 东	82.6	19	云 南	74.4	26
辽 宁	77.6	25	河 南	80.5	23	陕 西	100.0	1
吉 林	85.0	14	湖 北	82.2	20	甘 肃	93.3	3
黑龙江	81.3	22	湖 南	83.4	16	青 海	88.6	6
上 海	87.8	8	广 东	88.9	5	宁 夏	81.8	21
江 苏	87.3	10	广 西	83.1	17	新 疆	90.9	4

① http://www.chinaacc.com/new/184_900_201203/20da6968136.shtml.

第三章 内蒙古自治区区域经济综合竞争力评价——全国视角

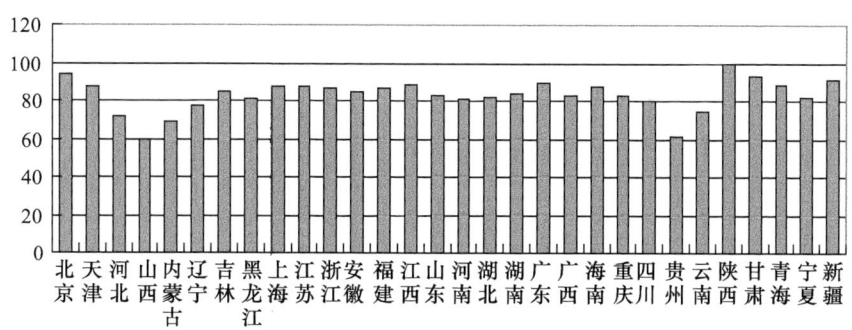

图3-4 2013年全国省域可持续发展竞争力指数柱形图

从全国可持续发展竞争力排名来看，排名位于前3位的省市分别是陕西省、北京市、甘肃省，排名位于上游区位的其他省市依次是新疆维吾尔自治区、广东省、青海省、江西省、上海市、海南省以及江苏省，从排名情况来看，位于上游区位的10个省市区，包括东部省市区4个，其中北京排名第2位，上海市、海南省以及江苏省分别位列第8位、第9位、第10位。排名位于中游区位的依次是天津市、浙江省、福建省、吉林省、安徽省、湖南省、广西壮族自治区、重庆市、山东省、湖北省，东部省市包括4个，中部省市5个，西部省市中只包括1个。排名位于下游区位的依次是宁夏回族自治区、黑龙江省、河南省、四川省、辽宁省、云南省、河北省、内蒙古自治区、贵州省以及山西省，主要以中西部省市为主，只包括一个东部省市山东省。

从可持续发展竞争力指数得分来看，除了位于前4位的陕西省、北京市、甘肃省、新疆维吾尔自治区四省区，以及排名位于后3位的内蒙古自治区、贵州省以及山西省三省市，其余各省市的得分较为接近。

在排名上，可持续发展竞争力的排名与经济实力竞争力排名态势基本相反，经济实力竞争力较弱的省市区排名相对较为靠前，具有较强的可持续发展竞争力。之所以出现这一态势是和可持续发展竞争力指标体系选择有关，本书选择的可持续竞争力指标体系主要以衡量一个区域及经济发展的效率、能耗以及对资环境保护的重视程度为主，而由于数据可得性的原因，关于环境质量的指标没有纳入，因此反映在可持续发展竞争力排名中一些环境污染比较严重的城市排名比较靠前，例如，京津冀区域和长三角区域等。此外竞争力排名不仅和指标体系选择有关，同样和各省市经济实力竞争力以及产业结构竞争力的发展相关。西部一些经济规模发展较为落后的省市之所以排名较为靠前，和这些省市经济发展相对落后，总量较小，三大产业中，第一产业、第三产业所占比重较大，第二产业发展不足有关，例如陕西省、甘肃省、新疆维吾尔自治区、青海省、江西省等省。而一些东部经济发达省市排名也较为靠前,例如北京市、上海市、江苏省等省市主要依赖于其产业结构的超前调整和超前转型,保持了经济的可持续性。此外,需要指出的是内蒙古自治区以及山西省两个能源大省,虽然保持了较好的经济发展态势,但是在发展的过程中,效益不高,经济的发展更多是以高能耗、高物耗为代价。

内蒙古自治区的可持续发展竞争力排在了全国倒数第 3 位。可以看出,内蒙古自治区近几年保持了经济的较快发展,但是经济增长方式较为单一,经济发展的效率比较低。内蒙古自治区经济可持续发展中存在的问题主要表现如下:首先,目前内蒙古自治区经济发展仍以资源、能源驱动型经济为主,产业结构仍然不合理,缺少科技含量高、经济效益好、资源消耗低、环境污染少、人力资源优势得到充分发挥的新型工业化;其次,当前内蒙古自治区对生态环境方面重视不足,例如,森林破坏、草地退化、土地河流以及空气方面的污染都比较严重,这些生态环境方面的问题如果不得到缓解和解决,将会严重阻碍内蒙古自治区可持续发展进程。

(五)全国省域人力资源竞争力评价与分析

2013 年全国省域人力资源竞争力评价指数和比较排名见表 3-5 和图 3-5。

表 3-5 2013 年全国省域人力资源竞争力指数及排名

省市区	指数	排名	省市区	指数	排名	省市区	指数	排名
北京	100.0	1	浙江	70.7	13	海南	70.0	15
天津	93.5	2	安徽	69.4	18	重庆	71.4	11
河北	67.9	20	福建	71.3	12	四川	68.2	19
山西	69.4	17	江西	70.3	14	贵州	60.0	30
内蒙古	66.6	24	山东	71.9	10	云南	61.8	28
辽宁	72.4	8	河南	72.3	9	陕西	82.0	3
吉林	70.0	16	湖北	75.1	6	甘肃	65.0	27
黑龙江	66.2	25	湖南	67.0	22	青海	60.1	29
上海	81.5	4	广东	74.8	7	宁夏	67.4	21
江苏	77.1	5	广西	65.3	26	新疆	66.9	23

第三章 内蒙古自治区区域经济综合竞争力评价——全国视角

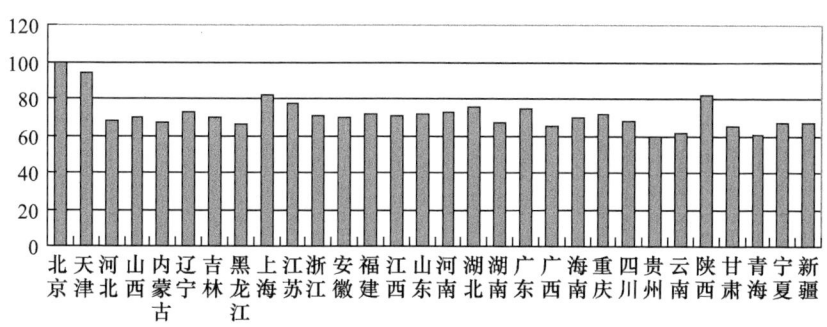

图 3-5 2013 年全国省域人力资源竞争力指数柱形图

从人力资源竞争力指数的排名来看，北京市位列第 1 位，天津市和陕西省分列第 2 位、第 3 位，其他进入上游区域的省市区依次是上海市、江苏省、湖北省、广东省、辽宁省、河南省以及山东省；位于中游区域的省市区依次是重庆市、福建省、浙江省、江西省、海南省、吉林省、山西省、安徽省、四川省以及河北省；排名位于下游区域的省市区依次是宁夏回族自治区、湖南省、新疆维吾尔自治区、内蒙古自治区、黑龙江省、广西壮族自治区、甘肃省、云南省、青海省、贵州省。从人力资源竞争力排名来看，东部省市区除广西壮族自治区外大都位于中上游区域，而西部省区除陕西省、重庆市、江西省、四川省外全部位于下游区域，从基本分布态势来看，人力资源竞争力的排名和经济实力竞争力的排名较为接近，体现了经济发达地区对于人才的吸引，以及我国当前人口流动的特点。此外，一些人口大省，例如河南省、山东省、四川省等人力资源竞争力排名也比较靠前。陕西省的人力资源竞争力之所以排名位列第 3 位，主要是由于人均教育经费支出、万人高等学校在校学生数以及万人高等学校专任教师数三项指标排名较为靠前。

从人力资源竞争力得分来看，北京市和天津市的评价得分均为 90 分以上，遥遥领先于其他省市区的得分，而位于中游区域和下游区位的省市竞争力得分相差不大。此外，从地域来看，东部省市的竞争力得分均值为 76.4，中部省市的得分均值为 69.6，西部省市的得分均值为 67.0。基本分布态势和经济实力大体一致，呈现东部强、中部一般、西部最弱的态势。

内蒙古自治区人力资源竞争力在全国排名 24 位，得分 66.6，处于全国下游位置。基本上反映了当前内蒙古自治区在人力资源竞争力方面的态势。当前内蒙古自治区人力资源方面存在的问题主要突出表现在以下几个方面：首先，内蒙古自治区的人力资本质量不高，全面受教育程度特别是受高等教育程度不高，从评价指标上看，万人高等学校在校学生人数仅位于全国第 23 位，无论是教育质量还是人才素质,与发达地区存在较大差距。其次,少数民族教育质量偏低,少数民族人才匮乏令人担忧。虽然经过多年的发展,内蒙古自治区少数民族教育无论是办学规模,还是教育质量都已经有了显著提高,但是也应该注意到无论是在校大学生比例还是教育的质量,都还较为落后。最后,内蒙古自治区人才流失现象同样比较严重,一方面,由于大量就读于外地的内蒙古自治区生源地的大学生毕业后大多选择在外就业;另一方面,由于受到经济发达地区的优厚待遇的吸引,大量高级人才、技术骨干流失。此外,较低的人口自然增长率和城镇化比例也是导致内蒙古自治区人力资源竞争力排名较低的原因。

(六) 全国省域金融发展竞争力评价与分析

2013年全国省域金融发展竞争力评价与排名比较见表3-6和图3-6。

表3-6 2013年全国省域金融发展竞争力指数及排名

省市区	指数	排名	省市区	指数	排名	省市区	指数	排名
北 京	100.0	1	浙 江	80.4	4	海 南	62.5	25
天 津	71.7	9	安 徽	64.0	22	重 庆	67.2	16
河 北	69.4	11	福 建	68.2	13	四 川	71.2	10
山 西	74.2	6	江 西	62.8	24	贵 州	60.0	30
内蒙古	64.5	19	山 东	74.0	7	云 南	62.4	27
辽 宁	73.8	8	河 南	68.3	12	陕 西	67.8	14
吉 林	64.2	20	湖 北	67.3	15	甘 肃	62.4	26
黑龙江	65.0	17	湖 南	64.7	18	青 海	60.9	29
上 海	89.0	2	广 东	87.1	3	宁 夏	63.4	23
江 苏	79.3	5	广 西	61.9	28	新 疆	64.2	21

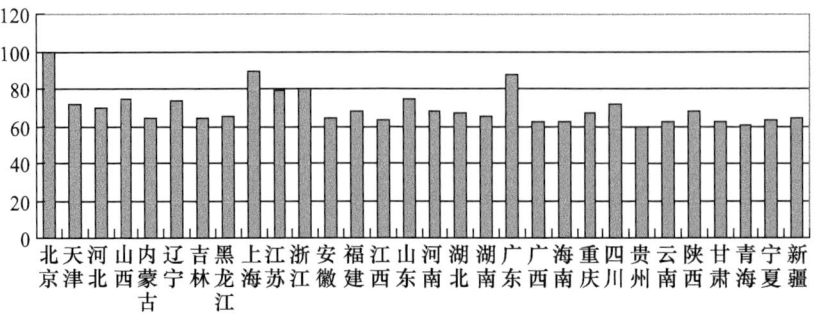

图3-6 2013年全国省域金融发展竞争力指数柱形图

从 2013 年金融发展竞争力评价排名来看，北京市排名位于第 1 位，上海市和广东省位列第 2 位、第 3 位。其他位于上游区位的省市区依次是浙江省、江苏省、山西省、山东省、辽宁省、天津市、四川省；排名位于中游区位的依次是河北省、河南省、福建省、陕西省、湖北省、重庆市、黑龙江省、湖南省、内蒙古自治区以及吉林省；排名位于下游区位的省市区依次是新疆维吾尔自治区、安徽省、宁夏回族自治区、江西省、海南省、甘肃省、云南省、广西壮族自治区、青海省以及贵州省。从排名情况来看，金融发展竞争力排名分布态势依然和经济实力排名顺序较为契合，整体呈现出东强西弱的态势。排名上游区位的除了山西省和四川省外，全部为东部经济省市，而排名处于下游区位的西部省市占据了 6 个省市。

从金融发展竞争力得分来看，北上广处于第一梯队，得分远远领先于其他省市区，除去这 3 个省市，上游区位其他省市的得分较为接近，差距不大。此外，从得分来看，中游区位和下游区位各省市区的金融竞争力得分相差不大，中游区位的金融竞争力优势并不明显。从地域来看，东部省市的得分均值为 76.4，中部省市的得分均值为 66.1，西部省市区的得分均值为 64.4，同样呈现东强西弱，而中西部差距不明显的态势。

内蒙古自治区金融发展竞争力的指数排名位于第 19 位，处于中游偏下的水平，基本反映了内蒙古自治区当前金融发展竞争力的基本情况。近年来，内蒙古自治区金融发展呈现出融资渠道多元化、信贷投放持续增长、直接融资不断扩大的趋势，有力地支持了自治区经济社会发展。但是也应该注意到，内蒙古自治区的金融发展也存在一些不容忽视的问题，例如，近年内蒙古自治区存款增速开始下降，银行资金来源日趋紧张；内蒙古自治区的贷款余额已经突破万亿元，随着基数增大，贷款持续高速增长十分困难；在内蒙古自治区全区的社会融资总规模中，间接融资占比较高，增长空间有限等。此外，保险业的发展相比发达地区严重滞后，无论是保费收入还是保险密度、保险深度和发达地区相比还远远落后。金融发展竞争力的落后严重制约了内蒙古自治区新型第三产业和非公经济的发展壮大。

（七）全国省域科技创新竞争力评价与分析

2013 年全国省域科技创新竞争力评价与排名比较见表 3-7 和图 3-7。

在 2013 年全国省域科技创新竞争力评价中，北京市位列第 1 位，上海市和江苏省分别位列第 2 位和第 3 位，排名位于上游区位的其他省市依次为广东省、天津市、山东省、浙江省、陕西省、湖北省以及辽宁省；排名位于中游区位的省市区依次是安徽省、四川省、福建省、湖南省、山西省、重庆市、黑龙江省、河南省、甘肃省以及吉林省；排名位于下游区位的省市区依次是河北省、江西省、内蒙古自治区、广西壮族自治区、宁夏回族自治区、青海省、新疆维吾尔自治区、云南省、贵州省以及海南省。

表3-7 2013年全国省域科技创新竞争力指数及排名

省市区	指数	排名	省市区	指数	排名	省市区	指数	排名
北京	100.0	1	浙江	69.2	7	海南	60.0	30
天津	71.9	5	安徽	66.1	11	重庆	63.5	16
河北	62.4	21	福建	64.5	13	四川	65.6	12
山西	63.7	15	江西	62.0	22	贵州	60.2	29
内蒙古	61.4	23	山东	70.9	6	云南	60.8	28
辽宁	66.6	10	河南	63.3	18	陕西	68.8	8
吉林	62.6	20	湖北	66.8	9	甘肃	62.8	19
黑龙江	63.5	17	湖南	64.1	14	青海	60.9	26
上海	77.6	2	广东	72.6	4	宁夏	61.0	25
江苏	73.9	3	广西	61.1	24	新疆	60.8	27

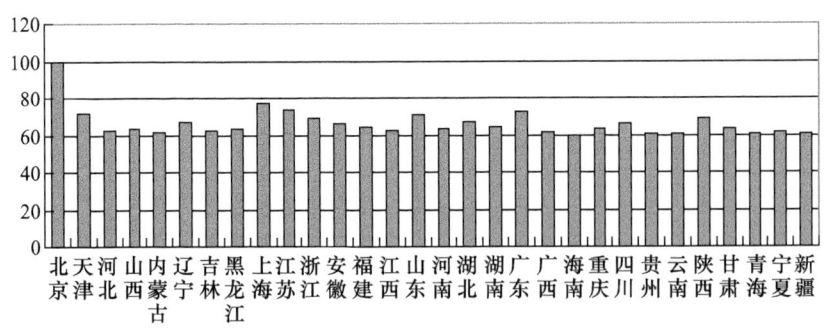

图3-7 2013年全国省域科技创新竞争力指数柱形图

从科技创新竞争力排名情况来看,排名位于上游区位的省市区除了陕西省和湖北省两省外,其余均为东部省市,而排名位于下游区域的除河北省、江西省和广西壮族自治区外,其余均为西部省市区。从排名分布特征来看,科技创新竞争力分布态势和经济实力竞争力水平分布大体一致,呈现东强西弱态势。

从竞争力得分情况来看,北京市得分遥遥领先于其他省市区,就排名位于第

2位、第3位的上海市和江苏省来看，和北京市的竞争力得分差距都超过了20分。除北京市较高外，其他省市的科技创新竞争力得分整体相差不大，特别是对于位于下游区位的省市，排名较高的河北省和排名位于最后的海南省相差不过2.4分，得分并无太大差异。从地域来看，东部省市的得分均值为77.3，中部省市的得分均值为66.1，西部省市区的得分均值为63.7，同样呈现东强西弱，而中西部差距不明显的态势。

2013年，内蒙古自治区的科技创新竞争力排名位于第23位，处于下游偏上水平，表明内蒙古自治区科技创新能力很弱。从评价指标来看，内蒙古自治区每万人科技活动人员不足2人，排名为第17位，R&D经费占GDP比重仅为0.69%，在全国排名倒数第6位，是全国最低的省区之一。内蒙古自治区资源拉动和投资拉动型经济增长特征仍然非常明显，科技创新的贡献率较低。

（八）全国省域基础设施竞争力评价与分析

2013年全国省域基础设施竞争力评价与排名比较结果见表3-8与图3-8。

表3-8　2013年全国省域基础设施竞争力指数及排名

省市区	指数	排名	省市区	指数	排名	省市区	指数	排名
北　京	60.0	30	浙　江	87.8	12	海　南	64.1	29
天　津	71.0	27	安　徽	94.1	4	重　庆	73.7	25
河　北	94.0	5	福　建	75.1	24	四　川	85.5	15
山　西	78.6	22	江　西	79.7	20	贵　州	80.0	18
内蒙古	94.1	3	山　东	94.0	6	云　南	79.2	21
辽　宁	91.7	8	河　南	96.4	2	陕　西	82.1	16
吉　林	72.6	26	湖　北	85.9	14	甘　肃	81.9	17
黑龙江	79.9	19	湖　南	91.2	9	青　海	93.3	7
上　海	88.9	11	广　东	100.0	1	宁　夏	68.7	28
江　苏	89.6	10	广　西	78.4	23	新　疆	87.8	13

在全国2013年基础设施竞争力评价排名比较结果中，广东省排名第一，河南省和内蒙古自治区分列第2位、第3位，位于上游区位的其他省区依次为安徽省、河北省、山东省、青海省、辽宁省、湖南省以及江苏省；排名位于中游区位的省区依次是上海市、浙江省、新疆维吾尔自治区、湖北省、四川省、陕西省、甘肃省、贵州省、黑龙江省、江西省；排名位于下游区位的省市依次为云南省、山西省、广西壮族自治区、福建省、重庆市、吉林省、天津市、宁夏回族自治区、海南省、北京市。

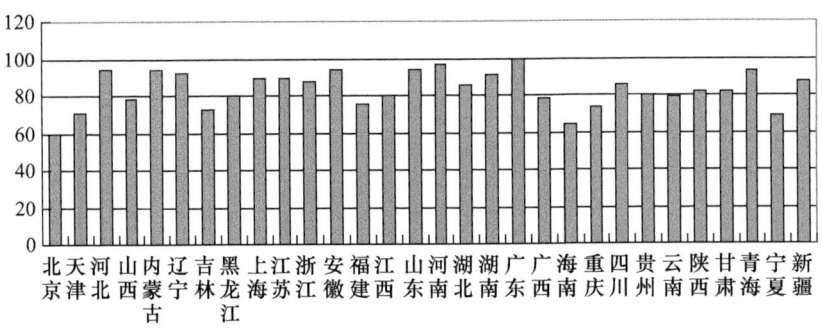

图 3-8　2013 年全国省域基础设施竞争力指数柱形图

从基础设施竞争力排名来，位于上游区位的东部省市仅有广东省、河北省、山东省、辽宁省 4 个，其余全部为中西部省市，中游和下游区位的省市分布也具有类似的特征，特别需要指出的是，北京市在基础设施竞争力排名中位列倒数第一。这样的结论，首先，反映了随着各省市改革开放的进一步深化，经济实力的不断增强，中西部省区对于基础设施的投资在不断加大，形成了新的经济增长点，而对于东部经济发达省区在基础设施方面的投资已经接近饱和；其次，随着国家西部大开发战略的实施，我国中西部省区凭借资源优势和劳动力优势逐步承接了大量东部沿海地区的产业链，带动了中西部地区的经济和贸易的发展。此外，一方面，本书在基础设施竞争力评价指标选取上仅选取了人均公路长度、全社会旅客周转量、全社会物资周转量以及电信光缆长度 4 个指标，而其他一些关键指标，例如公路网和铁路网密度等本书没有选取，可能也在一定程度上导致这一结果；另一方面，一个省区的区域面积和人口对于基础设施的排名同样有着重要的影响，许多地广人稀的省份，基础设施排名都较为靠前，而一些面积较小、人口密度较高的省区排名较为靠后，例如，北京市、天津市等。

从竞争力得分来看，各区位内部之间得分差异较小，而从区位之间的比较来看，差异同样较小，上游区位的均值为 93.84 分，中游区位的均值为 83.95 分，下游区域的均值为 72.14 分。从地域来看，东部省区的得分均值为 82.9 分，中部省区均值为 85.8 分，西部省区的均值为 81.4 分，东部、中部、西部之间的差异同样较小。

内蒙古自治区的基础设施竞争力评价排名位于全国第 3 位，处于全国上游区位，主要是由于内蒙古自治区人均公路长度排名第 6 位，全社会物资周转量排名第 11 位，电信光缆线路长度排名第 1 位。这一排名一方面反映了近年内蒙古自治区基础设施条件有了较大程度的改善，另一方面是由于内蒙古自治区地广人稀导致的。所以内蒙古自治区基础设施建设仍存在许多不足，公路里程中县级、乡级公路比重较高,铁路方面高铁建设不足;加之内蒙古自治区地处边疆,交通运距长,运输成本高,也一定程度上弱化了内蒙古自治区基础设施竞争力。

(九)全国省域管理服务竞争力评价与分析

2013年全国省域管理服务竞争力评价与比较结果见表3-9和图3-9。

表3-9 2013年全国省域管理服务竞争力指数及排名

省市区	指数	排名	省市区	指数	排名	省市区	指数	排名
北 京	100.0	1	浙 江	81.9	6	海 南	78.9	7
天 津	89.2	4	安 徽	71.2	16	重 庆	70.7	18
河 北	66.2	23	福 建	78.4	8	四 川	68.7	19
山 西	76.8	10	江 西	72.3	15	贵 州	74.7	12
内蒙古	67.1	21	山 东	76.0	11	云 南	72.6	14
辽 宁	77.1	9	河 南	66.5	22	陕 西	68.5	20
吉 林	63.2	27	湖 北	70.8	17	甘 肃	62.7	28
黑龙江	60.0	30	湖 南	63.7	26	青 海	60.5	29
上 海	96.7	2	广 东	90.1	3	宁 夏	65.3	24
江 苏	87.6	5	广 西	64.7	25	新 疆	73.4	13

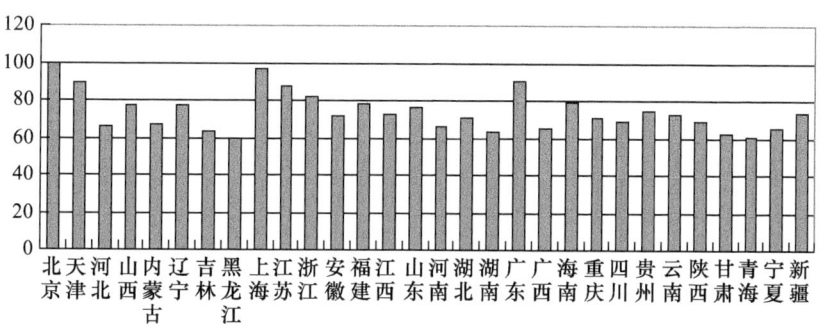

图3-9 2013年全国省域管理服务竞争力指数柱形图

在全国2013年省域管理服务竞争力评价比较结果中,北京市排名第1位,上海市和广东省分列第2位、第3位,其他位于上游区位的省市依次为天津市、江苏省、浙江省、海南省、福建省、辽宁省、山西省;排名位于中游区位的省区依次是山东省、贵州省、新疆维吾尔自治区、云南省、江西省、安徽省、湖北省、重庆市、四川省、陕西省;排名位于下游区位的省市区依次为内蒙古自治区、河南省、河北省、宁夏回族自治区、广西壮族自治区、湖南省、吉林省、甘肃省、青海省、黑龙江省。

从各省市区的管理服务竞争力排名来看，位于上游区域的省市除山西省外，全部为东部省区；而中游和下游区位的省市，基本上是中部和西部省区各占一半。从分布特征来看，东部地区发达省市的管理服务竞争力要强于中部和西部地区，这样的排名情况也和各省市区的财政情况比较吻合。

从管理服务竞争力的得分来看，北京市、上海市、广东省的得分都位于90分以上，而其他各省市的得分都低于90分。从各区位内部来看，得分差异相对也较大，位于上游区位的北京市和山西省相差23.2分，位于中游区位的山东省和陕西省相差7.5分，而位于下游区位的内蒙古自治区和黑龙江省相差也超过7分。从地域来看，东部省区的均值为82.2，中部省区的均值为68，西部省区的均值为68.6，明显呈现出东部强，而中西部弱的态势。

内蒙古自治区管理服务竞争力排名位于第21位，处于全国下游水平，主要原因是由于内蒙古自治区失业率较高。而从财政收入、财政收入占GDP比重、财政年收入递增率以及财政自给率来看，内蒙古自治区同样处于中游靠下或下游靠上位置，都处于较低水平。存在的问题主要表现在以下几个方面：首先，内蒙古自治区工业产业结构较为单一，主要以煤化工业为主。而随着近年煤炭、有色金属销量和价格下跌的影响，财政收入下降或增长乏力。其次，由于内蒙古自治区人民生活水平特别是农牧区人民生活水平较低，导致内需拉动乏力，同样影响了内蒙古自治区管理服务竞争力水平。

（十）全国省域人民生活水平竞争力评价与分析

2013年全国省域人民生活水平竞争力评价比较结果见表3-10和图3-10。

表3-10 2013年全国省域人民生活水平竞争力指数及排名

省市区	指数	排名	省市区	指数	排名	省市区	指数	排名
北　京	98.0	2	浙　江	88.1	3	海　南	67.7	14
天　津	82.4	4	安　徽	64.8	21	重　庆	69.8	11
河　北	64.7	22	福　建	73.9	8	四　川	67.4	15
山　西	64.1	25	江　西	64.2	23	贵　州	60.0	30
内蒙古	70.4	10	山　东	71.3	9	云　南	61.1	28
辽　宁	75.7	7	河　南	64.1	24	陕　西	65.8	20
吉　林	69.4	12	湖　北	67.4	16	甘　肃	60.3	29
黑龙江	68.5	13	湖　南	66.3	18	青　海	62.9	26
上　海	100.0	1	广　东	82.1	5	宁　夏	66.8	17
江　苏	79.9	6	广　西	62.8	27	新　疆	65.8	19

第三章 内蒙古自治区区域经济综合竞争力评价——全国视角

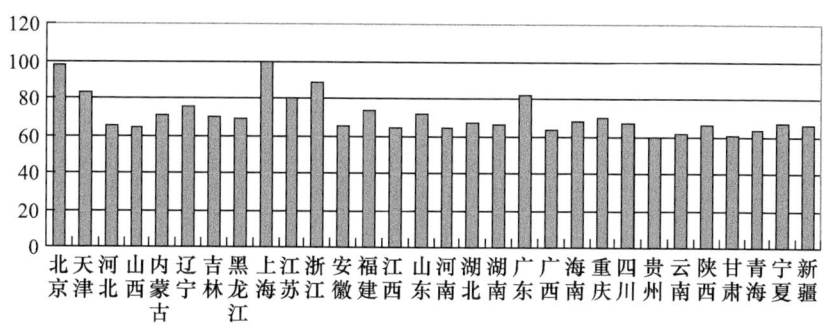

图 3-10　2013 年全国省域人民生活水平竞争力指数柱形图

在全国 2013 年人民生活水平竞争力评价比较结果中，上海市位列第 1 位，北京市和浙江省分别位列第 2 位、第 3 位，其他位列上游区位的省区依次是天津市、广东省、江苏省、辽宁省、福建省、山东省、内蒙古自治区；排名位于中游区位的省区依次是重庆市、吉林省、黑龙江省、海南省、四川省、湖北省、宁夏回族自治区、湖南省、新疆维吾尔自治区、陕西省；排名位于下游区位的省区依次是安徽省、河北省、江西省、河南省、山西省、青海省、广西壮族自治区、云南省、甘肃省、贵州省。

从各省市区人民生活水平竞争力排名来看，进入上游区域的省市区，除内蒙古自治区外，其余全部为东部省区。排名进入中游区域的包括了重庆市、四川省、宁夏回族自治区、新疆维吾尔自治区、陕西省 5 个西部省市和吉林省、黑龙江省、湖北省、湖南省 4 个中部省区。排名位于下游区域的情况和中游区域类似，包括了安徽省、河北省、江西省、河南省、山西省 5 个中部省区，以及青海省、云南省、甘肃省、贵州省 4 个西部省区，此外，海南省、广西壮族自治区两个东部省区排名分别进入了中游和下游区域。从排名分布特征来看，东部省区的人民生活水平竞争力要强于中西部省区，这一点和东部较强的经济实力较为一致。从中西部的排名来看，中西部人民生活水平竞争力之间并没有显著的差异，各省市人民生活水平竞争力的排名和经济发展态势较为一致。

从各省市人民生活水平竞争力评价得分来看，北京市、上海市得分都高于 90 分以上，远远领先于其他省市区，优势较为明显。此外，从各区位的得分来看，上游区位除北京市、上海市外，其他省市之间相差也较大，排名第 3 位的浙江省与第 10 位的内蒙古自治区相差接近 18 分；而中下游区位的各省市得分相差不大，都是 60~70 分。从地域来看，东部省区的均值为 78.9，中部省区的均值为 66.6，西部省区的均值为 66.2，明显呈现出东部强，而中西部弱的态势。

内蒙古自治区人民生活水平竞争力排名位于全国第 10 位，处于上游水平，人民生活水平较高，这是由于内蒙古自治区的5个人民生活竞争评价指标在全国排名中都较为靠前。但这仅仅是数量上的表现，并不完全代表人民生活的质量与实力。事实上，内蒙古自治区在人民生活水平发展方面还存在诸多不足，主要表现在以下几个方面：首先，内蒙古自治区城乡居民收入不平衡，农村人均收入水平上升缓慢，增幅较小，且近年城乡居民收入差距一直呈现扩大趋势；其次，内蒙古自治区区域内部人民生活水平各地区之间差距较大，主要体现在呼包鄂和其他盟市之间差距较大；最后，内蒙古自治区地区劳动保障体水平发展较快，但是制度还不完善，社保覆盖率远低于发达地区。此外，就整体而论，内蒙古自治区城乡居民生活水平和全面建设小康社会的要求之间存在较大差距，仍有进一步的提升空间。

二、全国省域经济综合竞争力评价分析

根据评价指标体系，以上分别对包括经济实力等10个要素，以全国除港澳台及西藏外30个省市自治区为评价单元进行了评价和分析。以下综合考虑各区域的经济实力、产业结构、对外开放、可持续发展、人力资源、金融发展、科技创新、基础设施、管理服务以及人民生活水平10个方面的要素，进行全国省域经济综合竞争力水平评价。

2013年全国省域经济综合竞争力评价比较结果见表3-11和图3-11。

表3-11　2013年全国省域经济综合竞争力指数及排名

省市区	指数	排名	省市区	指数	排名	省市区	指数	排名
北京	100.0	1	浙江	81.2	6	海南	65.2	23
天津	83.8	5	安徽	68.5	15	重庆	69.9	12
河北	66.7	19	福建	73.5	10	四川	69.3	13
山西	65.2	24	江西	66.6	21	贵州	60.0	30
内蒙古	67.4	18	山东	78.0	7	云南	62.6	29
辽宁	74.6	8	河南	68.8	14	陕西	73.7	9
吉林	68.3	17	湖北	71.4	11	甘肃	65.0	25
黑龙江	66.7	20	湖南	68.4	16	青海	64.3	28
上海	89.3	2	广东	85.2	3	宁夏	64.6	26
江苏	84.2	4	广西	64.3	27	新疆	66.4	22

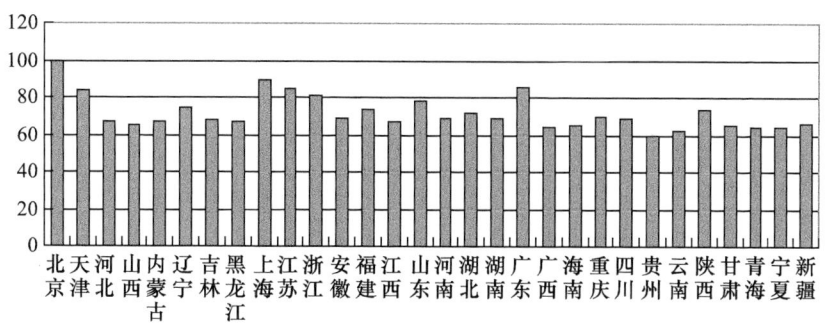

图 3-11 2013 年全国省域经济综合竞争力指数柱形图

在全国 2013 年区域经济综合竞争力排名中，北京市排名第 1 位，上海市、广东省分列第 2 位、第 3 位，其他排名进入上游区位的省市依次为江苏省、天津市、浙江省、山东省、辽宁省、陕西省、福建省；排名位于中游区域的省市依次是湖北省、重庆市、四川省、河南省、安徽省、湖南省、吉林省、内蒙古自治区、河北省、黑龙江省；排名位于下游区位的省区依次是江西省、新疆维吾尔自治区、海南省、山西省、甘肃省、宁夏回族自治区、广西壮族自治区、青海省、云南省、贵州省。

从评价结果来看，排名位于前 10 位的除陕西省外全部为东部省市。排名第一的北京市在 10 个二级指标中 6 个排名第 1 位，3 个排名第 2 位，处于绝对优势。此外，上海市、广东省、江苏省、天津市、浙江省、山东省等几个东部省市的 10 个二级指标排名都明显较为靠前，没有明显的弱项，所以经济综合竞争力排名最终都进入上游区位。山东省和辽宁省的 10 个二级竞争力指标中分别有 8 个排名进入前十，最终排名都进入前十。西部省市中只有陕西省进入前十，从要素竞争力来看，陕西省有人力资源竞争力和基础设施竞争力两个要素进入前十，而其他发展要素中，除可持续发展竞争力要素外，都进入了中游区位，具有一定的竞争优势。排名位于下游区位的省市主要以西部省市区居多，东部省市仅有海南省、广西壮族自治区分别位于第 23 位、第 27 位，中部省市仅有江西省、山西省分别位于第 21 位、第 24 位，其余全部为西部省市。要素竞争力方面，广西壮族自治区全部要素竞争力皆处于中下游区位（9 个二级指标位于下游区位），海南省除可持续发展竞争力和管理服务竞争力进入前十，其他要素竞争力全部位于中下游区位（5 个处于下游区位）。山西省经济综合竞争力处于第 24 位，主要是由于经济实力竞争力、对外开放竞争力、可持续发展竞争力、基础设施竞争力以及人民生活水平竞争力处于下游区位，特别是可持续发展竞争力位于倒数第一位。江西省经济综合竞争力位于第 21 位，主要是由于经济实力竞争力、产业结构竞争力、对外开放竞争力、金融发展竞争力、科技创新竞争力、基础设施竞争力、人民生活水平竞争力处于下游区位。西部省市区中宁夏回族自治区、广西壮族自治区、青海省、云南省、贵州省5个省市区排名位列后5位。在各要素竞争力水平方面，绝大部分二级指标都位于下游区位。经济综合竞争力排名位于中游区位的省市，绝大部分属于中部省区，西部省区中仅有四川省、重庆市进入，而东北省区的河北省也进入中游区位。河北在对外开放竞争力、可持续发展竞争力、人力资源竞争力、科技创新竞争力、管理服务竞争力以及人民生活水平竞争力都位于下游区位。西部省区的四川省和重庆市各要素竞争力大部分都位于中游区位，具备了一定的优势，最终排名也进入了中游区位。从分布特征来看，有着明显的东强西弱态势。

从经济综合竞争力得分来看，北京市得分远远领先于其他省市，具有绝对的竞争力优势。位于上游区位的省域综合竞争力得分均值为82.4分，中游区位的省域综合竞争力得分均值为68.6分，下游区位的省域综合竞争力得分均值为64.4分。上游区位省市的综合竞争力和中下游省区相比，优势较为明显。从地域来看，东部省区的均值为78.8，中部省区的均值为67.9，西部省区的均值为66.2，中西部省区和东部省区的差距较为明显。全国省域要素竞争力和经济综合竞争力指数以及得分情况见表3-12和表3-13。

表3-12 2013年全国省域要素竞争力和经济综合竞争力指数

省市区	经济实力竞争力	产业结构竞争力	对外开放竞争力	可持续发展竞争力	人力资源竞争力	金融发展竞争力	科技创新竞争力	基础设施竞争力	管理服务竞争力	人民生活水平竞争力	经济综合竞争力
北 京	92.9	100.0	99.4	94.0	100.0	100.0	100.0	60.0	100.0	98.0	100.0
天 津	97.8	89.7	75.8	87.0	93.5	71.7	71.9	71.0	89.2	82.4	83.8
河 北	71.5	76.7	62.6	71.2	67.9	69.4	62.4	94.0	66.2	64.7	66.7
山 西	66.4	80.3	60.4	60.0	69.4	74.2	63.7	78.6	76.8	64.1	65.2
内蒙古	77.4	76.3	60.0	68.6	66.6	64.5	61.4	94.1	67.1	70.4	67.4
辽 宁	84.0	81.1	67.2	77.6	72.4	73.8	66.6	91.7	77.1	75.7	74.6
吉 林	72.2	72.5	61.7	85.0	70.0	64.2	62.6	72.6	63.2	69.4	68.3
黑龙江	67.9	68.4	62.5	81.3	66.2	65.0	63.5	79.9	60.0	68.5	66.7
上 海	88.4	96.7	96.1	87.3	81.5	89.0	77.6	88.9	96.7	100.0	89.3
江 苏	100.0	94.8	79.4	87.3	77.1	79.3	73.9	89.6	87.6	79.9	84.2
浙 江	89.6	91.0	76.9	86.5	70.7	80.4	69.2	87.8	81.9	88.1	81.2
安 徽	67.2	72.1	64.3	85.0	69.4	64.0	66.1	94.1	71.2	64.8	68.5

续表

省市区	经济实力竞争力	产业结构竞争力	对外开放竞争力	可持续发展竞争力	人力资源竞争力	金融发展竞争力	科技创新竞争力	基础设施竞争力	管理服务竞争力	人民生活水平竞争力	经济综合竞争力
福建	82.9	78.3	72.8	86.4	71.3	68.2	64.5	75.1	78.4	73.9	73.5
江西	64.3	72.1	63.4	88.0	70.3	62.8	62.0	79.7	72.3	64.2	66.6
山东	93.0	89.8	69.8	82.6	71.9	74.0	70.9	94.0	76.0	71.3	78.0
河南	72.4	76.7	63.8	80.5	72.3	68.3	63.3	96.4	66.5	64.1	68.8
湖北	77.3	75.4	62.6	82.2	75.1	67.3	66.8	85.9	70.8	67.4	71.4
湖南	71.7	76.0	62.0	83.4	67.0	64.7	64.1	91.2	63.7	66.2	68.4
广东	94.4	99.5	100.0	88.9	74.8	87.1	72.6	100.0	90.1	82.1	85.2
广西	64.8	67.2	63.2	83.1	65.3	61.9	61.1	78.4	64.7	62.8	64.3
海南	62.3	60.0	65.1	87.3	70.0	62.5	60.0	64.1	78.9	67.7	65.2
重庆	73.3	77.2	71.3	83.1	71.4	67.2	63.5	73.7	70.7	69.9	69.9
四川	71.3	74.0	63.5	80.4	68.2	71.2	65.6	85.5	68.7	67.4	69.3
贵州	61.2	73.4	63.5	61.5	60.0	60.0	60.0	80.0	74.7	60.0	60.0
云南	63.7	67.7	64.5	74.4	61.8	62.4	60.8	79.2	72.6	61.1	62.6
陕西	71.1	74.6	66.1	100.0	82.0	67.8	68.8	82.1	68.5	65.8	73.7
甘肃	60.0	68.8	62.6	93.3	65.0	62.4	62.8	81.9	62.7	60.3	65.0
青海	62.6	68.4	62.3	88.6	60.1	60.9	60.9	93.3	60.8	62.9	64.3
宁夏	60.3	72.9	67.4	81.8	67.4	63.4	61.0	68.7	65.3	66.8	64.6
新疆	63.9	64.3	64.2	90.9	66.9	64.2	60.8	87.8	73.4	65.8	66.4

表3-13 2013年全国省域各要素竞争力和经济综合竞争力排名

省市区	经济实力竞争力	产业结构竞争力	对外开放竞争力	可持续发展竞争力	人力资源竞争力	金融发展竞争力	科技创新竞争力	基础设施竞争力	管理服务竞争力	人民生活水平竞争力	经济综合竞争力
北京	5	1	2	2	1	1	1	30	1	2	1
天津	2	7	6	11	2	9	5	27	4	4	5
河北	16	12	24	27	20	11	21	5	23	22	19
山西	22	9	29	30	17	6	15	22	10	25	24
内蒙古	10	14	30	28	24	19	23	3	21	10	18
辽宁	8	8	11	25	8	8	10	8	9	7	8

续表

省市区	经济实力竞争力	产业结构竞争力	对外开放竞争力	可持续发展竞争力	人力资源竞争力	金融发展竞争力	科技创新竞争力	基础设施竞争力	管理服务竞争力	人民生活水平竞争力	经济综合竞争力
吉林	14	21	28	14	16	20	20	26	27	12	17
黑龙江	19	25	25	22	25	17	17	19	30	13	20
上海	7	3	3	8	4	2	2	11	2	1	2
江苏	1	4	4	10	5	5	3	10	5	6	4
浙江	6	5	5	12	13	4	7	12	6	3	6
安徽	20	22	15	15	18	22	11	4	16	21	15
福建	9	10	7	13	12	13	13	24	8	8	10
江西	23	23	20	7	14	24	22	20	15	23	21
山东	4	6	9	19	10	7	6	6	11	9	7
河南	13	13	17	23	9	12	18	2	22	24	14
湖北	11	16	22	20	6	15	9	14	17	16	11
湖南	15	15	27	16	22	18	14	9	26	18	16
广东	3	2	1	5	7	3	4	1	3	5	3
广西	21	28	21	17	26	28	24	23	25	27	27
海南	26	30	13	9	15	25	30	29	7	14	23
重庆	12	11	8	18	11	16	16	25	18	11	12
四川	17	18	19	24	19	10	12	15	19	15	13
贵州	28	19	18	29	30	30	29	18	12	30	30
云南	25	27	14	26	28	27	28	21	14	28	29
陕西	18	17	12	1	3	14	8	16	20	20	9
甘肃	30	24	23	3	27	26	19	17	28	29	25
青海	27	26	26	6	29	29	26	7	29	26	28
宁夏	29	20	10	21	21	23	25	28	24	17	26
新疆	24	29	16	4	23	21	27	13	13	19	22

三、内蒙古自治区各要素竞争力及经济综合竞争力分析

内蒙古自治区的经济综合竞争力在全国排名第18位，得分67.4，位于中游偏下的位置，优势一般。各要素竞争力得分及排名见图3-12和图3-13。

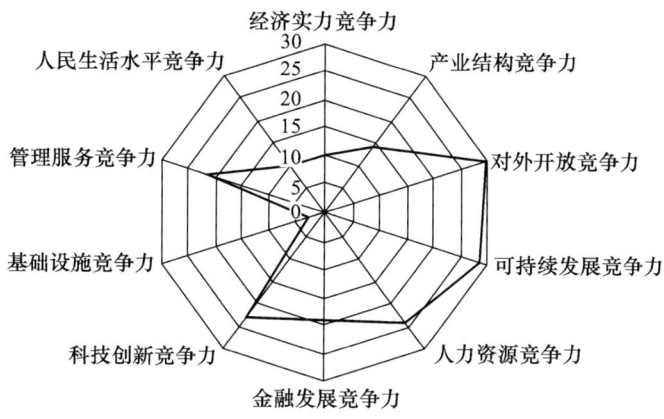

图 3-12　2013 年内蒙古自治区各要素竞争力排名雷达图

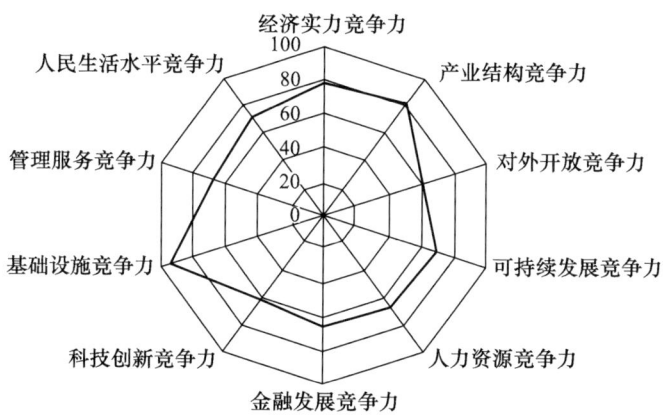

图 3-13　2013 年内蒙古自治区各要素竞争力指数雷达图

图 3-12 为 2013 年内蒙古自治区 10 要素竞争力排名雷达图。由图可见，排名前 10 位的要素只有基础设施竞争力（第 3 位）、经济实力竞争力和人民生活水平竞争力（均为第 10 位）。排名第 10~20 位的有产业结构竞争力（第 14 位）和金融发展竞争力（第 19 位），其余 5 个要素如对外开放竞争力、可持续发展竞争力、人力资源竞争力、科技创新竞争力以及管理服务竞争力均位于全国 20 位之后。特别是对外开放竞争力和可持续发展竞争力，内蒙古自治区的劣势非常明显，分别处于倒数第 1 位和倒数第 3 位，严重影响了内蒙古自治区经济综合竞争力的整体排名。

第二节 全国省域经济综合竞争力动态评价分析

上一节基于层次分析法就内蒙古自治区与全国各省市区 2013 年的各要素竞争力与经济综合竞争力进行了评价与分析。本节仍然采用上述方法，对内蒙古自治区与全国各省市区 2012 年和 2013 年两年的各要素竞争力和经济综合竞争力进行动态比较和评价，以期发现各省市自治区各要素竞争力和经济综合竞争力的变化和发展状况。

一、2012 年全国省域各要素竞争力与经济综合竞争力评价

2012 年全国省域各要素竞争力与经济综合竞争力指数与排名情况见表 3-14 和表 3-15。

表 3-14　2012 年全国省域各要素竞争力和经济综合竞争力指数

省市区	经济实力竞争力	产业结构竞争力	对外开放竞争力	可持续发展竞争力	人力资源竞争力	金融发展竞争力	科技创新竞争力	基础设施竞争力	管理服务竞争力	人民生活水平竞争力	经济综合竞争力
北　京	96.7	100.0	100.0	100.0	100.0	100.0	100.0	60.0	100.0	97.0	100.0
天　津	98.4	91.1	75.7	94.4	93.7	72.4	71.4	70.3	88.9	81.9	83.4
河　北	73.4	77.3	62.1	82.6	70.3	69.1	62.2	90.3	69.6	64.9	67.3
山　西	67.7	78.4	61.3	74.7	70.1	73.9	63.2	76.3	79.7	65.0	65.7
内蒙古	81.6	90.2	60.0	81.1	68.2	64.2	61.2	93.9	67.6	70.5	69.2
辽　宁	84.7	79.3	67.4	87.6	73.7	74.1	66.4	88.2	82.2	75.1	74.6
吉　林	76.0	76.3	63.4	93.9	71.7	64.5	62.6	72.0	67.7	69.3	69.6
黑龙江	70.3	70.2	63.2	90.9	68.9	65.6	63.2	78.3	62.3	68.3	67.7
上　海	89.6	94.4	98.0	95.1	84.1	88.6	77.0	88.4	96.4	100.0	89.2
江　苏	100.0	87.1	82.0	94.7	76.8	78.6	73.4	87.8	87.3	80.2	83.1
浙　江	89.5	83.8	76.7	93.8	71.1	80.2	69.0	85.6	82.0	87.9	80.3
安　徽	68.2	73.2	65.1	93.4	69.5	63.4	65.2	91.8	71.8	65.7	68.6
福　建	82.1	72.0	73.2	93.8	72.7	69.2	64.2	73.1	76.2	74.4	73.0
江　西	64.7	71.8	63.7	95.5	71.6	62.9	61.7	77.1	76.1	64.6	66.9
山　东	92.7	78.7	70.0	91.1	72.4	74.4	70.6	94.4	77.2	71.5	77.0
河　南	73.5	70.6	67.5	89.7	72.3	69.0	63.1	93.5	65.2	64.5	68.6
湖　北	77.7	73.3	61.3	91.1	77.6	68.0	66.5	83.5	68.5	67.8	71.5

续表

省市区	经济实力竞争力	产业结构竞争力	对外开放竞争力	可持续发展竞争力	人力资源竞争力	金融发展竞争力	科技创新竞争力	基础设施竞争力	管理服务竞争力	人民生活水平竞争力	经济综合竞争力
湖 南	71.9	75.3	62.3	92.1	68.5	64.7	64.0	85.4	64.9	66.7	68.5
广 东	93.1	86.7	98.1	95.7	73.2	88.1	72.1	100.0	88.8	82.3	83.5
广 西	65.5	70.4	65.0	91.8	65.0	62.4	61.1	78.2	67.8	63.6	65.0
海 南	60.0	60.0	67.1	95.4	70.7	63.4	60.0	64.2	78.3	67.8	65.3
重 庆	73.1	78.6	73.5	93.5	72.9	67.5	63.6	73.0	79.4	69.8	70.7
四 川	73.4	72.2	65.5	89.9	67.6	71.2	65.4	84.3	69.6	67.3	69.4
贵 州	60.5	72.5	63.8	76.0	60.0	60.0	60.2	78.1	78.4	60.0	60.3
云 南	63.1	65.8	64.9	86.0	61.6	62.4	60.7	78.5	70.9	61.9	62.7
陕 西	71.8	76.3	61.0	92.7	82.6	68.1	68.2	80.3	68.4	66.1	71.6
甘 肃	60.0	69.9	61.6	80.7	65.8	62.8	62.8	80.5	61.2	60.6	62.2
青 海	63.0	75.2	62.4	66.2	66.6	61.1	61.0	93.3	60.0	63.1	60.8
宁 夏	62.5	75.9	60.3	69.9	67.7	64.0	60.9	68.4	64.5	66.4	60.0
新 疆	63.9	66.4	64.9	76.8	67.3	64.5	60.7	86.6	71.2	66.0	63.3

表3-15 2012年全国省域各要素竞争力和经济综合竞争力排名

省市区	经济实力竞争力	产业结构竞争力	对外开放竞争力	可持续发展竞争力	人力资源竞争力	金融发展竞争力	科技创新竞争力	基础设施竞争力	管理服务竞争力	人民生活水平竞争力	经济综合竞争力
北 京	3	1	1	1	1	1	1	30	1	2	1
天 津	2	3	6	7	2	9	5	27	3	5	4
河 北	15	12	24	23	17	12	21	7	18	23	20
山 西	21	11	26	28	18	8	16	23	8	22	22
内蒙古	10	4	30	24	22	21	23	3	24	10	15
辽 宁	8	8	11	21	7	7	10	9	6	7	8
吉 林	12	14	20	8	13	19	20	26	23	12	13
黑龙江	19	26	21	18	20	17	17	19	28	13	19
上 海	6	2	3	5	3	2	2	8	2	1	2
江 苏	1	5	4	6	6	5	3	10	5	6	5
浙 江	7	7	5	3	15	4	7	12	7	3	6

续表

省市区	经济实力竞争力	产业结构竞争力	对外开放竞争力	可持续发展竞争力	人力资源竞争力	金融发展竞争力	科技创新竞争力	基础设施竞争力	管理服务竞争力	人民生活水平竞争力	经济综合竞争力
安　徽	20	19	14	12	19	23	12	6	15	21	17
福　建	9	22	8	10	20	11	13	24	13	8	9
江　西	23	23	19	3	14	25	22	22	14	24	21
山　东	5	9	9	17	11	6	6	2	12	9	7
河　南	13	24	10	20	12	13	18	4	25	25	16
湖　北	11	18	27	16	5	15	9	15	20	14	11
湖　南	17	16	23	14	21	18	14	13	26	17	18
广　东	4	6	2	2	8	3	4	1	4	5	3
广　西	22	25	15	15	28	28	24	20	22	26	24
海　南	30	30	12	4	16	24	30	29	6	15	23
重　庆	16	10	7	11	9	16	15	25	9	11	12
四　川	14	21	13	19	7	10	11	14	19	16	14
贵　州	29	20	18	27	30	30	29	21	10	30	29
云　南	25	29	17	22	29	27	28	18	17	28	26
陕　西	18	13	28	13	4	14	8	17	21	19	10
甘　肃	28	27	25	25	27	26	19	16	29	29	27
青　海	26	17	22	29	26	29	25	5	30	27	28
宁　夏	27	15	29	30	23	22	26	28	27	18	30
新　疆	24	28	16	26	25	20	27	11	16	20	25

表 3－15 显示，在全国 2012 年经济综合竞争力排名中，北京市排名第 1 位，上海市、广东省分列第 2 位、第 3 位，其他排名进入上游区位的省市依次为天津市、江苏省、浙江省、山东省、辽宁省、陕西省、福建省；排名位于中游区域的省市依次是湖北省、重庆市、吉林省、四川省、内蒙古自治区、河南省、安徽省、湖南省、黑龙江省、河北省；排名位于下游区位的省区依次是江西省、山西省、海南省、广西壮族自治区、新疆维吾尔自治区、云南省、甘肃省、青海省、贵州省、宁夏回族自治区。

从评价结果的区位特征来看，排名位于前十的除陕西省外全部为东部省市。西部省市中只有陕西省进入前十名。各要素竞争力方面，陕西省有人力资源竞争力和科技创新竞争力两个要素进入前十，而在其他发展要素中，除对外开放竞争力要素外都进入了中游区位，具有一定的竞争优势。位于下游区位的省市主要以西部省市区居多，东部省市仅有海南省、广西壮族自治区分别位于第23位、第24位，中部省市仅有江西省、山西省分别位于第21位、第22位，其余全部为西部省市。西部省市区中云南省、甘肃省、青海省、贵州省、宁夏回族自治区5个省市区排名位列后5位。这些省区的绝大部分二级指标都位于下游区位。经济综合竞争力排名位于中游区位的省市，绝大部分属于中部省区，西部省区中仅有四川省、重庆市进入，而东部省区的河北省也位于中游区位。

从经济综合竞争力得分来看，北京市得分远远领先于其他省市，具有绝对的竞争力优势。位于上游区位的省区综合竞争力得分均值为81.6分，中游区位的省区综合竞争力得分均值为69.1分，下游区位的省区综合竞争力得分均值为63.2分。上游区位省市的综合竞争力和中下游省区相比，优势较为明显。从地域来看，东部省区的均值为78.5分，中部省区的均值为68.5分，西部省区的均值为64.5分，中西部省区和东部省区的差距较为明显。

2012年，内蒙古自治区的经济综合竞争力排名居全国第15位，得分69.2分，位于中游的位置，优势一般。从各要素竞争力排名来看，内蒙古自治区有经济实力竞争力、产业结构竞争力、基础设施竞争力以及人民生活水平竞争力4个要素排名进入前十，其他6个要素竞争力排名处于劣势，处于下游区位。特别是对外开放竞争力，内蒙古自治区的劣势非常明显，位列全国最后一位，严重影响了内蒙古自治区经济综合竞争力的提升。2012年，内蒙古自治区各要素竞争力指数及排名情况如图3-14和图3-15所示。

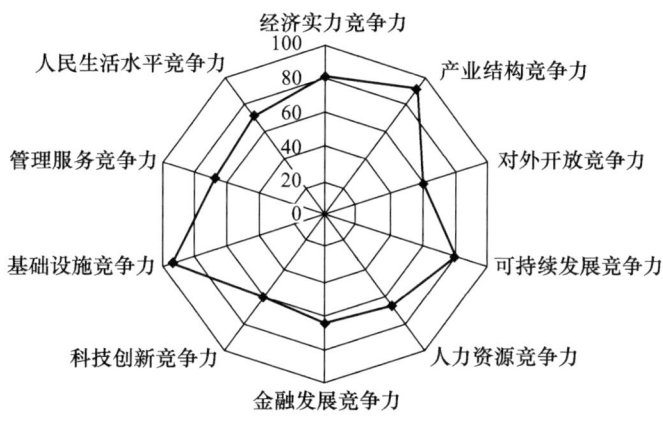

图3-14　2012年内蒙古自治区各要素竞争力指数雷达图

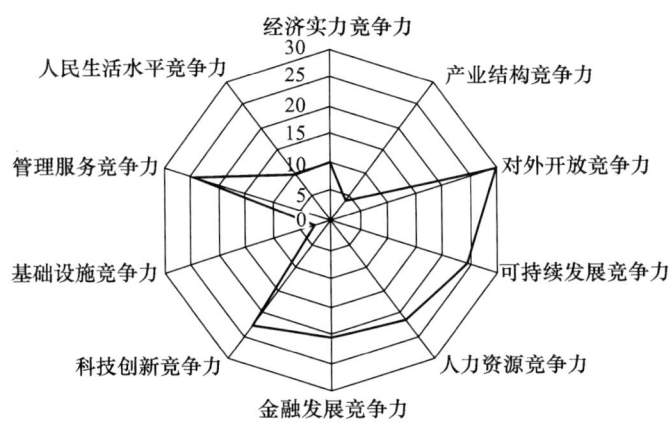

图 3-15　2012 年内蒙古自治区各要素竞争力指数排名雷达图

二、全国省域经济综合竞争力动态评价分析

为对比 2012 年和 2013 年全国各省市区经济综合竞争力排名情况，本书制作了全国省域经济综合竞争力排名的动态变化表，见表 3-16。

表 3-16　全国省域经济综合竞争力排名动态比较

省市区	2012 年	2013 年	排名变化	省市区	2012 年	2013 年	排名变化	省市区	2012 年	2013 年	排名变化
北　京	1	1	0	浙　江	6	6	0	海　南	23	23	0
天　津	4	5	-1	安　徽	17	15	2	重　庆	12	12	0
河　北	20	19	1	福　建	9	10	-1	四　川	14	13	1
山　西	22	24	-2	江　西	21	21	0	贵　州	29	30	-1
内蒙古	15	18	-3	山　东	7	7	0	云　南	26	29	-3
辽　宁	8	8	0	河　南	16	14	2	陕　西	10	9	1
吉　林	13	17	-4	湖　北	11	11	0	甘　肃	27	25	2
黑龙江	19	20	-1	湖　南	18	16	2	青　海	28	28	0
上　海	2	2	0	广　东	3	3	0	宁　夏	30	26	4
江　苏	5	4	1	广　西	24	27	-3	新　疆	25	22	3

由表 3-16 可见，2012 年排名处于前 10 位的省市区在 2013 年仍处于前 10 位，仅仅是区位内部名次发生微小变化。北京市、上海市、广东省三省市的排名没有变化，仍位列前 3 位；2012 年排名位列第 4 位和第 5 位的天津市和江苏省排

名位置发生了微小的变化,天津市排名下降1位,位于第5位,而排名位于第5位的江苏省则上升1位,排名第4位;2012年排名位于第6位、第7位、第8位的浙江省、山东省和辽宁省在2013年位置没有变化;排名第9位、第10位的福建省和陕西省位置发生了对调,2013年陕西省排名第9位,福建省排名第10位。

2012年排名位于中游区域的湖北省、重庆市、吉林省、四川省、内蒙古自治区、河南省、安徽省、湖南省、黑龙江省和河北省10个省市,在2013年排名中仍位于中游区位,但其中个别省市的排名变化较为明显。其中,四川省经济综合竞争力排名上升1位,2013年位列第13位,吉林下降了4位,2013年排名第17位,内蒙古自治区下降3位,2013年排名第18位,河南省上升1位,2013排名第14位,安徽省、湖南省分别上升2位,位于第15位和第16位,黑龙江省下降1位,2013年排名位于第20位,河北省上升1位,2013年排名位于第19位。

2012年排名位于下游区位的省市区整体也没有发生变化,也仅仅是个别省份在区域内部排名发生变化。其中,排名上升的省市区分别有新疆维吾尔自治区、甘肃省、宁夏回族自治区,分别上升了3位、4位、2位,排名下降的省市区有山西省、广西壮族自治区、云南省、贵州省,分别下降2位、3位、3位、1位,排名没有变化的是海南省和青海省。

从全国各省市区的排名变动情况来看,虽然部分省区排名发生变化,但整体来讲变化不大。稳中有升的省市是江苏省、陕西省、四川省、河南省、安徽省、湖南省、河北省、新疆维吾尔自治区、甘肃省和宁夏回族自治区。排名下降较为明显的是内蒙古自治区、山西省、广西壮族自治区和云南省。从排名下降的省市来看,主要集中于我国的一些能源大省,受限于我国经济整体形势的下行,以及能源价格的下降,这些省市经济发展都有所放缓,影响了排名的稳定性。

三、内蒙古自治区各要素竞争力及经济综合竞争力动态变化分析

从2012年至2013年,内蒙古自治区各要素竞争力以及整体经济综合竞争力排名也发生了明显的变化。具体变化情况见图3-16。

图3-16显示,在用于分析评价的10要素中,大部分排名比较靠后,如对外开放、可持续发展、人力资源、金融发展、科技创新与管理服务等要素竞争力均位列全国第20位以后。排名比较靠前的只有经济实力、基础设施和人民生活水平。与2012年相比,2013年经济实力、对外开放、科技创新、基础设施和人民生活水平5要素竞争力排名没有发生变化;产业结构竞争力则由2012年的排名第4位下降为2013年的第14位,可持续发展和人力资源竞争力也分别下降了4位和2位;排名上升的只有金融发展和管理服务竞争力,分别上升2位和3位。

以上要素的变化共同导致内蒙古自治区整体经济综合竞争力排名下降了3位。

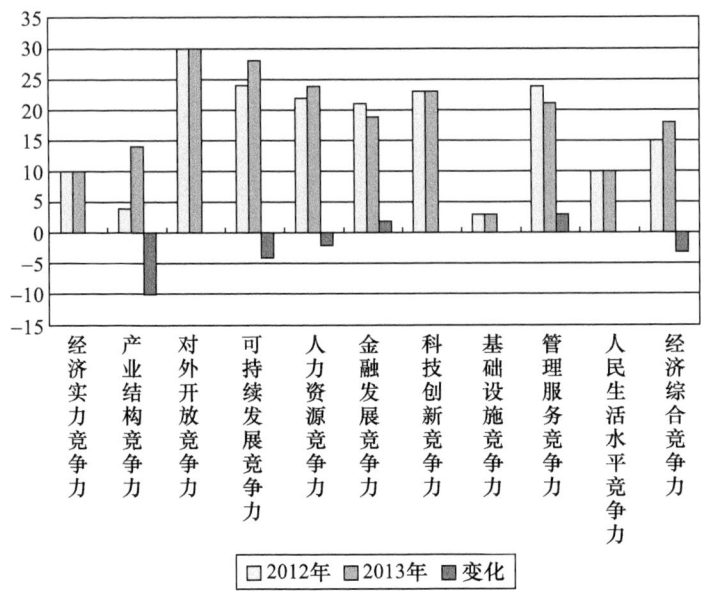

图3-16 2012年与2013年内蒙古自治区要素及经济综合竞争力排名对比及变化

第三节 全国省域经济综合竞争力类型划分

本节通过聚类分析方法，依据经济综合竞争力评价得分对中国内地除西藏自治区外的30个省、市、自治区进行分类。从分类的结果来看，依据竞争力的强弱，基本上可以将被评价的30个省市区划分为最强竞争力省区、强竞争力省区、较强竞争力省区、一般竞争力省区、弱竞争力省区和最弱竞争力省区6类。

一、聚类方法简介

在现实生活中，分类是十分常见的事情，例如根据经济发展水平把各个国家分成发达国家、中等发达国家、发展中国家等。聚类是将数据分类到不同的类或者簇这样的一个过程，所以同一个簇中的对象有很大的相似性，而不同簇间的对象有很大的相异性。从统计学的观点来看，如果事先不知道存在什么类别，完全按照反映对象特征的数据把对象进行分类，称为聚类分析。

聚类分析的原理在于依照数据把相似的对象放在一起，使得类别内部"差异"尽可能小而类别之间的"差异"尽可能大,聚类分析就是按照对象之间的"相似"程度来把对象进行分类。

聚类分析中的系统聚类又称层次聚类,其原理在于事先不确定要分多少类,而是先把每一个对象作为一类,然后一层一层进行分类。根据运算的方向不同,层次聚类法又分为合并法和分解法,两种方法的运算原理一样,只是方向相反。

对于合并法,首先将每一个样本作为一类,如果是 k 个样本就分成 k 类;其次,按照某种方法度量样本之间的距离,并将距离最近的两个样本合并为一个类别,从而形成了 $k-1$ 个类别;最后,再计算出新产生的类别与其他各类别之间的距离,并将距离最近的两个类别合并为一类。这时,如果类别的个数仍然大于1,则继续重复这一步,直到所有的类别都合并成一类为止。总是先把离得最近的两个类进行合并,因此,合并越晚的类,距离越远。由于事先并不会指定最后要分成多少类,故需要把所有可能的分类都列出,再视具体情况选择一个合适的分类结果。

分解法原理与合并法相反。先把所有的对象(样本或变量)作为一大类,然后度量对象之间的距离或相似程度,并将距离或相似程度最远的对象分离出去,形成两大类(其中的一类只有一个对象);最后再度量类别中剩余对象之间的距离或相似程度,并将最远的分离出去。不断重复这一过程,直到所有的对象都自成一类为止。

基本步骤如下:

第一步,开始各样本自成一类。

第二步,根据样品的特征,规定样品之间的距离 d_{ij},共有 C_n^2 个。将所有列表,记为 $D(0)$ 表,该表是一张对称表。所有的样本点各自为一类。

第三步,选择 $D(0)$ 表中最小的非零数,不妨假设 d_{pq},于是将 G_p 和 G_q 合并为一类,记为:

$G_r = \{G_p, G_q\}$

第四步,利用递推公式计算新类与其他类之间的距离。分别删除 $D(0)$ 表的第 p,q 行和第 p,q 列,并新增一行和一列新类和旧类之间的距离,产生 $D(1)$ 表。

第五步,在 $D(1)$ 表再选择最小的非零数,其对应的两类又构成新类,再利用递推公式计算新类与其他类之间的距离。分别删除 $D(1)$ 表的相应的行和列,并新增一行和一列新类和旧类之间的距离。结果,产生 $D(2)$ 表。类推直至所有的样本点归为一类为止。

二、类型划分

聚类分析的结果可以通过一个"树状图"来表示。本书主要采用合并法对

30个省市区2012年和2013年10个竞争力要素得分进行聚类,相似性程度度量采用较常用的欧式距离,连接法采用完全连接法。

由聚类结果可见,根据评价期内各要素竞争力得分,可以将被评价30个省市区分为6类,分类结果见表3-17。

表3-17 全国省域经济综合竞争力聚类结果

序号	省域经济综合竞争力分类	省、市、自治区
1	最强竞争力省区	北京
2	强竞争力省区	上海、广东
3	较强竞争力省区	天津、辽宁、江苏、浙江、山东
4	一般竞争力省区	吉林、黑龙江、安徽、福建、江西、广西、海南、重庆、陕西
5	弱竞争力省区	河北、山西、内蒙古、河南、湖北、湖南、四川、贵州、云南
6	最弱竞争力省区	甘肃、青海、宁夏、新疆

三、特点分析

根据以上划分,可知全国省域经济综合竞争力具有如下分布特点:

(一)最强竞争力省区

由图3-17可见,北京市自成一类,与其余省区的差距较大。反映出北京市作为我国政治、经济、文化、科技、金融中心强大实力的不可比拟性。2012年、2013年北京市各要素竞争力的平均得分分别是95.37分和94.43分,综合竞争力排名均位列全国第1位。

(二)强竞争力省区

省域竞争力处于第二大阵营的是上海市和广东省。上海市2012年和2013年各要素竞争力平均得分分别为91.16分和90.27分;广东省分别为87.81分和88.95分。综合竞争力分别位列全国第2位和第3位。

(三)较强竞争力省区

除北京市、上海市和广东省以外,东部沿海发达省份如天津市、辽宁省、江苏省、浙江省和山东省5省市区域综合竞争力位列"较强竞争力省区"范围,2012年和2013年区域经济综合竞争力平均得分分别是79.68分和80.36分,得分较高,但与"北上广"存在一定的差距。

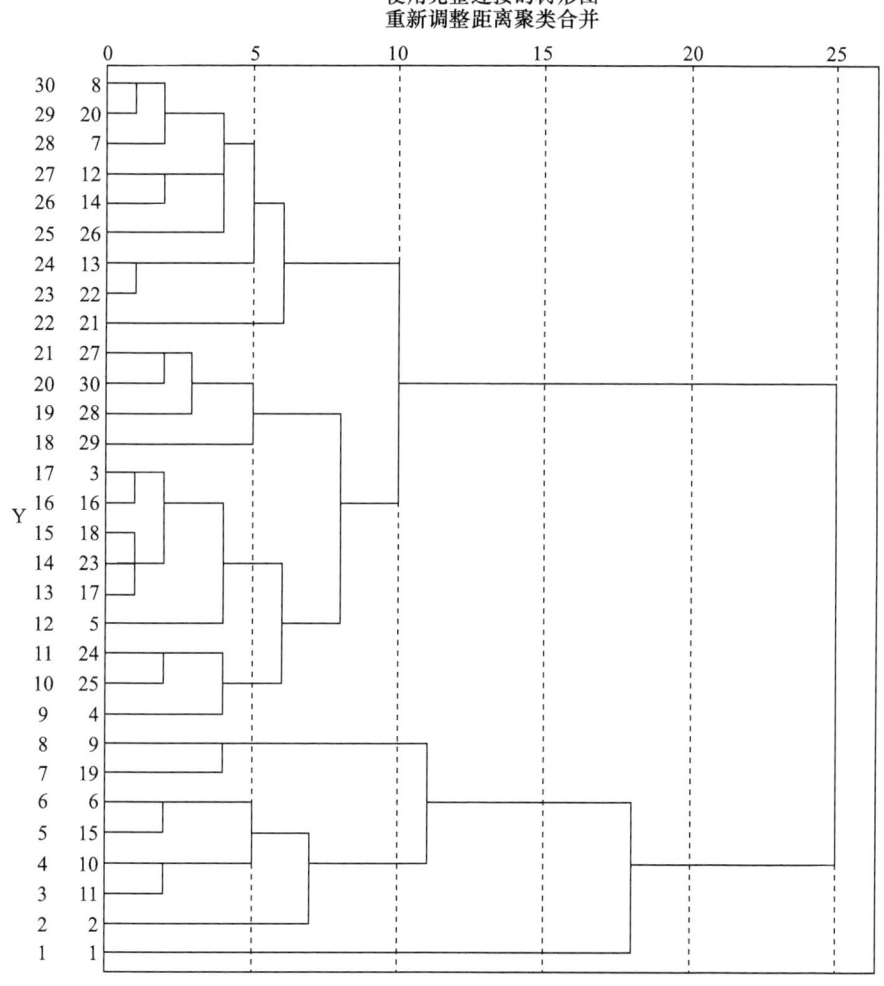

图 3-17　全国省域竞争力聚类图

（四）一般竞争力省区

位于"一般竞争力省区"区域的主要由中部省市区构成，如吉林省、黑龙江省、安徽省、江西省、广西壮族自治区、重庆市和陕西省，以及东部的福建和海南两省。2012 年和 2013 年区域经济综合竞争力平均得分分别是 68.71 分和 68.52 分。

（五）弱竞争力省区

区域经济综合竞争力较弱的包括河北省、山西省、内蒙古自治区、河南省、湖北省、湖南省、四川省、贵州省和云南省。其中，河北省作为东部地区省，人力资源、金融发展、科技创新以及人民生活水平等各方面竞争力有待于提升。2012年和2013年该区域经济综合竞争力平均得分分别是67.02分和66.64分。

内蒙古自治区位于较弱竞争力省区范围。在评价年度，除经济实力、基础设施和人民生活水平要素竞争力排在全国前10位外，其余要素竞争力排名几乎都在全国下游区域。这反映出内蒙古自治区整体区域经济竞争力有待加强。

（六）最弱竞争力省区

竞争力最弱的省区包括甘肃省、青海省、宁夏回族自治区和新疆维吾尔自治区等西部欠发达省份。2012年和2013年区域经济综合竞争力平均得分分别是61.58分和65.08分。以上地区的共同特点是各要素竞争力排名几乎均在20位以后。

第四节 内蒙古自治区区域经济综合竞争力存在的问题

通过前面三节的评价分析可以看出，内蒙古自治区经济综合竞争力在我国除西藏自治区外的30个省市区中排名位于中游，整体竞争优势一般。综合考虑其原因，内蒙古自治区综合竞争力在对外开放、可持续发展、人力资源、金融发展、科技创新以及管理服务等几个方面都存在不同程度的问题，制约了内蒙古自治区经济综合竞争力的有效提升。

内蒙古自治区对外开放竞争力在2012年和2013年连续两年均位列全国倒数第一。随着全球化步伐的加快，内蒙古自治区对外开放进程整体有所加快，对外贸易规模不断扩大。2013年外贸进出口总额接近120亿美元，比2012年增长6.5%。但尽管如此，在"基数低、底子薄"的背景下，内蒙古自治区的对外开放程度仍相对落后，外贸进出口总额对内蒙古自治区经济的贡献度仍然很低，2013年仅占到全区GDP比重的4%，在30个省市区中仅略高于青海省，位列第29位。

内蒙古自治区对外开放的主要特点：边境贸易规模近两年呈现下降趋势，2013年内蒙古自治区边境贸易额为40.3亿美元，占对外贸易总额的33.6%，下降14.8%，其中出口3.96亿美元，增长10.5%，进口36.34亿美元，下降16.9%。进出口方面呈现显著的逆差局面，2013年超过32亿美元，且近期来看，这种逆差局面难以逆转。造成内蒙古自治区边境贸易长期、大量贸易逆差的原因主要在于我国从蒙古国、俄罗斯进口大量的资源性商品，而出口商品主要以日用消费、建材等方面的生活品为主。从贸易方式来看，内蒙古自治区边境小额贸易仍然是支撑。从市场结构来看，市场多元化发展日益成熟，一些新兴市场取得一定进展，但是俄罗斯、蒙古、日本、韩国、美国、欧盟成员国等国家仍是内蒙古自治区的传统市场，总体变化不大。在出口商品结构上，仍然以服装类、食品类等劳动密集型和低附加值商品为主，高新技术商品出口乏力。从对外贸易的主体结构来看，私营企业进出口活力不断增强，国有企业进出口贸易增长迅速。但是我们仍应该注意到，内蒙古自治区与蒙古国、俄罗斯的边境贸易方面存在着较强的互补性，再加上地域、文化、民族认同感等方面的原因，内蒙古自治区在边境贸易方面具有较大的潜力可挖。

在利用外资方面，内蒙古自治区直接利用外资保持平稳增长，资金规模进一步扩大，外资渠道进一步拓展，有效地缓解了内蒙古自治区建设资金的不足，也带来了先进的技术、新的观念和管理思想，为内蒙古自治区产业与技术升级起到了积极的作用。

尽管内蒙古自治区对外开放程度不断发展壮大，但仍然存在许多问题。主要表现在以下几个方面：第一，内蒙古自治区对外开放与全国平均水平差距明显，经济开放程度仍然较低，特别是对外贸易、利用外资规模小、层次低，结构不合理等方面的问题十分突出，发展水平已经落后于西部其他省市区。第二，内蒙古自治区招商引资成效不显著，内蒙古自治区各地区虽然先后出台了许多优惠政策来提高引资规模，但是由于内蒙古自治区受特定的经济、社会、地理、环境等因素的制约，吸引外资的规模仍很小，对高层次人才、技术、设备引进不足。第三，内蒙古自治区投资环境有待进一步优化，特别是软环境方面，内蒙古自治区还没有形成一套系统完善的体制机制。例如，在口岸建设投入机制方面，各级政府没有形成合力，投入仍显不足。国内外合作平台建设方面，跨境经济合作局面仍没有有效形成，综合保税区建设步伐落后于其他沿边省区。在政府间协调机制方面，跨境经济合作区的设立、基础设施的对接、口岸通关的协调等方面还缺乏国家层面的对话协商机制。第四，对外贸易结构不合理，内蒙古自治区对外贸易的主要支撑要素是进口，主要集中于蒙俄边境小额贸易。进口商品主要以能源、原材料为主，而在整个产业链中，内蒙古自治区主要承担的是对原辅材料的初低级加工，增值率较低，出口商品同样多以低附加值产品为主，结构层次不合理。第五，对外贸易企业整体实力较弱，开拓国际市场的方式过于单一，多以资源型、粗放型经营企业为主，容易导致同类型企业的恶性竞争力。第六，内蒙古自治区利用外资的质量和效益差，渠道少。当前内蒙古自治区利用外资规模较小，具有一定规模的项目较少，缺乏跨国型大企业和公司的进入，而能提升内蒙古自治区经济质量、经济结构和技术水平的企业和项目就更少。

在可持续发展竞争力方面，2012年和2013年，内蒙古自治区在全国的排名分别为第24位和第28位。下降幅度较大。在"十一五"时期以及"十二五"前期，内蒙古自治区以能源、化工、冶金建材、农畜产品加工为主导的资源型产业不断发展壮大,已经成为我国重要的能源、重化工业、农畜产品加工业基地,但是也对内蒙古自治区当前产业结构的调整、经济的可持续发展以及环境生态问题带来了重要的影响。特别是,随着我国当前经济形势的下行,国内部分行业产能过剩以及对资源环境的日益重视,将进一步加剧内蒙古自治区资源型产业发展带来的影响。因此在今后一个时期,在加快转变经济增长模式的大前提下,实现资源型产业的转型升级,实现经济的可持续发展为重中之重。就当前内蒙古自治区经济的可持续发展来看,主要面临以下几个方面的问题:首先,从资源利用来看,内蒙古自治区存在着大量资源浪费、利用率低下的问题,从原因来看,自然资源定价不合理,刺激了资金大量投入自然资源外延式扩大再生产,进一步导致不合理的资源消费模式。其次,内蒙古自治区资源型产业投资不适度,规模适度是保证资源与环境可持续发展的重要原因,但是过去几十年里,由于缺乏规划以及对产业结构、环境污染等方面问题的重视不够,使得内蒙古自治区在能源开发、利用以及生态环境方面大多存在开发、发展规模不合理等问题,例如对土地资源的掠夺式发展加重了土地贫瘠化、草场退化等问题,资源开发以及产业结构不合理导致能源消耗严重,污染问题突出,破坏了资源、环境的整体优化问题。最后,资源开发效应较低,由于受到资源型产业发展战略导向的影响,又缺少相关的发展规划,导致内蒙古自治区产业链发展不完善,多以产品的初级加工为主,而非资源型产业和新兴产业发展不足,产业关联度低,开发效益低,导致经济的可持续竞争力发展不足。最后,从环境保护来看,由于内蒙古自治区本身处于内陆地区,干旱缺水,加上对环境问题的意识相对落后,资金投入落后于经济增长水平,一度资源利用过度化,造成地下水位大幅下降、土地沙漠化和土壤污染等较为严重的生态环境问题。

人力资源方面来看,2012年和2013年内蒙古自治区排名分别位于第22位和第24位,有一定的下降趋势。就全国来看,人力资源竞争力处于全国下游位置,竞争力较弱。近些年,随着内蒙古自治区经济的快速发展,人民生活水平的不断提高,人力资源的开发也取得了不错的发展成绩,但是受制于地域、经济水平、高等教育水平发展等方面的因素,人力资源发展仍不能很好地满足经济社会发展的要求。综合来讲,主要存在以下几个方面的问题:首先,内蒙古自治区人力资源总体素质偏低,与经济持续快速发展的要求不相适应。当前人力资源受教育水平整体不高,主要以高中以下水平为主,远不能满足产业结构调整,高新技术产业发展,以及经济发展模式转变的需求,大学以上学历人口的不足,导致经济发展的创新能力不足、就业压力大等一系列问题。其次,内蒙古自治区高素质的专业技术人才和高技能人才短缺与推进新型工业化和发展优势特色产业的需求不相适应。这里主要体现在:一方面是总量不足,工人队伍中专业技术人员特别是掌握高科技技能人员比重较低,无法满足企业需求。另一方面是知识和能力结构不匹配,现有专业技术人才的知识和能力存在一定程度的老化,不能适应新技术、新型产业的发展需求;此外,现有高技术人才队伍的职称结构不合理,高级人才比例偏低。最后,内蒙古自治区人才流失现象同样比较严重,一方面,由于大量就读于外地的内蒙古自治区生源地的大学生毕业后大多选择在外就业,另一方面,由于受到经济发达地区的优厚待遇的吸引,大量高级人才、技术骨干流失。从原因来看,一方面,内蒙古自治区教育方面的投入不足,发展滞后,高等院校的专业设置不合理,导致经济社会发展急需的人才不足,而传统的产业人才培养过剩,供求结构不合理;另一方面,内蒙古自治区市场配置人力资源的基础性作用远没有充分发挥作用,户籍、档案、身份等仍然是阻碍人才流动的主要障碍,而人才引进政策、手续等僵化也进一步阻碍了人才的吸引程度。此外,较低的人口自然增长率和城镇化比例也是导致内蒙古自治区人力资源竞争力排名较低的原因。

在金融发展方面,2012 年和 2013 年内蒙古自治区在全国 30 个省市区中分别位列第 21 位和第 19 位,排名有小幅上升。处于全国中游偏下和下游偏上位置,竞争优势较弱。金融是现代经济的核心,一个健康的金融体系将对区域经济的发展起到强有力的推动作用。"十一五"以来,内蒙古自治区地区先后出台了《内蒙古自治区人民政府关于自治区金融生态环境建设的指导意见》、《内蒙古自治区人民政府办公厅关于印发金融稳定协调机制工作方案的通知》和《关于进一步加强内蒙古自治区金融稳定工作的意见》等多个重要文件,支持和推动了金融改革。即使在全球金融危机爆发后,为应对危机产生的不利影响,内蒙古自治区党委和政府认真贯彻货币政策,采取积极有效的金融宏观调控政策,确保了自治区金融业快速、稳定、健康发展。内蒙古自治区金融行业的发展取得了显著进步。但同时,我们也应看到,内蒙古自治区金融业发展中存在一些不容忽视的问题。主要表现在以下几个方面:首先,内蒙古自治区金融产业发展规模偏小,金融市场成熟度不足。从存贷款总额来看,不足广东的 1/6,和北京相比也不足 1/3。其次,内蒙古自治区内部金融也发展极不平衡,东西部之间发展极不平衡,呼包鄂三地发展程度较高,而东部地区发展程度较低。最后,内蒙古自治区融资环境有待改善,内蒙古自治区发放贷款手续烦琐,周期较长。商业银行大量淡出农村牧区金融市场后,贷款门槛高、利率也高。大小企业之间和不同所有制之间也存在不平衡。新增贷款比较多地集中于大企业、大项目和政府性基础设施建设,中小企业和私营企业融资环境还没有得到根本性改善,特别是小企业融资难问题十分突出。从原因来看,金融与经济的基本关系是经济决定金融。表现为经济发展水平决定着金融规模,经济发展结构决定金融结构,主要是由于地区经济规模太小，导致金融发展规模不足；另外，内蒙古自治区行业结构和地区结构发展不协调导致内蒙古自治区金融发展潜力不足。此外，内蒙古自治区金融融资失衡，也是导致内蒙古自治区金融发展滞后的主要因素。

在科技创新方面，2012年和2013年，内蒙古自治区在全国30个省市区中皆排名第23位，排名较为稳定，处于全国下游区位，竞争优势较低。自改革开放以来，尤其是"西部大开发战略的实施"，内蒙古自治区整体科技水平有了明显的进步，但在全国来看仍处于发展较为落后的水平。从存在的问题来看，当前内蒙古自治区虽然从事科研的人数以及科研机构数不断增加，但是成果不多，专利、发明数远落后于全国平均水平。另外，专业技术人才的紧缺以及企业的需求之间存在明显矛盾，尤其是企业专业技术人员紧缺，人才结构不合理，技术创新能力不足。从问题的原因来看，一方面，内蒙古自治区对科技创新支持投入不足导致的，从评价指标来看，内蒙古自治区每万人科技活动人员不足两人，排名第17位，R&D经费占GDP比重仅为0.69%，在全国排名倒数第6位，是全国最低的省区之一，这对内蒙古自治区技术进步影响较为严重；另一方面，内蒙古自治区拥有自主知识产权的企业较少，技术储备不足，技术创新能力不稳定，不能持续稳定地促进技术进步，难以形成科技竞争力。

在管理服务方面，2012年和2013年，内蒙古自治区在全国30个省市区中排名分别位列第24位和第21位，排名稍有上升，但一直处于劣势水平。从存在的问题来看，虽然近些年内蒙古自治区经济一直保持了较高的增速，政府财政收入显著提高，但是政府投资增长太快，导致财政自给率较低。此外，内蒙古自治区的失业率水平较高。从形成原因来看，主要是内蒙古自治区近年经济增长主要依靠政府投资拉动，而内需拉动以及民营经济活力不足，财政收入增长乏力。此外，内蒙古自治区工业产业结构较为单一，主要以煤重化工为主，而随着近年煤炭、有色金属销量和价格下跌影响，导致财政收入下降或增长乏力的主要原因。

第四章

内蒙古自治区区域经济综合竞争力评价——全区视角

本书第三章将内蒙古自治区置于全国范围内,将内蒙古自治区经济综合竞争力以及各要素竞争力与其他省市、自治区进行了横向比较,并在2012年和2013年进行了纵向对比分析。评价结果显示,内蒙古自治区对外开放、可持续发展、人力资源、金融发展、科技创新与管理服务等要素竞争力均位列全国20名以后,排名比较靠前的只有经济实力、基础设施和人民生活水平三要素,产业结构竞争力则由2012年的全国第4位下降为2013年的全国第14位。以上要素竞争力的共同结果使内蒙古自治区区域经济综合竞争力在全国的排名由2012年的第15位下降为2013年的第18位,整体上在全国中下游且有较大的下降趋势。

本章将研究视角移回至自治区内,依据2012年、2013年全区12个盟市的数据,从12个盟市的层面上研究内蒙古自治区各盟市区域经济综合竞争力以及各要素竞争力在全区的地位、相对水平以及优劣势。

第一节 内蒙古自治区区域经济综合竞争力静态评价分析

本节将依据2013年内蒙古自治区12盟市的数据,从盟市的层面上研究内蒙古自治区区域经济综合竞争力以及各要素竞争力在全区的地位、相对水平以及优劣势。

一、内蒙古自治区各要素竞争力评价分析

(一)内蒙古自治区各盟市经济实力竞争力评价分析

2013年内蒙古自治区各盟市经济实力竞争力评价指数以及排名见表4-1、图4-1和图4-2。

表4-1 2013年内蒙古自治区区域经济实力竞争力指数及排名

地区	包头市	呼和浩特市	鄂尔多斯市	阿拉善盟	乌海市	呼伦贝尔市	锡林郭勒盟	通辽市	赤峰市	巴彦淖尔市	乌兰察布市	兴安盟
指数	100	96.9	96.5	81.5	78.2	75.5	74.9	72.9	72.4	67.8	66.2	60
排名	1	2	3	4	5	6	7	8	9	10	11	12

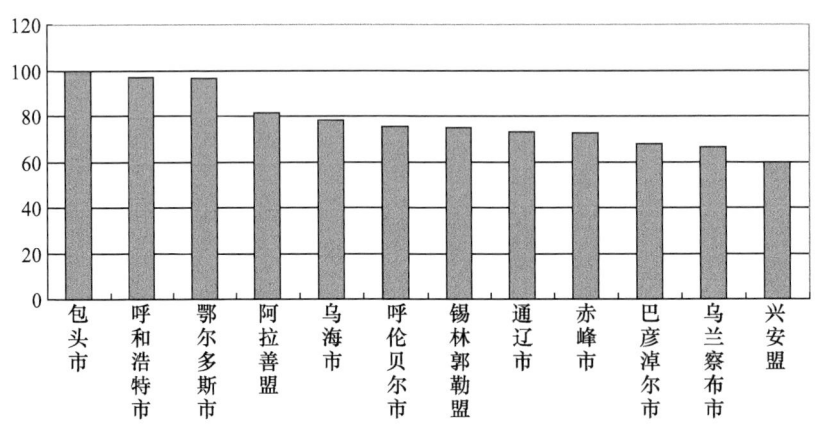

图4-1 2013年内蒙古自治区区域经济实力竞争力指数柱形图

从排名情况来看,包头市位列第1位,呼和浩特市和鄂尔多斯市分别位列第2位、第3位。以上3市经济实力竞争力得分都在90分以上,在12个盟市中位于领先地位,体现了"呼包鄂"城市群的发展优势。除"呼包鄂"3市外,位于

前4位的盟市还包括阿拉善盟，虽然经济实力竞争力落后于"呼包鄂"3市，但是与其他盟市相比仍具有较为明显的竞争优势。排名位于第5～9位的依次是乌海市、呼伦贝尔市、锡林郭勒盟、通辽市和赤峰市。排名处于第10～12位的依次是巴彦淖尔市、乌兰察布市和兴安盟。

从指数得分情况来看，排名第一的包头市为100分，紧随其后的呼和浩特市和鄂尔多斯市得分分别是96.9分和96.5分，分值很接近，领先优势明显。"呼包鄂"城市群位于内蒙古自治区中西部的核心区，地处黄河两岸，是内蒙古自治区最重要的经济圈和城市带。2000年，内蒙古自治区确立了以"呼包鄂"为核心的经济圈发展战略，"呼包鄂"3市依托得天独厚的地理优势以及便利的交通优势，经济发展水平在几年内迅速发展成为自治区内的"领头羊"，被称为内蒙古自治区"金三角"。呼和浩特市是内蒙古自治区首府，是自治区政治、经济和文化中心；包头市是内蒙古自治区最大的城市，也是内蒙古自治区最大的工业城市，经济发展的"火车头"；鄂尔多斯市则是新兴的草原都市，近年来搭乘自治区区域政策的"顺风车"，社会经济迅速发展成为自治区"前三甲"。2013年，鄂尔多斯市的地区生产总值及人均地区生产总值均位列全区第一，分别达到3956亿元和196728元。竞争力指数得分为80～90分的只有阿拉善盟，阿拉善盟的地区生产总值及全社会消费零售总额在12个盟市中处于最低，但在人均水平上仅次于"呼包鄂"地区，且增长率也较高，所以整体经济实力竞争力比较靠前。竞争力指数得分为70～80分的地区有乌海市、呼伦贝尔市、锡林郭勒盟、通辽市

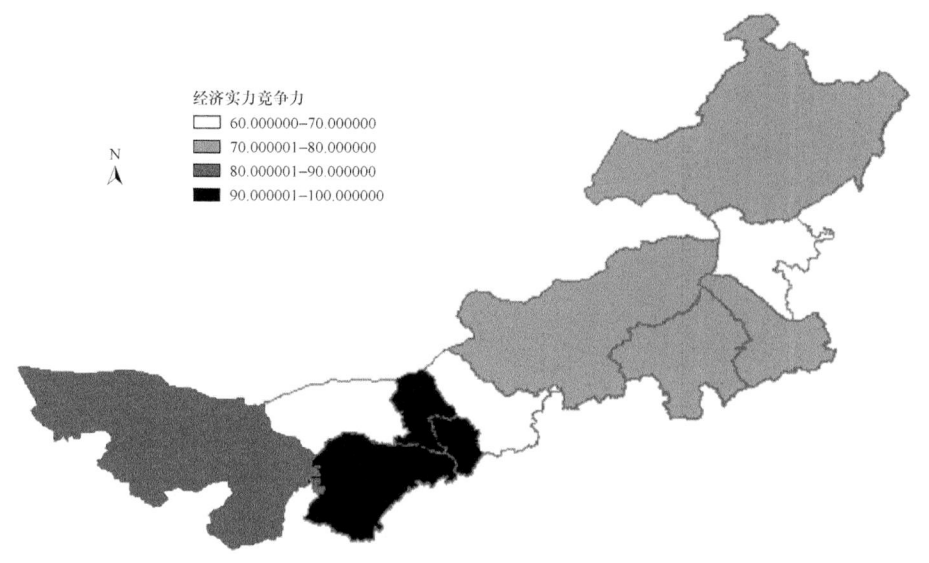

图4-2　2013年内蒙古自治区区域经济实力竞争力指数分布图

和赤峰市,且分值差距不大。与"呼包鄂"3市相比,东部盟市的工业化进程相对较为缓慢,第一产业所占比重较高,经济活力不足。竞争力指数得分为60~70分的有3个盟市,分别是巴彦淖尔市、乌兰察布市和兴安盟,这3个地区的生产总值及全社会消费总额位列全区后3位,人均值也不高,所以导致了经济实力竞争力的落后。

从内蒙古自治区各盟市经济实力竞争力分布特点来看,以"呼包鄂"组成的金三角蒙中地区①经济实力竞争力最强,而蒙东和蒙西地区相对发展滞后,总体呈现"中部凸起,两翼滞后"的局面。

(二) 内蒙古自治区各盟市产业结构竞争力评价分析

2013年内蒙古自治区各盟市产业结构竞争力评价指数以及排名见表4-2、图4-3和图4-4。

表4-2 2013年内蒙古自治区区域产业结构竞争力指数及排名

地区	鄂尔多斯市	包头市	呼和浩特市	乌海市	阿拉善盟	锡林郭勒盟	通辽市	呼伦贝尔市	乌兰察布市	赤峰市	巴彦淖尔市	兴安盟
指数	100.0	94.9	94.0	88.4	87.9	83.6	74.9	74.5	74.3	71.3	69.1	60
排名	1	2	3	4	5	6	7	8	9	10	11	12

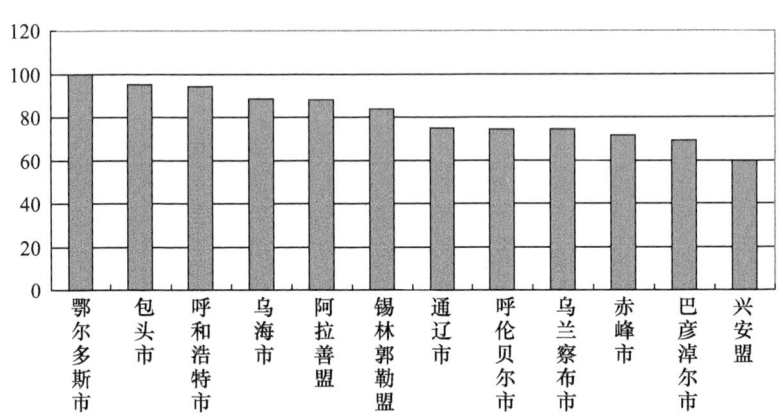

图4-3 2013年内蒙古自治区区域产业结构竞争力指数柱形图

---

① 以行政区划为基础,内蒙古自治区分为蒙东、蒙中和蒙西地区。蒙东地区包括呼伦贝尔市、兴安盟、通辽市、锡林郭勒盟、赤峰市;蒙中地区包括呼和浩特市、包头市、鄂尔多斯市、乌兰察布市;蒙西地区包括巴彦淖尔市、乌海市、阿拉善盟。

第四章　内蒙古自治区区域经济综合竞争力评价——全区视角

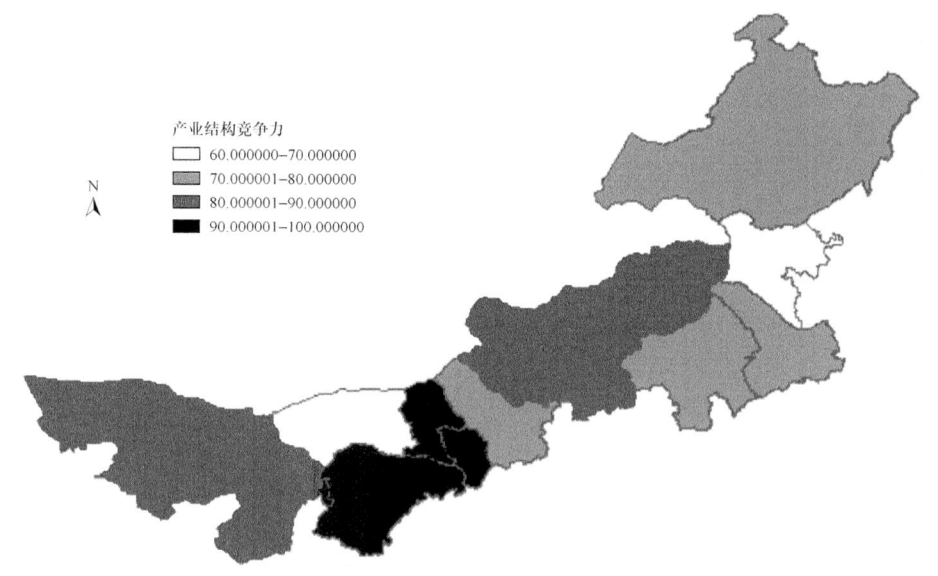

图 4-4　2013 年内蒙古自治区区域产业结构竞争力指数分布图

从排名情况来看，鄂尔多斯市位列第 1 位，包头市、呼和浩特市分别位列第 2 位、第 3 位，产业结构竞争力排名同样体现了"呼包鄂"城市群的发展优势。除鄂尔多斯市、包头市和呼和浩特市外，产业结构竞争力相对较强的还包括乌海市和阿拉善盟，竞争力得分均在 87 分以上。乌海市作为内蒙古自治区新型的工业化城市，第一产业占比相对较低，体现了较高的产业结构竞争力。竞争力排名处于第 6～10 位的依次是锡林郭勒盟、通辽市、呼伦贝尔市、乌兰察布市、赤峰市。排名最后两位的是巴彦淖尔市和兴安盟，得分在 70 分以下。

从指数得分来看，90 分以上的有"呼包鄂"三个地区，包头、呼和浩特市分数很接近，鄂尔多斯市在产业结构竞争力方面的优势主要体现在第二产业、第三产业增加值占 GDP 比重及工业企业全员劳动生产率这两个指标上，包头市和呼和浩特市在第二产业、第三产业增加值占 GDP 比重值较大，提升了整体竞争力水平。竞争力指数在 80～90 分的有乌海市、阿拉善盟和锡林郭勒盟；70～80 分的有通辽市、呼伦贝尔市、赤峰市和乌兰察布市，分值很接近，基本无差异，说明这 4 个区域的产业结构竞争力水平相当；60～70 分的有巴彦淖尔市和兴安盟，这两个区域的第二产业、第三产业增加值占 GDP 比重值最低，拉低了产业结构竞争力水平。

从产业结构竞争力分布特点来看，内蒙古自治区各盟市的产业结构竞争力分布和经济实力竞争力分布特点较为接近，同样呈现出"中部凸起，两翼滞后"

的局面。以"呼包鄂"金三角构成的蒙中地区产业结构竞争力最强,而蒙东和蒙西地区相对发展滞后。

(三)内蒙古自治区各盟市对外开放竞争力评价分析

2013年内蒙古自治区各盟市对外开放竞争力评价指数以及排名见表4-3、图4-5和图4-6。

表4-3 2013年内蒙古自治区区域对外开放竞争力指数及排名

地区	锡林郭勒盟	呼伦贝尔市	巴彦淖尔市	呼和浩特市	包头市	鄂尔多斯市	阿拉善盟	赤峰市	通辽市	乌兰察布市	兴安盟	乌海市
指数	100.0	96.3	91.6	83.9	82.6	77.6	76.9	73.9	67.2	62.6	61.3	60.0
排名	1	2	3	4	5	6	7	8	9	10	11	12

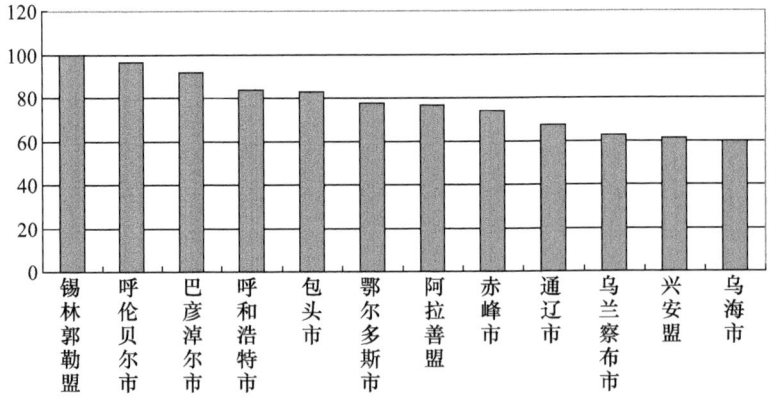

图4-5 2013年内蒙古自治区区域对外开放竞争力指数柱形图

从排名情况来看,锡林郭勒盟位列第1位,呼伦贝尔市、巴彦淖尔市以及呼和浩特市分别位列第2~4位,处于第5~8位的依次是包头市、鄂尔多斯市、阿拉善盟和赤峰市,排名处于第9~12位依次是通辽市、乌兰察布市、兴安盟和乌海市。

从指数得分来看,90分以上的有锡林郭勒盟、呼伦贝尔市和巴彦淖尔市3个地区。锡林郭勒盟人均进出口总额及进出口总额占GDP比重值较大,提升了整体竞争力;呼伦贝尔市2013年的进出口总额最高;巴彦淖尔市进出口总额占GDP比重仅次于锡林郭勒盟。指数在80~90分的有呼和浩特市和包头市,呼和浩特市2013年的进出口总额增长率为负值,相对拉低了呼和浩特市的对外开放竞争力。70~80分的有鄂尔多斯市、阿拉善盟和赤峰市,分值差距不大。60~

70 分的有通辽市、乌兰察布市、兴安盟和乌海市。从内蒙古自治区各盟市的对外开放竞争力来看，大多数盟市的对外开放竞争力指数相对较低，这与多个地区2013 年进出口总额增长率为负值（且对数值较大）有关。

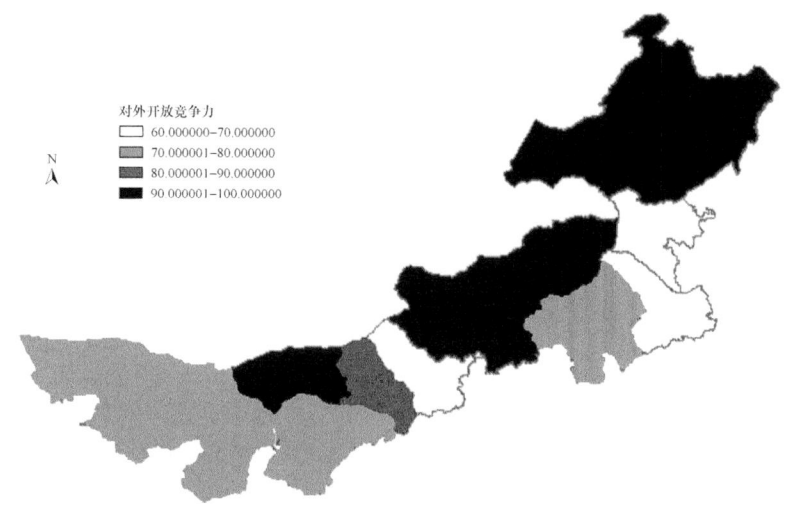

图 4-6　2013 年内蒙古自治区区域对外开放竞争力指数分布图

从 2013 年各盟市的对外开放竞争力分布特点来看，与各盟市的经济实力竞争力分布差异较大，相关度不高，而一些具有边境贸易口岸特征的盟市对外开放竞争力较强。此外，巴彦淖尔市依赖农副产品的出口优势保持了较强的对外开放竞争力。

（四）内蒙古自治区各盟市可持续发展竞争力评价分析

2013 年内蒙古自治区各盟市可持续发展竞争力评价指数以及排名见表 4-4、图 4-7 和图 4-8。

表 4-4　2013 年内蒙古自治区区域可持续发展竞争力指数及排名

地区	通辽市	兴安盟	呼伦贝尔市	包头市	阿拉善盟	呼和浩特市	赤峰市	锡林郭勒盟	鄂尔多斯市	乌兰察布市	巴彦淖尔市	乌海市
指数	100.0	96.4	96.3	92.7	91.8	91.3	91.3	87.5	86.9	79.5	79.5	60.0
排名	1	2	3	4	5	6	7	8	9	10	11	12

从排名情况来看，排名前 4 位的盟市依次是通辽市、兴安盟、呼伦贝尔市和

包头市；排名处于第 5~8 位的依次是阿拉善盟、呼和浩特市、赤峰市和锡林郭勒盟；排名处于第 9~12 位的依次是鄂尔多斯市、乌兰察布市、巴彦淖尔市以及乌海市。

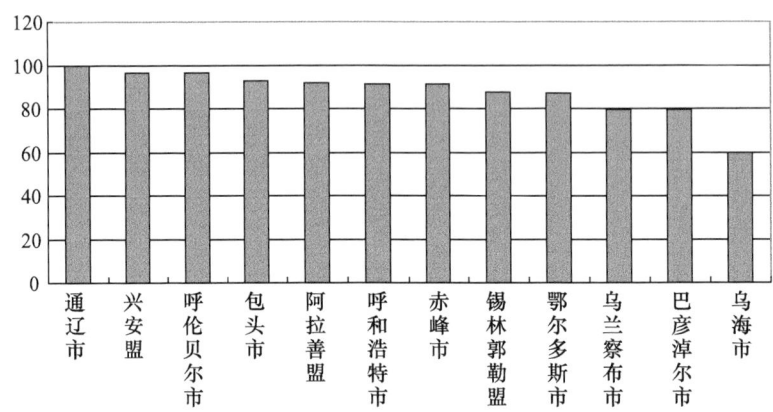

图 4-7 2013 年内蒙古自治区区域可持续发展竞争力指数柱形图

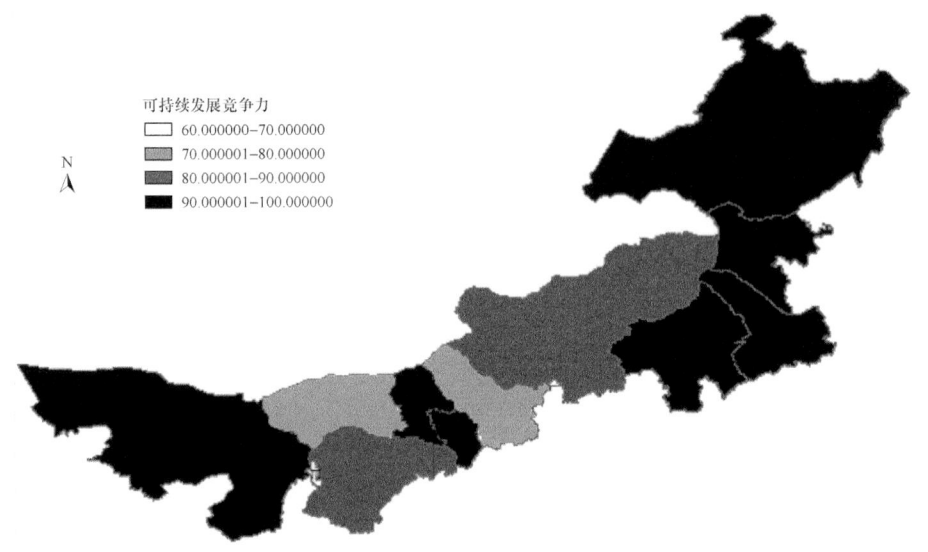

图 4-8 2013 年内蒙古自治区区域可持续发展竞争力指数分布图

从竞争力指数得分来看，90 分以上的有 7 个盟市，说明内蒙古自治区大部分区域的可持续发展竞争力都比较强。通辽市排名首位，兴安盟和呼伦贝尔市的指数很接近，都约为 96 分；包头市和阿拉善盟在 92 分左右，呼和浩特市和赤峰市的指数相同,均为91.3分。指数在80~90分的有锡林郭勒盟和鄂尔多斯市,都在87分左右。乌兰察布市和巴彦淖尔市的指数相同,都为79.5分。乌海市指数最低,为60分,与其他地区的差距较大。乌海市作为内蒙古自治区新崛起的工业化城市,依托丰富的自然资源环境,近年经济发展较为快速,在内蒙古自治区名列前茅。但是经济增长方式较为单一,经济发展的效率比较低,仍以资源、能源驱动型经济为主,产业结构仍然不合理。产业结构的不合理导致乌海市社会经济发展对生态环境破坏严重。森林破坏、草地退化、土地河流以及空气方面的污染都比较严重,这些生态环境方面的问题严重阻碍了乌海市的可持续发展进程。

从2013年内蒙古自治区各盟市可持续发展竞争力的分布特点来看,各盟市的可持续发展竞争力分布和产业结构竞争力的分布大体呈现相反态势,一些产业结构竞争力较弱的盟市,可持续发展竞争力较强,例如通辽市、兴安盟以及呼伦贝尔市。这主要是与这些盟市经济发展相对落后,总量较小,三大产业中,第一产业、第三产业所占比重较大,而第二产业发展不足有关。呼和浩特市和包头市的可持续发展同样保持了较强的竞争优势,主要依赖于其产业结构的调整和转型,保持了经济发展的可持续性。此外,需要指出的是,鄂尔多斯市和乌海市两个能源型城市,虽然保持了较好的经济发展态势,但是发展的过程中效益不高,经济发展更多是以高能耗、高污染为代价。

(五) 内蒙古自治区各盟市人力资源竞争力评价分析

2013年内蒙古自治区各盟市人力资源竞争力评价指数以及排名见表4-5、图4-9和图4-10。

表4-5 2013年内蒙古自治区区域人力资源竞争力指数及排名

地区	呼和浩特市	包头市	阿拉善盟	鄂尔多斯市	锡林郭勒盟	乌海市	呼伦贝尔市	通辽市	巴彦淖尔市	兴安盟	乌兰察布市	赤峰市
指数	100.0	77.0	73.2	70.9	68.8	66.5	65.4	62.4	61.0	60.4	60.2	60.0
排名	1	2	3	4	5	6	7	8	9	10	11	12

从人力资源竞争力排名情况来看,呼和浩特市位列第1位,第2~4位的依次是包头市、阿拉善盟和鄂尔多斯市。排名第5~8位的依次是锡林郭勒盟、乌海市、呼伦贝尔市和通辽市。排名第9~12位的依次是巴彦淖尔市、兴安盟、乌兰察布市和赤峰市。

从指数得分来看,呼和浩特市最高,且遥遥领先于其他盟市。其他11个盟市的人力资源竞争力指数得分均位于60~80分,得分由高到低依次是包头市、阿拉善盟、鄂尔多斯市、锡林郭勒盟、乌海市、呼伦贝尔市、通辽市、巴彦淖尔市、兴安盟、乌兰察布市和赤峰市。多个盟市较低的指数值说明整个内蒙古自治区的人力资源竞争力处于较低水平，竞争力偏低。从评价指标上看，除呼和浩特市外，其他盟市的人力资源竞争力偏低，主要是由于高等学校学生数、专任教师数及人均教育经费偏低，人口外流等原因导致人口自然增长率偏低，综合反映到人力资源方面，导致人力资源竞争力指数得分较低。

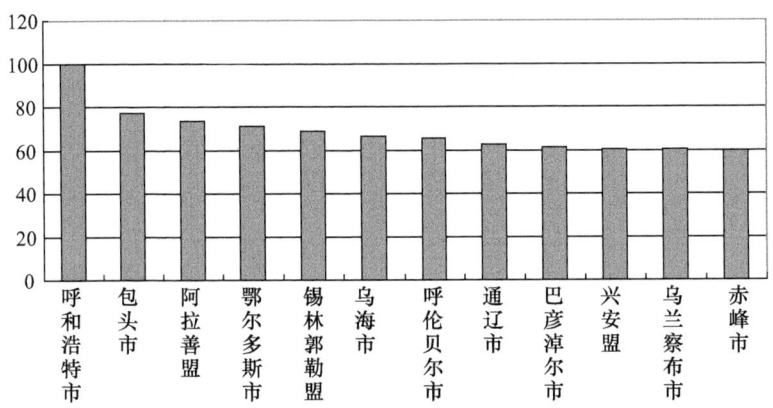

图 4-9　2013 年内蒙古自治区区域人力资源竞争力指数柱形图

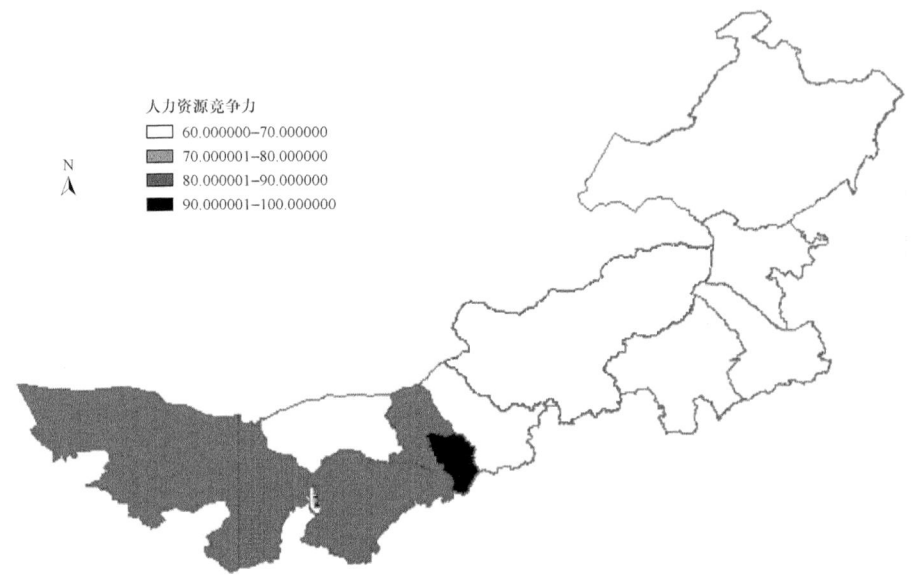

图 4-10　2013 年内蒙古自治区区域人力资源竞争力指数分布图

从人力资源竞争力排名分布特点来看，人力资源竞争力的分布和经济实力竞争力排名态势基本吻合。经济实力较强的盟市，人力资源竞争力排名也相对靠前。体现了经济发达地区对于人才的吸引，以及内蒙古自治区当前人口流动的特征。阿拉善盟的人力资源竞争力之所以排名全区第3位，主要是由于人口自然增长率、人均教育经费支出和万人高等学校专任教师数3项指标排名较为靠前。

（六）内蒙古自治区各盟市金融发展竞争力评价分析

2013年内蒙古自治区各盟市金融发展竞争力评价指数以及排名见表4-6、图4-11和图4-12。

表4-6 2013年内蒙古自治区区域金融发展竞争力指数及排名

地区	呼和浩特市	鄂尔多斯市	乌海市	包头市	阿拉善盟	锡林郭勒盟	巴彦淖尔市	呼伦贝尔市	赤峰市	乌兰察布市	兴安盟	通辽市
指数	100.0	96.0	80.9	78.5	76.2	66.1	66.1	66.0	64.9	61.3	60.1	60.0
排名	1	2	3	4	5	6	7	8	9	10	11	12

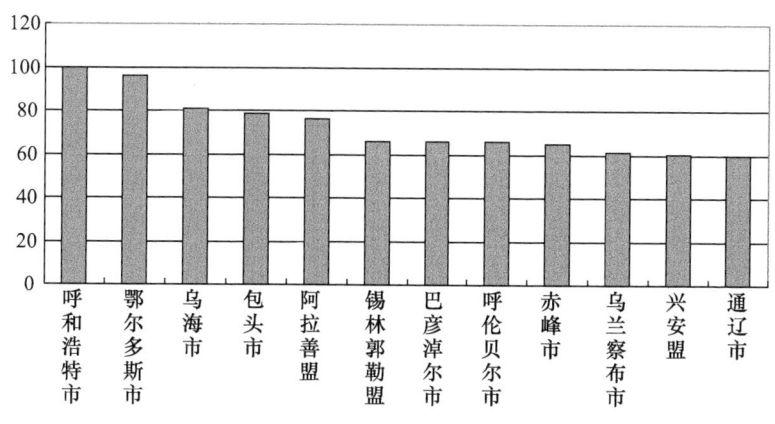

图4-11 2013年内蒙古自治区区域金融发展竞争力指数柱形图

从排名情况来看，呼和浩特市排名第1位，鄂尔多斯市、乌海市以及包头市分别位列第2~4位。排名处于第5~8位的依次是阿拉善盟、锡林郭勒盟、巴彦淖尔市以及呼伦贝尔市。排名处于第9~12位的依次是赤峰市、乌兰察布市、兴安盟和通辽市。

从指数得分看，90~100分的区域有2个，分别是呼和浩特市和鄂尔多斯市；80~90分的区域仅有1个，是乌海市，为80.9分；70~80分的区域有包头市和阿拉善盟，均值为77.4分；60~70分的区域有7个，分别是锡林郭勒盟、巴彦淖尔市、呼伦贝尔市、赤峰市、乌兰察布市、兴安盟和通辽市，均值为63.5分。

图4-12 2013年内蒙古自治区区域金融发展竞争力指数分布图

从内蒙古自治区各盟市金融发展竞争力排名来看，其特点接近于各盟市经济实力的排名分布，整体上呈现"中部凸起，两翼滞后"的局面。这一特征也体现了金融发展对地区经济发展的支持作用以及两者发展的一致性。近几年，内蒙古自治区各盟市金融发展态势良好，各大中小企业得到金融支持的渠道在增加，金融政策也在不断完善，更好地趋向于自治区经济发展。但是大部分地区存在的问题也较突出，例如，存款余额及增速减少，金融机构资金来源紧张；保险业在经济相对落后地区的发展相对滞后，在保费收入、保险密度及保险深度方面存在显著差异。

（七）内蒙古自治区各盟市区域科技创新竞争力评价分析

2013年内蒙古自治区区域科技创新竞争力评价指数以及排名见表4-7、图4-13和图4-14。

从排名情况来看，呼和浩特市排名第1位，阿拉善盟和兴安盟分别位列第2位、第3位。其他地区的指数分值很接近，差距不大，第4~12位的依次为锡林郭勒盟、巴彦淖尔市、呼伦贝尔市、通辽市、鄂尔多斯市、乌兰察布市、赤峰市、乌海市和包头市。

第四章 内蒙古自治区区域经济综合竞争力评价——全区视角

表4-7 2013年内蒙古自治区区域科技创新竞争力指数及排名

地区	呼和浩特市	阿拉善盟	兴安盟	锡林郭勒盟	巴彦淖尔市	呼伦贝尔市	通辽市	鄂尔多斯市	乌兰察布市	赤峰市	乌海市	包头市
指数	100.0	68.0	67.3	65.4	64.6	64.2	63.2	62.7	62.4	61.4	60.8	60.0
排名	1	2	3	4	5	6	7	8	9	10	11	12

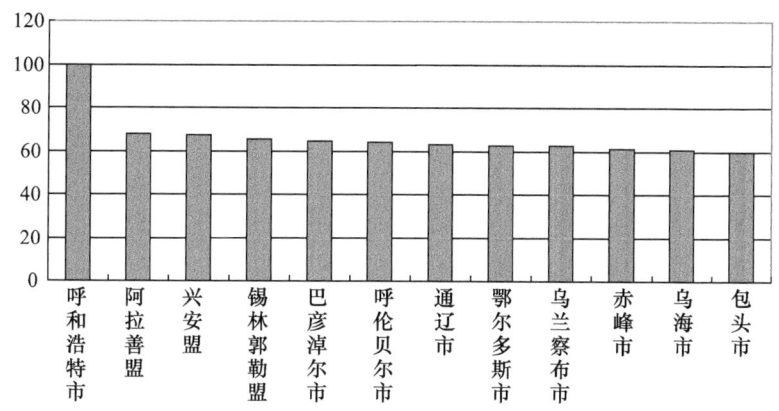

图4-13 2013年内蒙古自治区区域科技创新竞争力指数柱形图

图4-14 2013年内蒙古自治区区域科技创新竞争力指数分布图

从指数得分来看，呼和浩特市分值最高，遥遥领先于其他地区，与其他地区的差距较大，除了呼和浩特市之外的其他11个盟市科技创新竞争力指数得分较为接近，指数值都在60~70分，说明内蒙古自治区整体科技创新竞争力较弱。从评价指标来看，除了呼和浩特市，其他盟市的科技活动人员、科技经费支出及科研机构数都较低，这些地区的3个指标数值与最高的呼和浩特市相差10倍左右，所以科技创新力量主要集中在呼和浩特市，其他地区需加大科研经费支出的力度，积极培养科研人员，并为其提供良好的科研环境，使其在转变经济方式，调整产业结构中发挥科技创新的力量及提高他们在经济增长中的贡献率。

（八）内蒙古自治区区域基础设施竞争力评价分析

2013年内蒙古自治区区域基础设施竞争力评价指数以及排名见表4-8、图4-15和图4-16。

表4-8　2013年内蒙古自治区区域基础设施竞争力指数及排名

地区	阿拉善盟	包头市	赤峰市	鄂尔多斯市	巴彦淖尔市	呼和浩特市	锡林郭勒盟	呼伦贝尔市	通辽市	乌兰察布市	兴安盟	乌海市
指数	100.0	97.6	91.8	90.9	88.6	86.0	84.1	83.4	80.5	71.5	68.2	60.0
排名	1	2	3	4	5	6	7	8	9	10	11	12

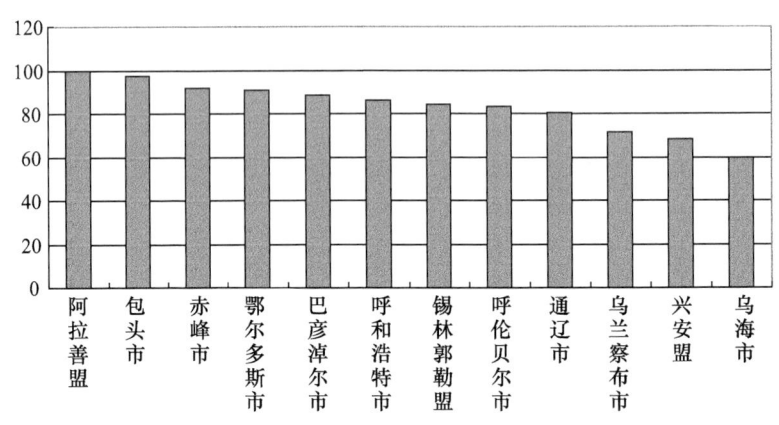

图4-15　2013年内蒙古自治区区域基础设施竞争力指数柱形图

从排名情况来看，阿拉善盟排名第1位，包头市、赤峰市和鄂尔多斯市分别位列第2~4位。其他处于中游区位的区域有巴彦淖尔市、呼和浩特市、锡林郭勒盟和呼伦贝尔市，处于下游区位的区域有通辽市、乌兰察布市、兴安盟和乌海市。

第四章 内蒙古自治区区域经济综合竞争力评价——全区视角

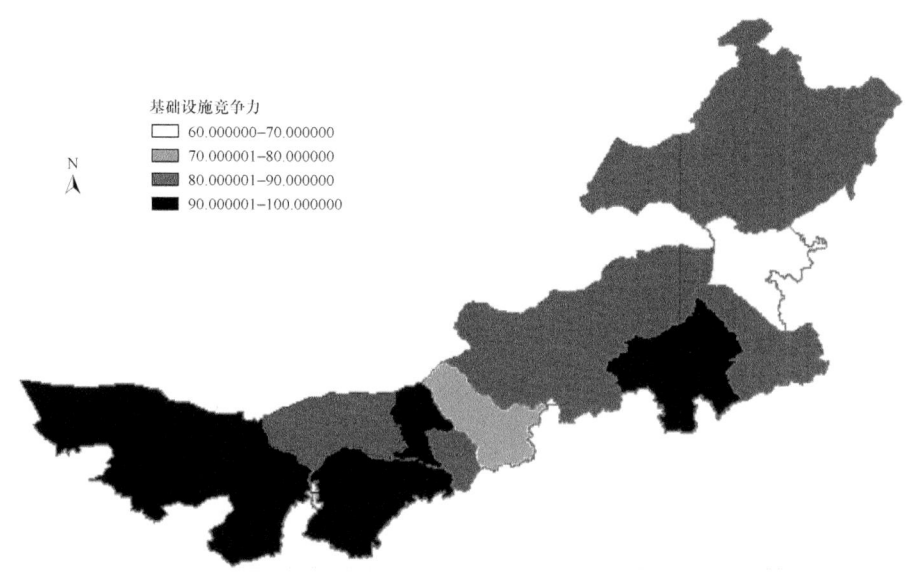

图4-16 2013年内蒙古自治区区域基础设施竞争力指数分布图

从指数得分来看，90~100分的区域有阿拉善盟、包头市、赤峰市和鄂尔多斯市；80~90分的区域有5个，依次是巴彦淖尔市、呼和浩特市、锡林郭勒盟、呼伦贝尔市和通辽市；70~80分的区域只有乌兰察布市；60~70分的区域有兴安盟和乌海市。由此可知，在本书的指标体系框架下，内蒙古自治区各区域基础设施竞争力差距不大，且整体较强。处于较低水平的只有2个盟市：兴安盟和乌海市。阿拉善盟地域广阔，公路长度、电线光缆长度及物资周转量在内蒙古自治区居于首位，提升了其基础设施竞争力水平；乌海市人均公路长度最短，兴安盟物资周转量最低，这与其地理位置及地区经济发展特色密切相关。

从基础设施竞争力排名来看，各盟市基础设施竞争力的强弱和经济实力之间相关度不高，主要依赖于各地区的地理位置以及经济发展特色。

（九）内蒙古自治区区域管理服务竞争力评价分析

2013年内蒙古自治区区域管理服务竞争力评价指数以及排名见表4-9、图4-17和图4-18。

表4-9 2013年内蒙古自治区区域管理服务竞争力指数及排名

地区	鄂尔多斯市	乌海市	阿拉善盟	包头市	锡林郭勒盟	呼和浩特市	巴彦淖尔市	通辽市	赤峰市	呼伦贝尔市	乌兰察布市	兴安盟
指数	100.0	87.0	86.4	80.1	79.3	77.0	73.2	72.8	70.8	68.9	67.5	60.0
排名	1	2	3	4	5	6	7	8	9	10	11	12

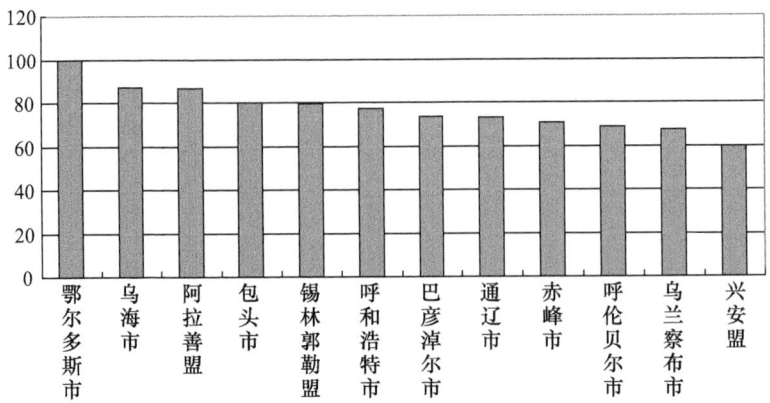

图 4-17　2013 年内蒙古自治区区域管理服务竞争力指数柱形图

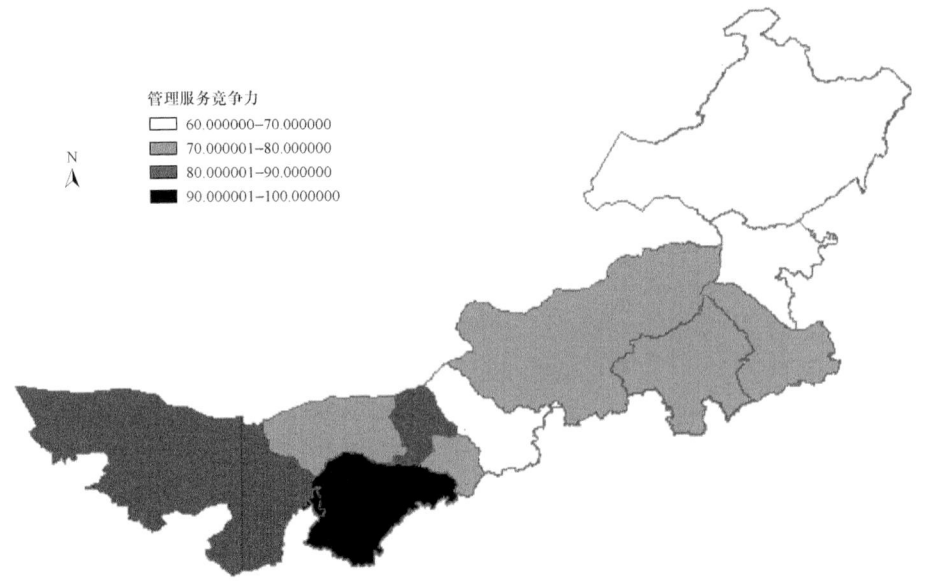

图 4-18　2013 年内蒙古自治区区域管理服务竞争力指数分布图

从排名情况来看，鄂尔多斯市的管理服务竞争力位列全区第 1 位，其次是乌海市、阿拉善盟和包头市；排名处于第 5~8 位的盟市依次是锡林郭勒盟、呼和浩特市、巴彦淖尔市和通辽市；排名处于第 9~12 位的盟市依次是赤峰市、呼伦贝尔市、乌兰察布市和兴安盟。

从指数得分情况来看，90~100 分的区域只有鄂尔多斯市，领先优势明显；80~90 分的区域有 3 个，分别是乌海市、阿拉善盟和包头市；70~80 分的区域有5个,分别是锡林郭勒盟、呼和浩特市、巴彦淖尔市、通辽市和赤峰市;60~70分的区域有3个,分别是呼伦贝尔市、乌兰察布市和兴安盟。从所选指标来看,鄂尔多斯市的财政收入及其占GDP比重和财政自给率在12个盟市中处于最高水平,且失业率处于全区最低,多指标取值优势体现了其管理服务竞争力优势;兴安盟财政收入和财政自给率最低,且失业率全区最高,达4.05%,比最低值高1.31个百分点,综合反映出其最低的管理服务竞争力;指数在60~80分的盟市数量达2/3,说明内蒙古自治区大部分区域的管理服务竞争力不高,有待进一步提升。

从管理服务竞争力排名的分布情况来看,各盟市的管理服务竞争力分布呈现中、西部较强而东部盟市发展较弱的局面,和内蒙古自治区各盟市区域产业发展竞争力分布较为相近。从当前内蒙古自治区区域的经济发展现状来看,较为契合这一特征。内蒙古自治区中西部区域依托丰富的矿产资源,大力推进工业化进程,积极推进了中西部各盟市的产业结构升级,提高了各盟市的产业结构以及经济实力竞争力,而内蒙古自治区东部各盟市产业结构调整较为缓慢。受地域、资源等条件的限制,东部各盟市经济发展特色仍以农牧业产业链为主,产业结构调整落后于中西部各盟市。

(十)内蒙古自治区各盟市人民生活水平竞争力评价分析

2013年内蒙古自治区区域人民生活水平竞争力评价指数以及排名见表4-10、图4-19和图4-20。

表4-10 2013年内蒙古自治区区域人民生活水平竞争力指数及排名

地区	呼和浩特市	鄂尔多斯市	包头市	乌海市	阿拉善盟	巴彦淖尔市	锡林郭勒盟	呼伦贝尔市	通辽市	赤峰市	乌兰察布市	兴安盟
指数	100.0	97.1	93.2	85.0	84.7	78.4	78.2	74.2	69.6	68.0	60.9	60.0
排名	1	2	3	4	5	6	7	8	9	10	11	12

从排名情况来看,内蒙古自治区区域人民生活水平竞争力位列前三甲的区域仍然是呼和浩特市、鄂尔多斯市和包头市,除"呼包鄂"3市外,乌海市位列第4位;排名处于第5~8位的盟市依次是阿拉善盟、巴彦淖尔市、锡林郭勒盟和呼伦贝尔市;排名处于第9~12位的盟市依次是通辽市、赤峰市、乌兰察布市和兴安盟。

从指数得分情况来看,90~100分的区域为"呼包鄂"金三角区;80~90分的区域有乌海市和阿拉善盟,指数都约为85分;70~80分的区域有巴彦淖尔市、锡林郭勒盟和呼伦贝尔市;60~70分的区域有通辽市、赤峰市、乌兰察布市和兴

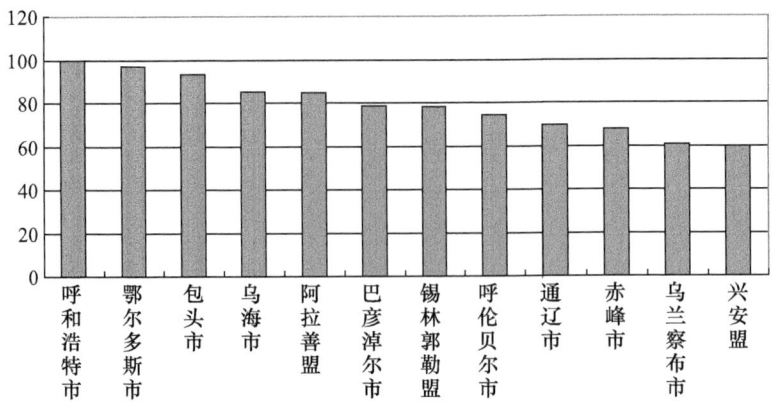

图 4-19　2013 年内蒙古自治区区域人民生活水平竞争力指数柱形图

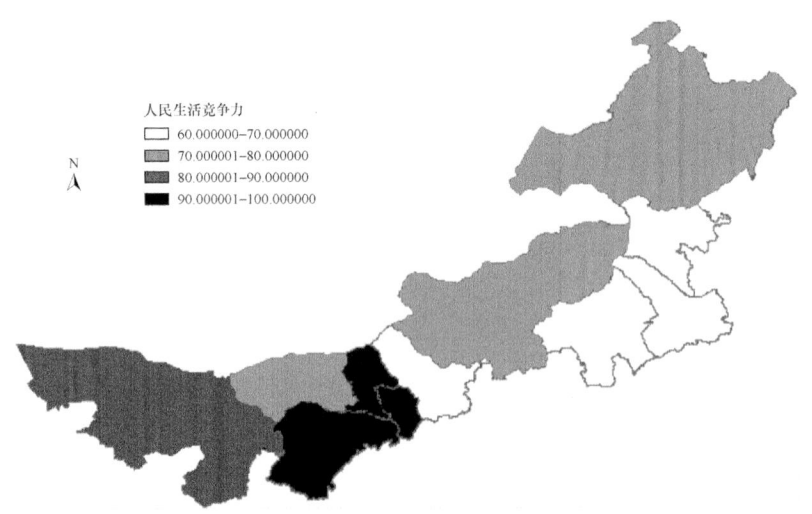

图 4-20　2013 年内蒙古自治区区域人民生活水平竞争力指数分布图

安盟。从所选指标来看,呼和浩特市城镇人均可支配收入最高,是最低值兴安盟的 1.74 倍,且全社会社保覆盖率也最高,达 43.9%,是最低区域阿拉善盟的 3 倍;兴安盟的城镇人均可支配收入和农村人均纯收入均处于全区最低,与其经济发展实力全区最低相呼应;赤峰市城镇人均消费性支出最低,仅为 13003 元,是最高区域鄂尔多斯市的 1/2;乌兰察布市农村人均消费性支出为 5249 元,比阿拉善盟的一半还少。

从内蒙古自治区各盟市人民生活水平竞争力分布情况来看,人民生活水平竞争力排名情况接近各盟市经济实力的分布特征。经济实力的强弱决定了人民生活水平的高低。此外，也应该看出内蒙古自治区12个盟市的人民生活差距明显，呈现明显的梯度结构，与各盟市经济发展以及地理位置密切相关。

二、内蒙古自治区区域经济综合竞争力总水平评价分析

（一）2013年内蒙古自治区区域经济综合竞争力总水平评价分析

2013年内蒙古自治区区域经济综合评价指数以及排名见表4-11、图4-21和图4-22。

表4-11 2013年内蒙古自治区区域经济综合竞争力指数及排名

地区	呼和浩特市	鄂尔多斯市	包头市	阿拉善盟	锡林郭勒盟	呼伦贝尔市	乌海市	通辽市	巴彦淖尔市	赤峰市	兴安盟	乌兰察布市
综合指数	100.0	83.6	82.1	77.5	71.8	70.1	68.3	66.7	66.4	65.2	60.3	60.0
排名	1	2	3	4	5	6	7	8	9	10	11	12

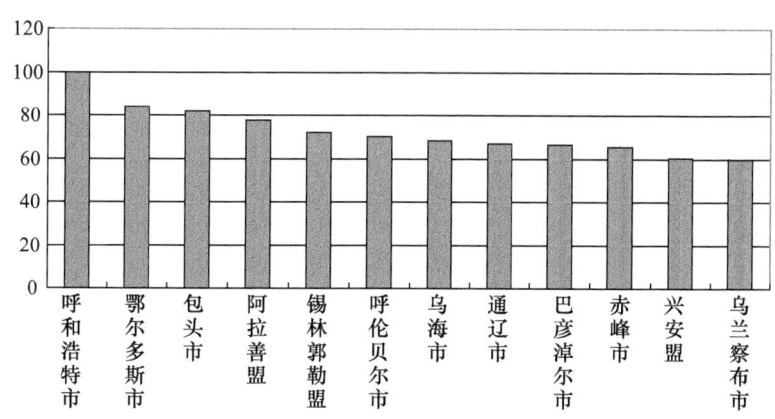

图4-21 2013年内蒙古自治区区域经济综合竞争力指数柱形图

根据排序结果可见，2013年内蒙古自治区区域经济综合竞争力排名前4位的盟市依次是呼和浩特市、鄂尔多斯市、包头市以及阿拉善盟；排名处于第5~8位的盟市依次是锡林郭勒盟、呼伦贝尔市、乌海市以及通辽市；排名处于第9~12位的盟市依次是巴彦淖尔市、赤峰市、兴安盟和乌兰察布市。

从指数得分情况来看，呼和浩特市遥遥领先于其他区域，在前面10项要素竞争力分析中，在人力资源竞争力、金融发展竞争力、科技创新竞争力及人民生

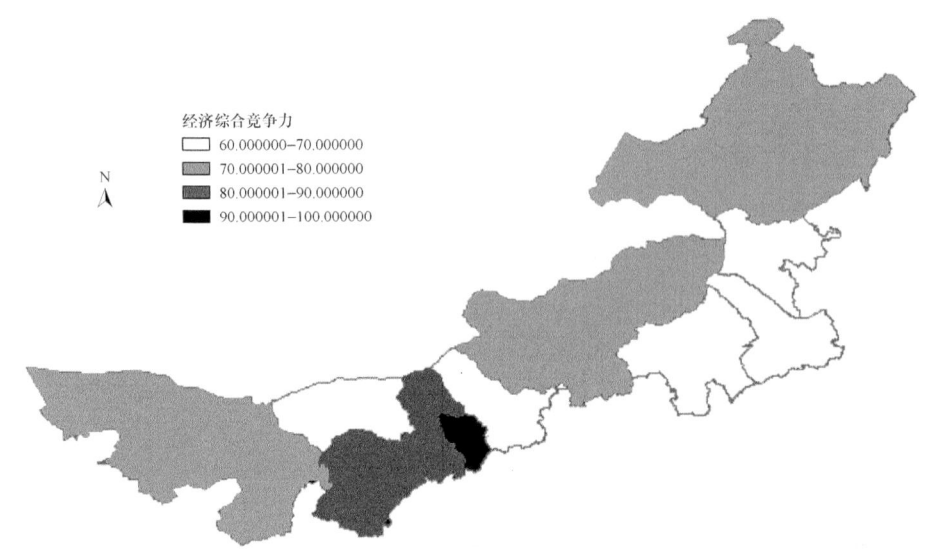

图 4-22　2013 年内蒙古自治区区域经济综合竞争力指数分布图

活水平竞争力 4 个方面指数得分均位列全区 12 个盟市之首，经济实力竞争力位列第二，指数分值为 96.9 分；产业结构竞争力位列第三，指数得分为 94 分；多方面的竞争优势使呼和浩特市的经济综合竞争力指数最高，同时也体现出了作为首府的发展优势。80~90 分的区域有鄂尔多斯市和包头市，两者差距不大，分别是 83.6 分和 82.1 分。"呼包鄂"地区是内蒙古自治区经济发展的金三角区域，经济综合竞争力的领先体现了 3 个地区在内蒙古自治区经济发展中的领先地位。70~80 分的区域有 3 个，分别是阿拉善盟、锡林郭勒盟和呼伦贝尔市。60~70 分的区域占了 12 个盟市的一半，为 6 个，依次是乌海市、通辽市、巴彦淖尔市、赤峰市、兴安盟和乌兰察布市。从整体看，经济综合竞争力指数得分偏低的区域较多，说明区内大部分地区的综合经济能力较弱，与"呼包鄂"3 个地区存在明显差距。

（二）2012~2013 年内蒙古自治区区域经济综合竞争力总水平变动分析

与 2012 年相比，内蒙古自治区各盟市经济综合竞争力稳中有变，2012~2013 年内蒙古自治区区域经济综合竞争力排名情况如表 4-12 所示。

从内蒙古自治区区域经济综合竞争力综合排名来看，2012~2013 年，位于自治区前 4 位的区域均为呼和浩特市、鄂尔多斯市、包头市和阿拉善盟，得分基本上在 80 分以上，领先地位稳定，且表现出较强的发展潜力；与 2012 年相比，2013 年经济综合竞争力排名上升的有 4 个区域，分别是呼伦贝尔市（上升 2 位）、通辽市（上升 2 位）、锡林郭勒盟（上升 2 位）和兴安盟（上升 1 位）；排位下降的有 4 个区域,分别是赤峰市(下降 1 位)、乌兰察布市(下降 1 位)、乌海市(下降 2 位)和巴彦淖尔市(下降 3 位)。2012 年,12 个盟市指数得分的变异系数为 0.155,2013 年的变异系数为 0.158,略高于 2012 年,说明与 2012 年相比,2013 年内蒙古自治区各盟市经济综合竞争力差距略有增加。

表 4-12　2012~2013 年内蒙古自治区区域经济综合竞争力分值及排名情况

地区	年度	呼和浩特市	包头市	呼伦贝尔市	兴安盟	通辽市	赤峰市	锡林郭勒盟	乌兰察布市	鄂尔多斯市	巴彦淖尔市	乌海市	阿拉善盟
分值	2012	100.0	82.45	69.85	60.00	64.69	65.71	71.03	60.19	83.95	74.38	76.09	80.18
	2013	100.0	82.06	70.09	60.35	66.70	65.17	71.77	60.00	83.59	66.45	68.34	77.51
排名	2012	1	3	8	12	10	9	7	11	2	6	5	4
	2013	1	3	6	11	8	10	5	12	2	9	7	4
	升降	0	0	2	1	2	-1	2	-1	0	-3	-2	0

第二节　内蒙古自治区各盟市经济综合竞争力评价分析

上一节对内蒙古自治区区域经济综合竞争力以及各要素竞争力在内蒙古自治区 12 个盟市间的排名及指数情况进行了比较分析,本节则以各盟市为分析单位,对每个盟市在各要素竞争力方面进行全面系统评价。

一、呼和浩特市经济综合竞争力评价分析

呼和浩特市是内蒙古自治区首府,位于自治区中部,是内蒙古自治区的政治、经济、文化、科教和金融中心,"呼包银"城市群核心城市,"呼包鄂"城市群中心城市。呼和浩特下辖回民区、玉泉区、赛罕区、新城区、武川县、和林县、清水河县、托县和土默特左旗 4 区 4 县 1 旗。辖区面积 1.72 万平方公里,2013 年末,全市人口为 300.11 万人,全年实现地区生产总值(GDP)2705.39 亿元,人均 GDP 为 90941 元。呼和浩特市地图如图 4-23 所示。

2012~2013 年,呼和浩特市的经济综合竞争力总指数及各要素竞争力在全区的排名变化如表 4-13、图 4-24 和图 4-25 所示。从中可以看出,在评价年份,呼和浩特市的经济综合竞争力总指数在全区的排名中均位列第 1 位,表明呼和浩特市经济综合竞争力在全区具有明显的优势。与 2012 年相比,2013 年 3 个要素排位上升,其中对外开放竞争力和人民生活水平竞争力上升 2 位,可持续发展竞争力上升 1 位;排名没有变化的有 5 个,排名下降的有 3 个,分别是产业结

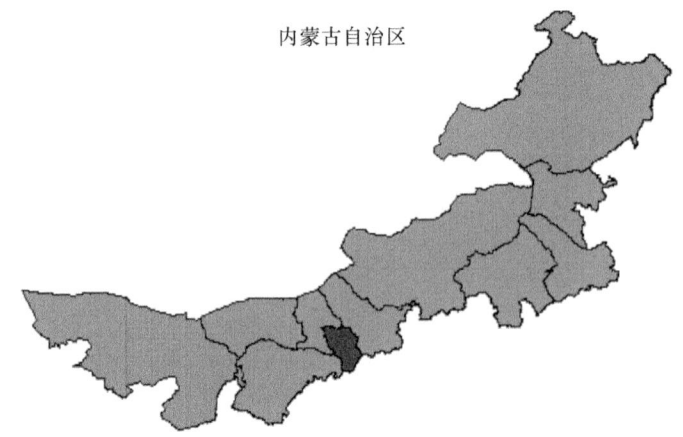

图 4-23 呼和浩特地图示意图

构竞争力、基础设施竞争力和管理服务竞争力。

表 4-13 呼和浩特市经济综合竞争力总指数及 10 要素竞争力分值和排名

要素		经济实力竞争力	产业结构竞争力	对外开放竞争力	可持续发展竞争力	人力资源竞争力	金融发展竞争力	科技创新竞争力	基础设施竞争力	管理服务竞争力	人民生活水平竞争力	经济综合竞争力
分值	2012 年	94.5	95.5	77.8	67.6	100.0	100.0	100.0	87.7	84.9	97.6	100.0
	2013 年	96.9	94.0	83.9	91.3	100.0	100.0	100.0	86.0	77.0	100.0	100.0
排名	2012 年	2	2	6	7	1	1	1	5	3	3	1
	2013 年	2	3	4	6	1	1	1	6	6	1	1
排名变化		0	-1	2	1	0	0	0	-1	-3	2	0
优势度		优势	优势	优势	中势	优势	优势	优势	中势	中势	优势	优势

从要素所处的优势度来看，在 2013 年，处于优势区位的要素有 7 个，分别是经济实力竞争力、产业结构竞争力、对外开放竞争力、人力资源竞争力、金融发展竞争力、科技创新竞争力和人民生活水平竞争力；处于中势区位的要素有 3 个，分别是可持续发展竞争力、基础设施竞争力和管理服务竞争力；在 2013 年，呼和浩特市没有处于弱势的要素。这表明呼和浩特市的 10 要素绝大多数在全区具有竞争优势。

从这两年具有竞争力优势的要素来看，人力资源竞争力、金融发展竞争力、科技创新竞争力和经济实力竞争力的绝对优势体现了呼和浩特市作为内蒙古自治区经济、金融和科技文化中心的重要战略地位。

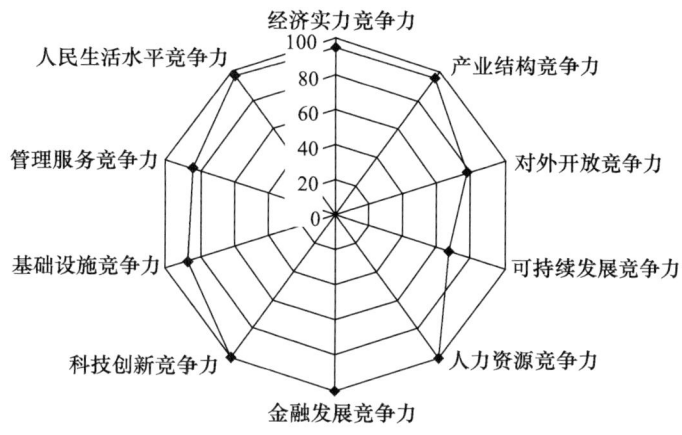

图4-24 呼和浩特市经济综合竞争力10要素雷达图（2012年）

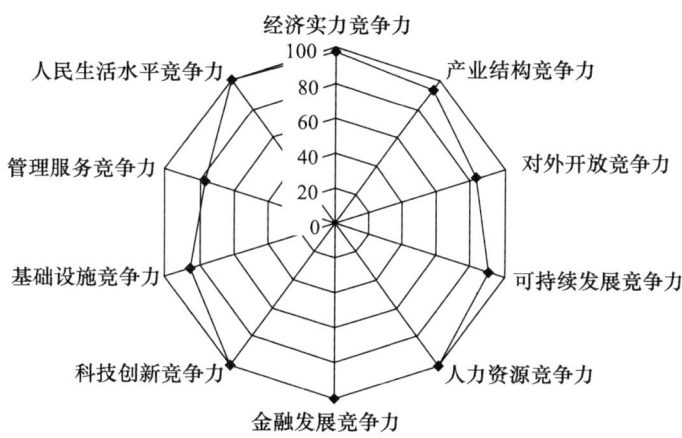

图4-25 呼和浩特市经济综合竞争力10要素雷达图（2013年）

二、包头市经济综合竞争力评价分析

包头市是内蒙古自治区的最大城市，是内蒙古自治区的制造业、工业中心，"呼包银"经济带、"呼包鄂"城市群的中心城市，中国新二线城市，是中国重要的基础工业基地和全球轻稀土产业中心，被誉为"草原钢城"、"稀土之都"。包头市地处环渤海经济圈和沿黄河经济带的腹地，位于蒙古高原的南端，华北地区北部、内蒙古自治区中部，南濒黄河，阴山山脉横贯该市中部，形成北部高原、中部山地、南部平原3个地形区域。包头市辖6个市辖区、1个县、2个旗及1个国家级稀土高新技术产业开发区，即昆都仑区、青山区、东河区、九原区、石拐区、白云鄂博矿区、固阳县、土默特右旗、达尔罕茂明安联合旗和包头稀土高新技术产业开发区（包括滨河新区）。辖区面积2.77万平方公里，2013年末，全市人口为276.62万人，全年实现地区生产总值（GDP）3424.75亿元，人均GDP达124586元。包头市地图如图4-26所示。

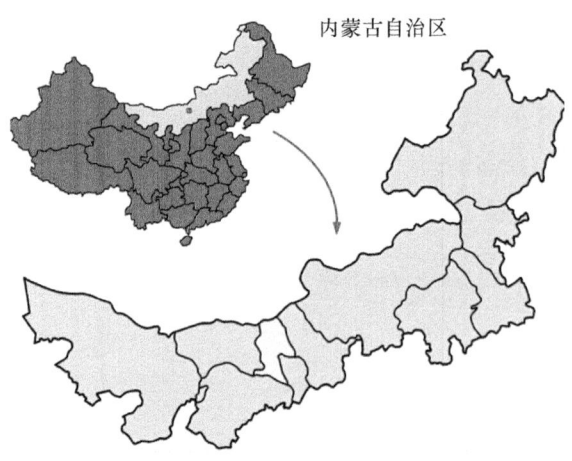

图4-26　包头市地图示意图

2012~2013年，包头市的经济综合竞争力总指数及各要素在全区的排名变化如表4-14以及图4-27、图4-28所示。从中可以看出，在评价年份，包头市经济综合竞争力总指数在全区的排名中均位列第3位，表明包头市经济综合竞争力在全区处于比较明显的优势地位。与2012年相比，在2013年的10个要素中，排名上升的有4个，分别是产业结构竞争力（上升1位）、可持续发展竞争力（上升5位）、基础设施竞争力（上升2位）和管理服务竞争力（上升2位）；没有变化的有4个，分别是经济实力竞争力、对外开放竞争力、人力资源竞争力和科技创新竞争力；排名下降的有2个，分别是金融发展竞争力和人民生活水平竞争力，均下降1位。

从要素所处的优势度来看，2013年处于优势区位的要素有8个，经济实力竞争力、产业结构竞争力、可持续发展竞争力、人力资源竞争力、金融发展竞争力、基础设施竞争力、管理服务竞争力和人民生活水平竞争力；处于中势区位的要素是对外开放竞争力；处于劣势区位的要素是科技创新竞争力。综上表明，包头市的绝大多数要素在全区具有明显竞争优势。从这两年具有竞争优势的要素来看，经济实力竞争力、人力资源竞争力和产业结构竞争力的明显优势体现了包头市在内蒙古自治区经济发展中的重要战略地位。

表 4-14　包头市经济综合竞争力总指数及 10 要素竞争力得分和排名

要素		经济实力竞争力	产业结构竞争力	对外开放竞争力	可持续发展竞争力	人力资源竞争力	金融发展竞争力	科技创新竞争力	基础设施竞争力	管理服务竞争力	人民生活水平竞争力	经济综合竞争力
得分	2012 年	100.0	95.0	80.3	66.4	77.2	80.1	60.0	89.7	79.7	99.0	82.5
	2013 年	100.0	94.9	82.6	92.7	77.0	78.5	60.0	97.6	80.1	93.2	82.1
排名	2012 年	1	3	5	9	2	3	12	4	6	2	3
	2013 年	1	2	5	4	2	4	12	2	4	3	3
排名变化		0	1	0	5	0	-1	0	2	2	-1	0
优势度		优势	优势	中势	优势	优势	优势	劣势	优势	优势	优势	优势

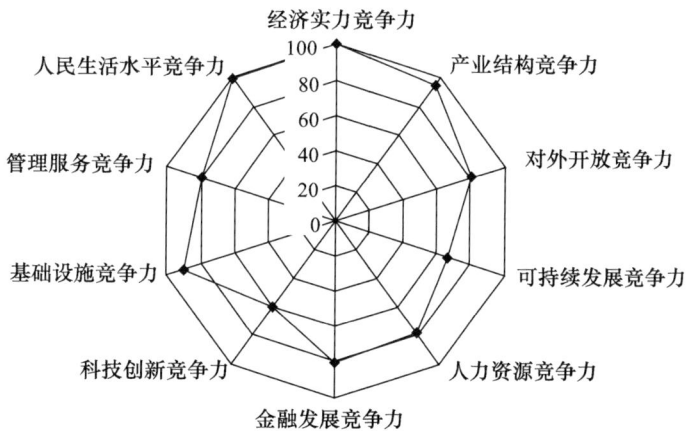

图 4-27　包头市经济综合竞争力 10 要素雷达图（2012 年）

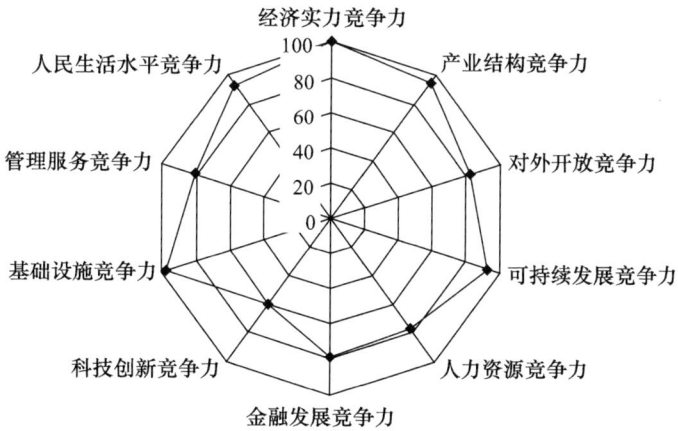

图 4-28　包头市经济综合竞争力 10 要素雷达图（2013 年）

三、呼伦贝尔市经济综合竞争力评价分析

呼伦贝尔市是内蒙古自治区下辖地级市,以境内呼伦湖和贝尔湖得名。东邻黑龙江省,西、北与蒙古国、俄罗斯相接壤,是中俄蒙三国的交界地带,与俄罗斯、蒙古国有1723公里的边境线。有滨洲铁路等多条铁路和111国道、301国道经过。呼伦贝尔市总面积26.3万平方公里,相当于山东省与江苏省两省之和。2001年10月10日撤盟设市,政府驻地海拉尔区。2013年国内生产总值1430.55亿元。呼伦贝尔市境内的呼伦贝尔草原是世界四大草原之一,被称为世界上最好的草原。有8个国家级一类、二类通商口岸,其中满洲里口岸是中国最大的陆路口岸。辖区面积25.30万平方公里,2013年末,全市人口为253.19万人,全年实现地区生产总值(GDP)1430.81亿元,人均GDP达56470元。呼伦贝尔市地图如图4-29所示。

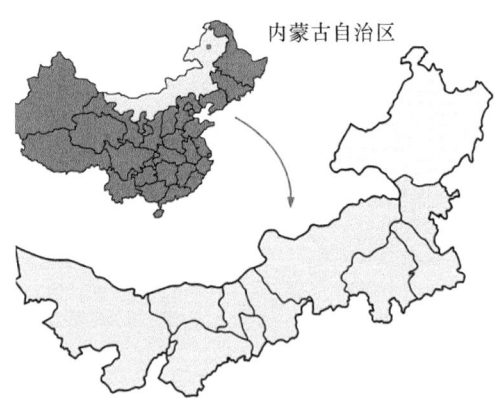

图4-29 呼伦贝尔市地图示意图

2012~2013年,呼伦贝尔市的经济综合竞争力总指数及各要素在全区的排名变化如表4-15、图4-30和图4-31所示。从中可以看出,这两年呼伦贝尔市经济综合竞争力总指数在全区的排名中分别位列第8位和第6位,上升2位,表明呼伦贝尔市经济综合竞争力在全区竞争中处于中游水平。与2012年相比,2013年的10个要素中,排位上升的有1个,为可持续发展竞争力,上升7位;没有变化的有5个,分别是经济实力竞争力、对外开放竞争力、人力资源竞争力、人民生活水平竞争力和金融发展竞争力;排名下降的有4个,分别是产业结构竞争力(下降2位)、科技创新竞争力(下降2位)、基础设施竞争力(下降1位)和管理服务竞争力(下降2位)。

从要素所处的优势度来看,在2013年处于优势区位的要素有2个,分别是对

表 4-15 呼伦贝尔市经济综合竞争力总指数及 10 要素竞争力得分和排名

要素		经济实力竞争力	产业结构竞争力	对外开放竞争力	可持续发展竞争力	人力资源竞争力	金融发展竞争力	科技创新竞争力	基础设施竞争力	管理服务竞争力	人民生活水平竞争力	经济综合竞争力
得分	2012 年	76.7	75.9	90.7	64.7	66.0	65.5	65.7	81.1	67.9	74.8	69.9
	2013 年	75.5	74.5	96.3	96.3	65.4	66.0	64.2	83.4	68.9	74.2	70.1
排名	2012 年	6	7	2	10	7	8	4	7	8	8	8
	2013 年	6	8	2	3	7	8	6	8	10	8	6
排名变化		0	-1	0	7	0	0	-2	-1	-2	0	2
优势度		中势	中势	优势	优势	中势	中势	中势	中势	劣势	中势	中势

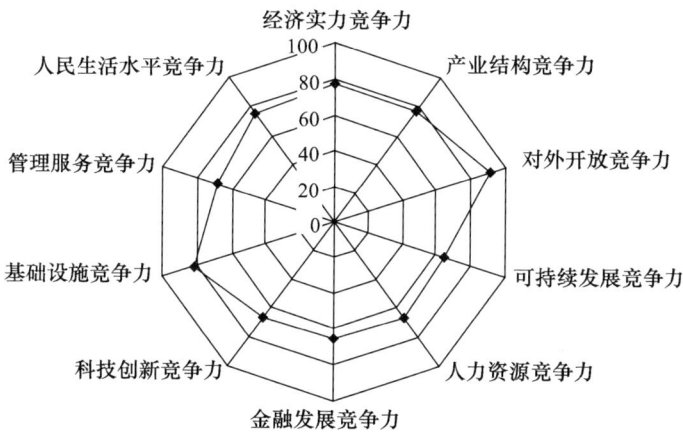

图 4-30 呼伦贝尔市经济综合竞争力 10 要素雷达图（2012 年）

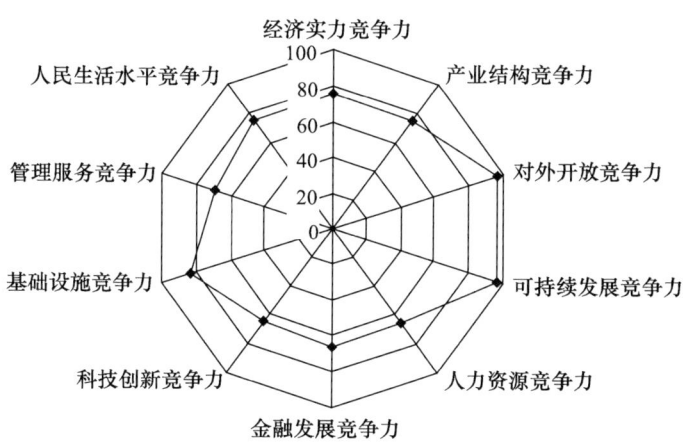

图 4-31 呼伦贝尔市经济综合竞争力 10 要素雷达图（2013 年）

外开放竞争力和可持续发展竞争力;处于中势区位的要素有7个,分别是人民生活水平竞争力、人力资源竞争力、金融发展竞争力、科技创新竞争力、基础设施竞争力、经济实力竞争力和产业结构竞争力;劣势要素为管理服务竞争力。这表明呼伦贝尔市的10个竞争要素大多数在全区的中等竞争优势。受这些指标波动变化的影响,呼伦贝尔市经济综合竞争力总体上属适中强度,且呈小幅上升趋势,综合排名由2012年的全区第8名上升至2011年的第6名。

四、兴安盟经济综合竞争力评价分析

兴安盟位于内蒙古自治区东北部,是内蒙古自治区下辖的一个盟,因地处大兴安岭山脉中段而得名,"兴安"蒙语意为山岭。兴安盟东北与黑龙江省相连,东南与吉林省毗邻,南部、西部、北部分别与内蒙古自治区的通辽市、锡林郭勒盟和呼伦贝尔市相连。西北部与蒙古国接壤,边境线长126公里,兴安盟在国内处于东北经济区,在国际上处于东北经济圈,地理位置优越。兴安盟南北长380公里,东西宽320公里,总面积59806平方公里。兴安盟下辖2个县级市、1个县、3个旗,即乌兰浩特市、阿尔山市、突泉县、扎赉特旗、科尔沁右翼前旗和科尔沁右翼中旗。2013年末,全市人口为160.34万人,全年实现地区生产总值(GDP)415.34亿元,人均GDP 25629元。兴安盟地图如图4-32所示。

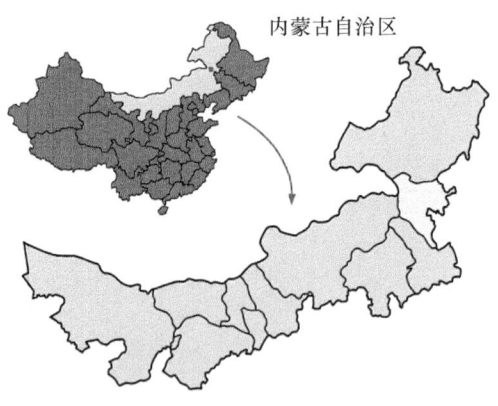

图4-32 兴安盟地图示意图

2012~2013年,兴安盟的经济综合竞争力总指数及各要素在全区的排名变化如表4-16、图4-33和图4-34所示。从中可以看出,在评价期间,兴安盟经济综合竞争力总指数在全区的排名中分别位列第12位和第11位,表明兴安盟经济综合竞争力在全区完全处于明显的劣势地位。与2012年相比,2013年的10个要素中,竞争力排名上升的有3个,分别是科技创新竞争力(上升4位)、金

融发展竞争力（上升1位）和可持续发展竞争力（上升3位）；没有变化的有6个，分别是产业结构竞争力、对外开放竞争力、人力资源竞争力、基础设施竞争力、管理服务竞争力和人民生活水平竞争力，这6个要素均处于劣势区位；排名下降1位的是经济实力竞争力。在2013年，兴安盟仅有1个要素科技创新竞争力处于优势区位，其余的9个要素均处于劣势区位，这表明兴安盟的10个竞争力要素在全区处于竞争劣势地位，受这些指标波动变化的影响，兴安盟经济综合竞争力在2012年和2013年的综合排名中位列全区倒数第1位和倒数第2位。

表4-16　兴安盟经济综合竞争力总指数及10要素竞争力得分和排名

要素		经济实力竞争力	产业结构竞争力	对外开放竞争力	可持续发展竞争力	人力资源竞争力	金融发展竞争力	科技创新竞争力	基础设施竞争力	管理服务竞争力	人民生活水平竞争力	经济综合竞争力
得分	2012年	64.0	60.0	60.1	69.8	60.8	60.0	63.9	66.7	60.0	60.0	60.0
	2013年	60.0	60.0	61.3	96.4	60.4	60.1	67.3	68.2	60.0	60.0	60.3
排名	2012年	11	12	11	5	10	12	7	11	12	12	12
	2013年	12	12	11	2	10	11	3	11	12	12	11
排名变化		-1	0	0	3	0	1	4	0	0	0	1
优势度		劣势	劣势	劣势	优势	劣势	劣势	优势	劣势	劣势	劣势	劣势

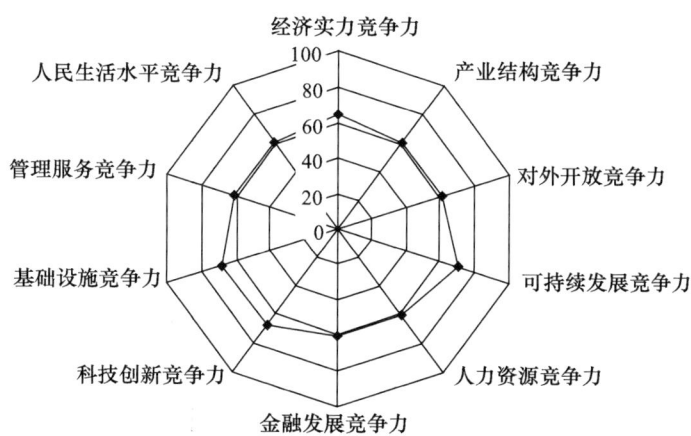

图4-33　兴安盟经济综合竞争力10要素雷达图（2012年）

值得肯定的是，科技创新、金融发展和可持续发展三要素排名的较大幅度上升，是兴安盟迎合当前经济新常态特征的重要进步和体现，表明兴安盟经济发展质量正在开始提升。特别是可持续发展竞争力要素的得分由2012年的69.8分增加至 2013 年的 96.4 分，增幅明显。继续加强以上几个方面的发展必然会提升兴安盟的综合竞争力。

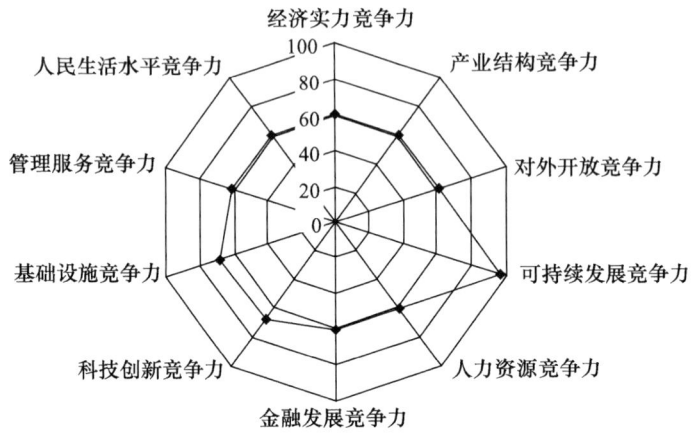

图 4-34　兴安盟经济综合竞争力 10 要素雷达图（2013 年）

五、通辽市经济综合竞争力评价分析

通辽市位于内蒙古自治区东部，旧哲里木盟中心，是内蒙古自治区东部和东北地区西部最大的交通枢纽城市，被自治区政府定位为省域副中心城市。总面积 59535 平方公里，南北长约 418 公里，东西宽约 370 公里。东靠吉林省、西接赤

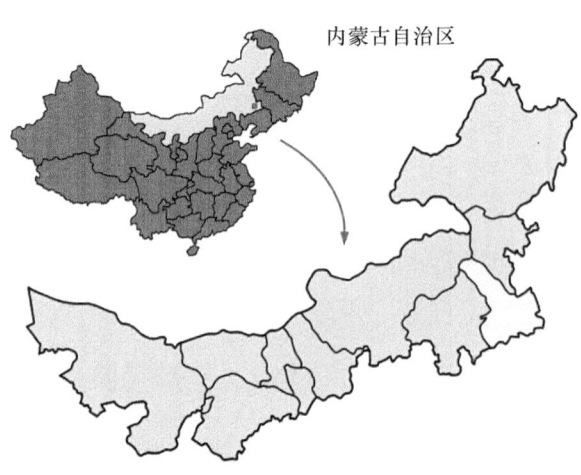

图 4-35　通辽市地图示意图

峰市、南依辽宁省，西北和北边分别与锡林郭勒盟、兴安盟为邻。通辽市辖1个市辖区、1个开发区、1个县、5个旗，代管1个县级市。即科尔沁区、通辽经济技术开发区、开鲁县、库伦旗、奈曼旗、扎鲁特旗、科尔沁左翼中旗、科尔沁左翼后旗和霍林郭勒市。2013年末，全市人口为312.57万人，全年实现地区生产总值（GDP）1781.80亿元，人均GDP为56922元。

2012~2013年，通辽市的经济综合竞争力总指数及各要素在全区的排名变化如表4-17、图4-36和图4-37所示。从中可以看出，在评价期内，通辽市经济综合竞争力总指数在全区的排名中分别位列第10位和第8位，表明通辽市经济综合竞争力在全区处于中势区位，竞争优势一般。与2012年相比，2013年的10个要素中，竞争力排名上升的有4个，分别是经济实力竞争力（上升2位）、产业结构竞争力（上升1位）、对外开放竞争力（上升1位）和可持续发展竞争力（上升10位）；没有变化的有3个，分别是人力资源竞争力、基础设施竞争力和人民生活水平竞争力；排名下降的有3个，分别是管理服务竞争力、金融发展竞争力和科技创新竞争力，均下降1位。从竞争力要素所处的区位来看，在2013年处于优势的指标有1个，为可持续发展竞争力；处于中势区位的有5个，分别是管理服务竞争力、人力资源竞争力、科技创新竞争力、经济实力竞争力和产业结构竞争力；处于劣势区位的要素有人民生活水平竞争力、金融发展竞争力、基础设施竞争力和对外开放竞争力。这表明通辽市除了可持续发展竞争力要素具有一定的竞争优势外，其他竞争力要素在全区处于竞争中势、劣势，受这些指标波动变化的影响，通辽市经济综合竞争力排名在这两年中由劣势区位的第10位进入中势区位的第8位，上升幅度较为明显。

表4-17　通辽市经济综合竞争力总指数及10要素竞争力得分和排名

要素		经济实力竞争力	产业结构竞争力	对外开放竞争力	可持续发展竞争力	人力资源竞争力	金融发展竞争力	科技创新竞争力	基础设施竞争力	管理服务竞争力	人民生活水平竞争力	经济综合竞争力
得分	2012年	69.6	75.4	60.7	63.3	63.7	60.2	64.1	71.3	69.1	73.5	64.7
	2013年	72.9	74.9	67.2	100.0	62.4	60.0	63.2	80.5	72.8	69.6	66.7
排名	2012年	10	8	10	11	8	11	6	9	7	9	10
	2013年	8	7	9	1	8	12	7	9	8	9	8
排名变化		2	1	1	10	0	-1	-1	0	-1	0	2
优势度		中势	中势	劣势	优势	中势	劣势	中势	劣势	中势	劣势	中势

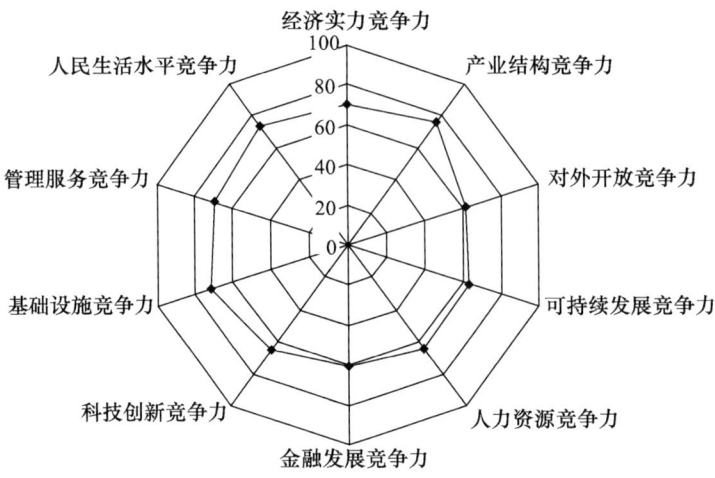

图4-36 通辽市经济综合竞争力10要素雷达图（2012年）

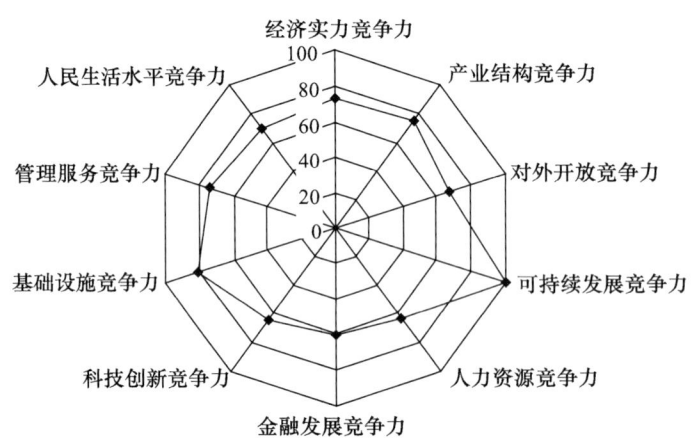

图4-37 通辽市经济综合竞争力10要素雷达图（2013年）

六、赤峰市经济综合竞争力评价分析

赤峰市是内蒙古自治区下辖地级市，被自治区政府定位为省域副中心城市。赤峰市位于内蒙古自治区东南部，蒙冀辽三省区接壤处。全市总面积9万平方公里，是内蒙古自治区第一大人口城市，内蒙古自治区东部中心城市，地处东北经济区和环渤海经济区的腹地。赤峰市辖3个市辖区、2个县、7个旗及1个市级新区，即红山区、松山区、元宝山区、宁城县、林西县、巴林右旗、喀喇沁旗、巴林左旗、敖汉旗、阿鲁科尔沁旗、翁牛特旗、克什克腾旗和赤峰新区。2013年末，全市人口为430.62万人，全年实现地区生产总值（GDP）1686.15亿元，人均GDP为39126元。赤峰市地图如图4-38所示。

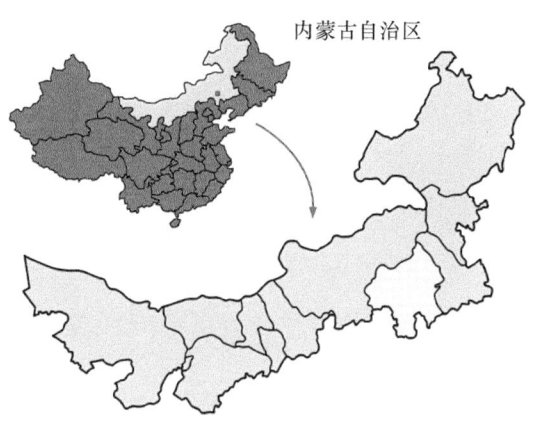

图4-38 赤峰市地图示意图

2012~2013年，赤峰市的经济综合竞争力总指数及各要素在全区的排名变化如表4-18、图4-39和图4-40所示。从中可以看出，赤峰市经济综合竞争力总指数在全区的排名中分别位列第9位和第10位，表明赤峰市经济综合竞争力在全区处于比较明显的劣势地位。与2012年相比，2013年10个竞争要素中，排位上升的有2个，分别是基础设施竞争力（上升3位）和管理服务竞争力（上升2位）；没有变化的有5个，分别是人民生活水平竞争力、人力资源竞争力、金融发展竞争力、科技创新竞争力和产业结构竞争力；排位下降的分别是对外开

表4-18 赤峰市经济综合竞争力总指数及10要素竞争力得分和排名

要素		经济实力竞争力	产业结构竞争力	对外开放竞争力	可持续发展竞争力	人力资源竞争力	金融发展竞争力	科技创新竞争力	基础设施竞争力	管理服务竞争力	人民生活水平竞争力	经济综合竞争力
得分	2012年	72.7	70.6	77.6	68.7	60.0	64.7	62.0	86.2	63.3	70.2	65.7
	2013年	72.4	71.3	73.9	91.3	60.0	64.9	61.4	91.8	70.8	68.0	65.2
排名	2012年	8	10	7	6	12	9	10	6	11	10	9
	2013年	9	10	8	7	12	9	10	3	9	10	10
排名变化		-1	0	-1	-1	0	0	0	3	2	0	-1
优势度		劣势	劣势	中势	中势	劣势	劣势	劣势	优势	劣势	劣势	劣势

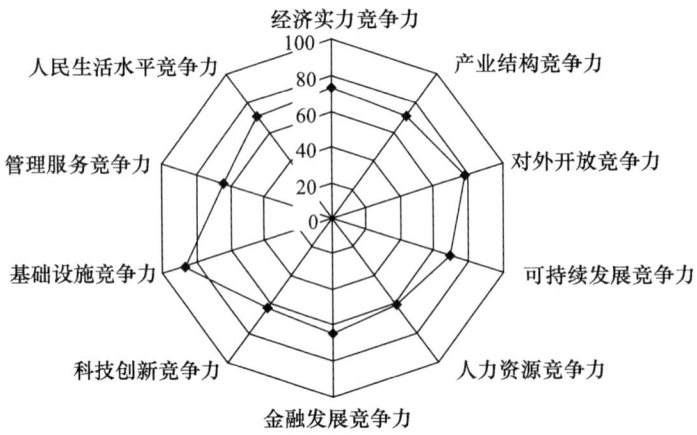

图 4-39　赤峰市经济综合竞争力 10 要素雷达图 (2012 年)

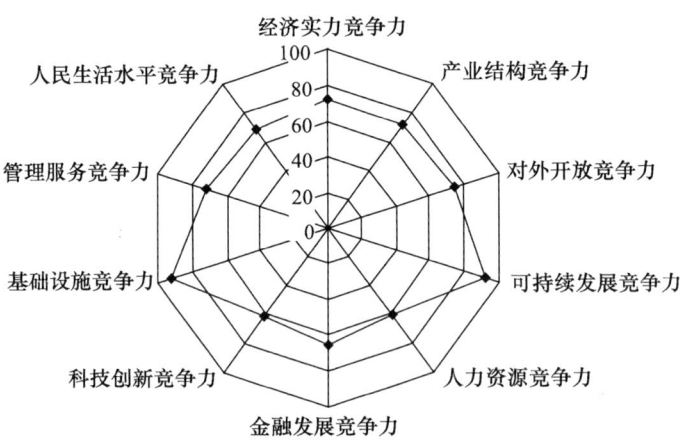

图 4-40　赤峰市经济综合竞争力 10 要素雷达图 (2013 年)

放竞争力、可持续发展竞争力和经济实力竞争力,均下降 1 位。从 10 要素所处的区位来看,在 2013 年处于优势的要素仅有基础设施竞争力;处于中势的要素有 2 个,分别是对外开放竞争力和可持续发展竞争力;处于竞争劣势的要素有 7 个,包括管理服务竞争力、人民生活水平竞争力、人力资源竞争力、金融发展竞争力、科技创新竞争力、经济实力竞争力以及产业结构竞争力。这表明赤峰市的绝大多数要素在全区处于竞争劣势,受这些指标波动变化的影响,赤峰市经济综合竞争力在两年中均处于劣势区位,且综合排名由 2012 年的全区第 9 名下降至 2013 年的第 10 名。

第四章 内蒙古自治区区域经济综合竞争力评价——全区视角

七、锡林郭勒盟经济综合竞争力评价分析

锡林郭勒盟是内蒙古自治区所辖盟，位于中国的正北方，内蒙古自治区的中部，盟政府所在地为锡林浩特市。这里既是国家重要的畜产品基地，又是西部大开发的前沿，是距京津唐地区最近的草原牧区。北与蒙古国接壤，南邻河北省张家口市、承德市，西连乌兰察布市，东接赤峰市、兴安盟和通辽市，是东北、华北、西北交汇地带，具有对外贯通欧亚、对内连接东西、北开南连的重要作用。锡林郭勒盟下辖2个县级市、1个县、9个旗、1个管理区，即锡林浩特市、二连浩特市、多伦县、正蓝旗、镶黄旗、正镶白旗、阿巴嘎旗、太仆寺旗、苏尼特左旗、苏尼特右旗、东乌珠穆沁旗、西乌珠穆沁旗和乌拉盖管理区。全盟面积20.26万平方公里，2013年末，全市人口为103.89万人，全年实现地区生产总值（GDP）902.40亿元，人均GDP为86790元，锡林郭勒盟地图如图4-41所示。

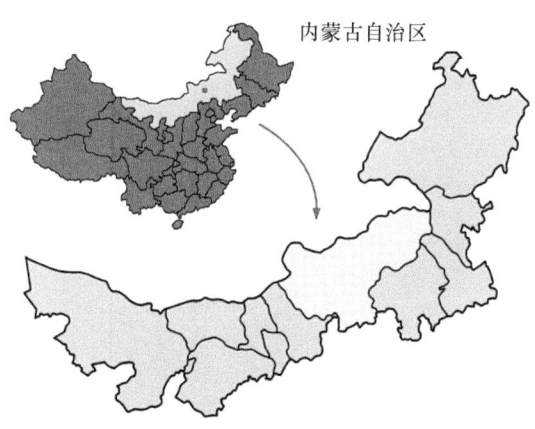

图4-41 锡林郭勒盟地图示意图

2012~2013年，锡林郭勒盟经济综合竞争力总指数及各要素在全区的排名变化如表4-19、图4-42和图4-43所示。从中可以看出，锡林郭勒盟经济综合竞争力总指数在全区的排名中分别位列第7位和第5位，表明锡林郭勒盟经济综合竞争力在全区处于中势区位。与2012年相比，2013年的10个竞争要素中，排位上升的有3个，分别是科技创新竞争力（上升1位）、金融发展竞争力（上升1位）和可持续发展竞争力（上升4位）；没有变化的有5个，分别是人民生活水平竞争力、人力资源竞争力、经济实力竞争力、产业结构竞争力和对外开放竞争力；排名下降的有2个，分别是基础设施竞争力（下降4位）和管理服

务竞争力（下降1位）。从竞争要素的区位来看，在2013年处于优势的指标有2个，分别是对外开放竞争力（全区位列第1位）和科技创新竞争力；其他8个竞争力要素均处于中势区位；在2013年锡林郭勒盟市没有处于弱势的竞争力要素。这表明锡林郭勒盟的10个竞争要素大多数在全区具有竞争优势，受这些指标波动变化的影响，锡林郭勒盟经济综合竞争力在两年中处于上升的趋势，综合排名由2012年的全区第7位上升至2013年的第5位。

表4-19 锡林郭勒盟经济综合竞争力总指数及10要素竞争力排名

要素		经济实力竞争力	产业结构竞争力	对外开放竞争力	可持续发展竞争力	人力资源竞争力	金融发展竞争力	科技创新竞争力	基础设施竞争力	管理服务竞争力	人民生活水平竞争力	经济综合竞争力
得分	2012年	75.3	87.0	100.0	60.0	68.0	65.8	64.6	92.6	81.2	75.9	71.0
	2013年	74.9	83.6	100.0	87.5	68.8	66.1	65.4	84.1	79.3	78.2	71.8
排名	2012年	7	6	1	12	5	7	5	3	4	7	7
	2013年	7	6	1	8	5	6	4	7	5	7	5
排名变化		0	0	0	4	0	1	1	-4	-1	0	2
优势度		中势	中势	优势	中势	中势	中势	优势	中势	中势	中势	中势

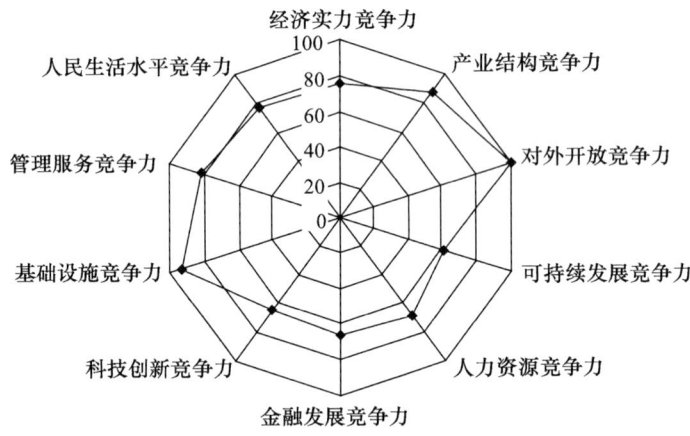

图4-42 锡林郭勒盟经济综合竞争力10要素雷达图（2012年）

科技创新、金融发展和可持续发展竞争力排名的上升，是锡林郭勒盟综合竞争力提升的重要原因。特别是可持续发展竞争力排名大幅上升，必然是增强其综合竞争力的重要保障。

第四章 内蒙古自治区区域经济综合竞争力评价——全区视角

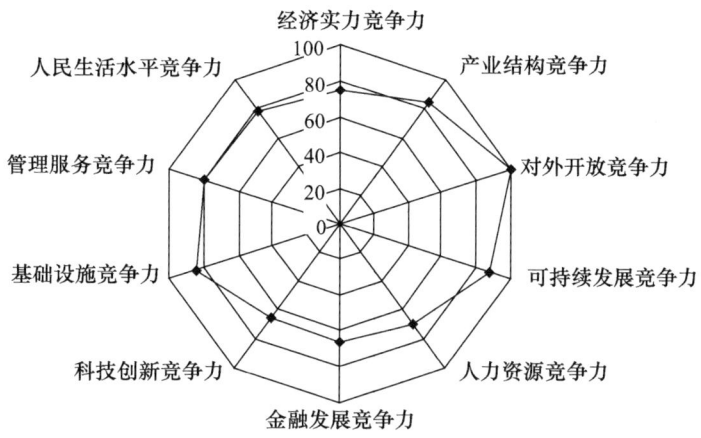

图 4-43　锡林郭勒盟经济综合竞争力 10 要素雷达图（2013 年）

八、乌兰察布市经济综合竞争力评价分析

乌兰察布市位于内蒙古自治区中部，东西长 458 公里，南北宽 442 公里，总面积 5.5 万平方公里。乌兰察布市东部与河北省接壤，东北部与内蒙古自治区锡林郭勒盟相邻，南部与山西省相连，西部与自治区首府呼和浩特市毗连，北部与蒙古国交界，国境线长 100 多公里。乌兰察布市辖 1 个市辖区、5 个县、4 个旗，代管 1 个县级市。即集宁区、卓资县、化德县、商都县、兴和县、凉城县、四子王旗、察哈尔右翼前旗、察哈尔右翼中旗、察哈尔右翼后旗和丰镇市。2013 年末，全市人口为 212.30 万人，全年实现地区生产总值（GDP）833.79 亿元，人均 GDP 为 39215 元。乌兰察布市地图如图 4-44 所示。

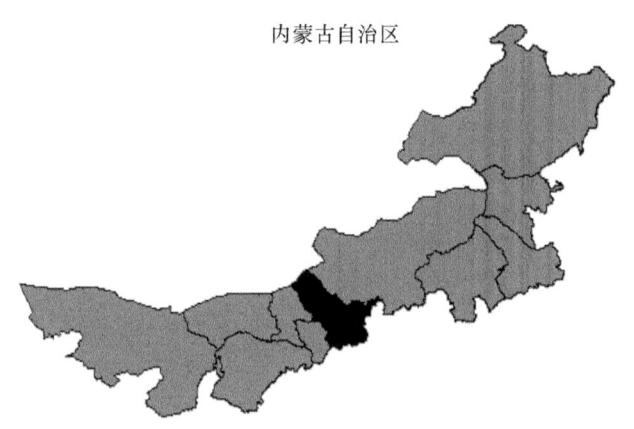

图 4-44　乌兰察布市地图示意图

133

2012~2013年，乌兰察布市经济综合竞争力总指数及各要素在全区的排名变化如表4-20、图4-45和图4-46所示。从中可以看出，乌兰察布市经济综合竞争力总指数在全区的排名中分别位列第11位和第12位，可见乌兰察布市经济综合竞争力在全区处于比较明显的劣势地位。与2012年相比，2013年的10个竞争要素中，排位上升的有2个，分别是经济实力竞争力（上升1位）和对外开放竞争力（上升2位）；没有变化的有6个，基础设施竞争力、人力资源竞争力、金融发展竞争力、科技创新竞争力、人民生活水平竞争力和产业结构竞争力；排名下降的有2个，分别是可持续发展竞争力（下降2位）和管理服务竞争力（下降1位）。从10个竞争力要素的区位来看，在2013年，乌兰察布市没有处于优势和中势区位的要素；10个竞争力要素都处于劣势区位。这表明乌兰察布市处于竞争劣势地位，受这些指标波动变化的影响，乌兰察布市经济综合竞争力排名在这两年分别位列倒数第2位和倒数第1位。

表4-20　乌兰察布市经济综合竞争力总指数及10要素竞争力得分和排名

要素		经济实力竞争力	产业结构竞争力	对外开放竞争力	可持续发展竞争力	人力资源竞争力	金融发展竞争力	科技创新竞争力	基础设施竞争力	管理服务竞争力	人民生活水平竞争力	经济综合竞争力
得分	2012年	60.0	74.9	60.0	66.8	60.4	61.0	63.3	71.0	64.7	62.7	60.2
	2013年	66.2	74.3	62.6	79.5	60.2	61.3	62.4	71.5	67.5	60.9	60.0
排名	2012年	12	9	12	8	11	10	9	10	10	11	11
	2013年	11	9	10	10	11	10	9	10	11	11	12
排名变化		1	0	2	-2	0	0	0	0	-1	0	-1
优势度		劣势	劣势	劣势	劣势	劣势	劣势	劣势	劣势	劣势	劣势	劣势

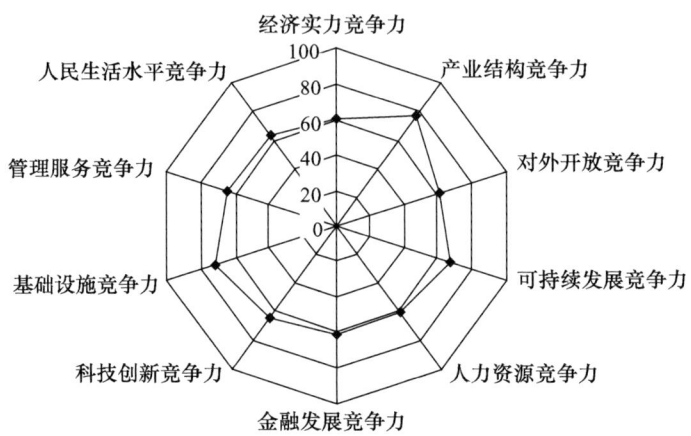

图4-45　乌兰察布市经济综合竞争力10要素雷达图（2012年）

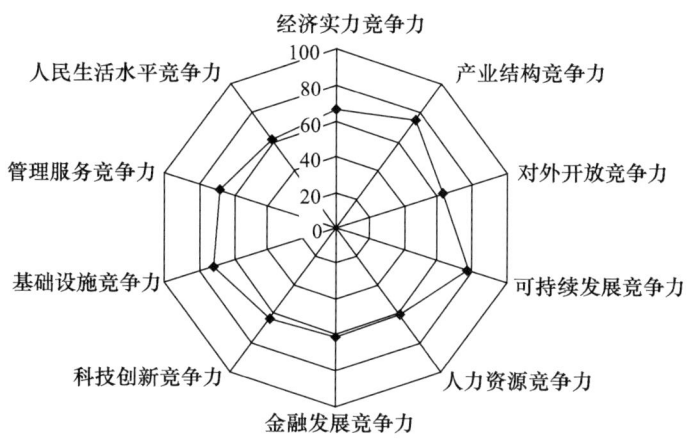

图 4-46　乌兰察布市经济综合竞争力 10 要素雷达图（2013 年）

九、鄂尔多斯市经济综合竞争力评价分析

鄂尔多斯市是内蒙古自治区下辖的一个地级市，位于内蒙古自治区西南部，西北东三面为黄河环绕，南临古长城，毗邻晋陕宁三省区。东部、北部和西部分别与呼和浩特市、山西省忻州市、包头市、巴彦淖尔市、宁夏回族自治区、阿拉善盟隔河相望；南部与陕西省榆林市接壤。东西长约 400 公里，南北宽约 340 公里，总面积 8.68 万平方公里。鄂尔多斯市是改革开放多年来的 18 个典型地区之一，也是内蒙古自治区的经济新兴城市，"呼包鄂"城市群的中心城市，被自治区政府定位为省域副中心城市之一。鄂尔多斯市下辖 1 个市辖区和 7 个旗，即东胜区、达拉特旗、准格尔旗、鄂托克前旗、鄂托克旗、杭锦旗、乌审旗和伊金霍洛旗。2013 年末，全市人口为 201.75 万人，全年实现地区生产总值（GDP）3955.90 亿元，人均 GDP 为 196278 元。鄂尔多斯市地图如图 4-47 所示。

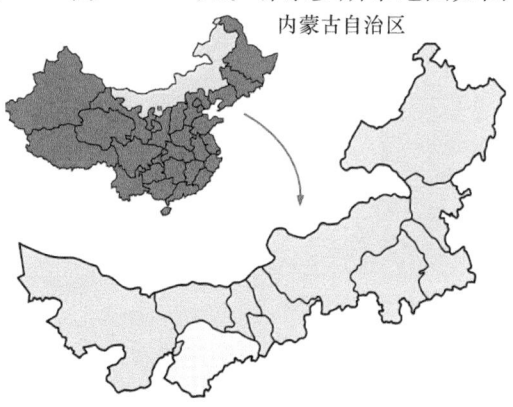

图 4-47　鄂尔多斯市地图示意图

2012~2013年,鄂尔多斯市的经济综合竞争力总指数及各要素在全区的排名变化如表4-21、图4-48和图4-49所示。从中可以看出,鄂尔多斯市经济综合竞争力总指数在全区的排名中均位列第2位,表明鄂尔多斯市经济综合竞争力在全区处于明显的优势地位。与2012年相比,2013年的10个竞争要素中,排位上升的是对外开放竞争力,上升3位;没有变化的有5个,产业结构竞争力和管理服务竞争力稳列第1位,金融发展竞争力和经济实力竞争力分别稳列第2位和第3位,科技创新竞争力位列第8位;排名下降的有4个,分别是人民生活水

表4-21 鄂尔多斯市经济综合竞争力总指数及10要素竞争力得分和排名

要素		经济实力竞争力	产业结构竞争力	对外开放竞争力	可持续发展竞争力	人力资源竞争力	金融发展竞争力	科技创新竞争力	基础设施竞争力	管理服务竞争力	人民生活水平竞争力	经济综合竞争力
得分	2012年	88.3	100.0	63.3	74.1	72.8	95.6	63.7	100.0	100.0	100.0	84.0
	2013年	96.5	100.0	77.6	86.9	70.9	96.0	62.7	90.9	100.0	97.1	83.6
排名	2012年	3	1	9	4	3	2	8	1	1	1	2
	2013年	3	1	6	9	4	2	8	4	1	2	2
排名变化		0	0	3	-5	-1	0	0	-3	0	-1	0
优势度		优势	优势	中势	劣势	优势	优势	中势	优势	优势	优势	优势

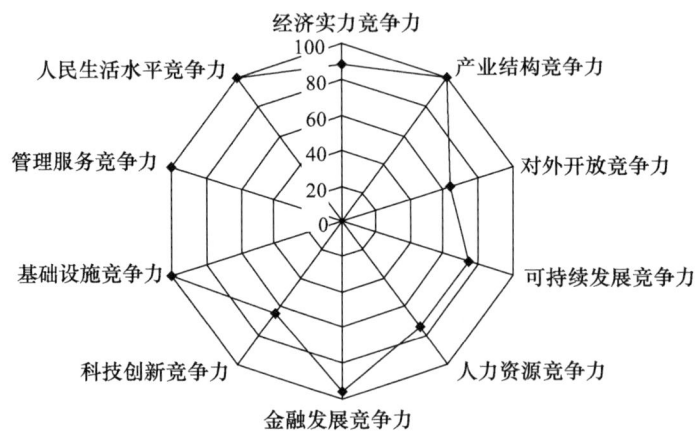

图4-48 鄂尔多斯市经济综合竞争力10要素雷达图(2012年)

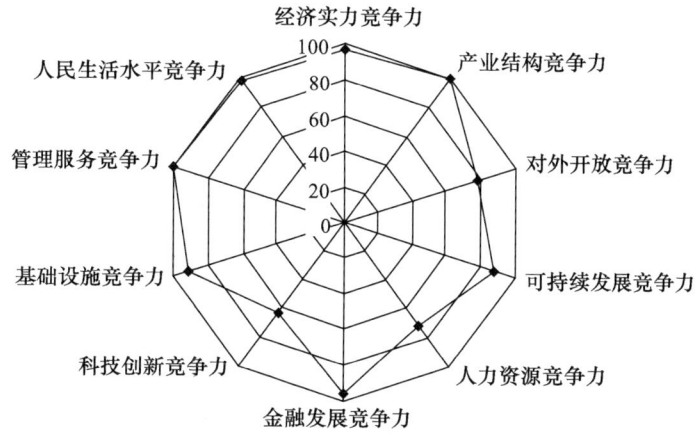

图 4-49　鄂尔多斯市经济综合竞争力 10 要素雷达图（2013 年）

平竞争力和人力资源竞争力，均下降 1 位，基础设施竞争力下降 3 位，可持续发展竞争力下降 5 位。从竞争要素所处的区位来看，2013 年处于优势区位的要素有 7 个，分别是经济实力竞争力、产业结构竞争力、人力资源竞争力、金融发展竞争力、基础设施竞争力、管理服务竞争力和人民生活水平竞争力；处于中势区位的是对外开放竞争力和科技创新竞争力；处于劣势区位的是可持续发展竞争力。这表明鄂尔多斯市绝大多数的竞争要素在全区处于明显的竞争优势，虽然有些要素的竞争力下降或保持不变，但鄂尔多斯市经济综合竞争力在两年中一直处于明显的优势区位，综合排名均位于全区第 2 位。

十、巴彦淖尔市经济综合竞争力评价分析

巴彦淖尔市是内蒙古自治区西部的一个新兴城市，位于举世闻名的河套平原和乌拉特草原上，东接包头市，西邻阿拉善盟，南隔黄河与鄂尔多斯市相望，北与蒙古国接壤，交通便利，通信便捷，气候干燥，气温偏低，自然资源丰富，旅游资源独具特色，被誉为"塞上江南，黄河明珠，北方新城，西部热土"。2003 年 12 月 1 日，国务院批准撤销巴彦淖尔盟和县级临河市，设立巴彦淖尔市和临河区。巴彦淖尔市人民政府驻临河区，下辖杭锦后旗、乌拉特后旗、乌拉特中旗、乌拉特前旗、五原县、磴口县和临河区 1 个市辖区、2 个县和 4 个旗。全市面积 6.44 万平方公里，2013 年末，全市人口为 167.06 万人，全年实现地区生产总值（GDP）834.90 亿元，人均 GDP 为 49996 元。巴彦淖尔市地图如图 4-50 所示。

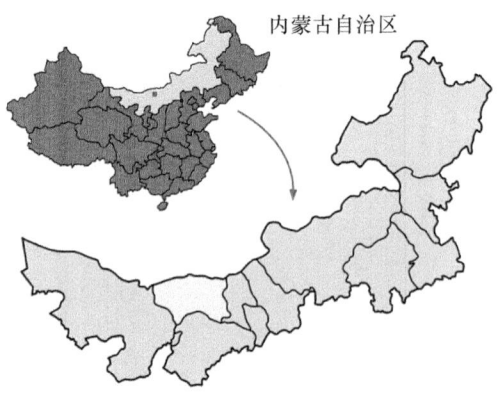

图 4-50 巴彦淖尔市地图示意图

2012~2013 年,巴彦淖尔市的经济综合竞争力总指数及各要素在全区的排名变化如表 4-22、图 4-51 和图 4-52 所示。从中可以看出,巴彦淖尔市经济综合竞争力总指数在全区的排名中分别位列第 6 位和第 9 位,表明巴彦淖尔市经济综合竞争力在全区处于劣势地位。与 2012 年相比,2013 年的 10 个竞争力要素中,排位上升的有 2 个,分别为基础设施竞争力(上升 3 位)和管理服务竞争力(上升 2 位);没有变化的有 3 个,其中,对外开放竞争力稳排第 3 位,人力资源竞争力位列第 9 位,产业结构竞争力则一直位于第 11 位;排名下降的有 5 个,经济实力竞争力、金融发展竞争力和人民生活水平竞争力均下降 1 位,科技创新竞争力下降 3 位,可持续发展竞争力下降最明显,由第 1 位降到第 11 位。从竞争要素所处的区位来看,2013 年巴彦淖尔市处于优势区位的仅有对外开放竞争力;

表 4-22 巴彦淖尔市经济综合竞争力总指数及 10 要素竞争力排名

要素		经济实力竞争力	产业结构竞争力	对外开放竞争力	可持续发展竞争力	人力资源竞争力	金融发展竞争力	科技创新竞争力	基础设施竞争力	管理服务竞争力	人民生活水平竞争力	经济综合竞争力
得分	2012 年	71.2	68.7	85.0	100.0	61.1	67.3	68.1	76.5	67.5	82.2	74.4
	2013 年	67.8	69.1	91.6	79.5	61.0	66.1	64.6	88.6	73.2	78.4	66.4
排名	2012 年	9	11	3	1	9	6	2	8	9	5	6
	2013 年	10	11	3	11	9	7	5	5	7	6	9
排名变化		-1	0	0	-10	0	-1	-3	3	2	-1	-3
优势度		劣势	劣势	优势	劣势	劣势	中势	中势	中势	中势	中势	劣势

第四章 内蒙古自治区区域经济综合竞争力评价——全区视角

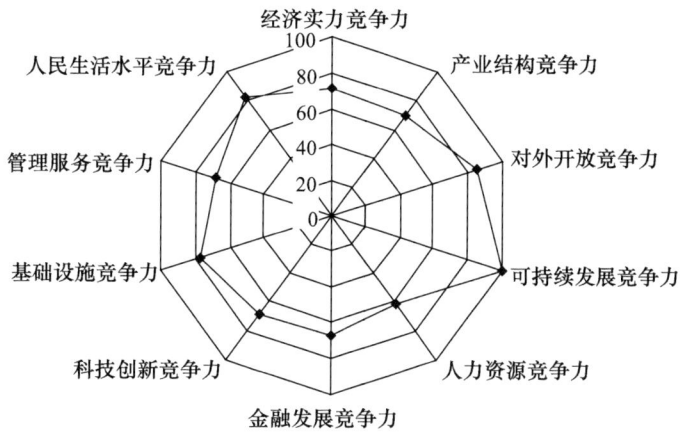

图 4-51　巴彦淖尔市经济综合竞争力 10 要素雷达图（2012 年）

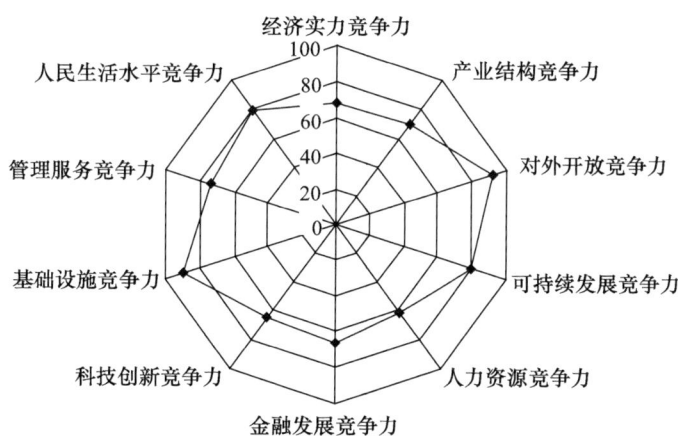

图 4-52　巴彦淖尔市经济综合竞争力 10 要素雷达图（2013 年）

处于中势区位的要素有 5 个，分别为金融发展竞争力、科技创新竞争力、基础设施竞争力、管理服务竞争力和人民生活水平竞争力；处于劣势的要素有 4 个，分别是经济实力竞争力、产业结构竞争力、可持续发展竞争力和人力资源竞争力。这表明巴彦淖尔市大部分竞争力要素处于中等偏劣的地位，受这些指标波动的影响，巴彦淖尔市经济综合竞争力在两年中处于下降的趋势，综合排名由 2012 年的全区第 6 位降至 2013 年的第 9 位。

十一、乌海市经济综合竞争力评价分析

乌海市是内蒙古自治区工业城市,自治区所辖地级市,位于鄂尔多斯市高原西缘。乌海市位于黄河上游,南北长约80公里,东西宽30公里,东邻鄂尔多斯高原,西接阿拉善草原,南连宁夏平原,北望河套灌区,面积1754平方公里,全市辖海勃湾、乌达和海南三个区。其中,海勃湾区是市政府所在地。2013年末,全市人口为55.31万人,全年实现地区生产总值(GDP)575.09亿元,人均GDP为104420元。乌海市地图如图4-53所示。

图4-53 乌海市地图示意图

2012~2013年,乌海市的经济综合竞争力总指数及各要素在全区的排名变化如表4-23、图4-54和图4-55所示。从中可以看出,乌海市经济综合竞争力总指数在全区的排名中分别位列第5位和第7位,表明乌海市经济综合竞争力在全区处于中势区位。与2012年相比,2013年的10个竞争要素中,排位上升的

表4-23 乌海市经济综合竞争力总指数及10要素竞争力得分和排名

要素		经济实力竞争力	产业结构竞争力	对外开放竞争力	可持续发展竞争力	人力资源竞争力	金融发展竞争力	科技创新竞争力	基础设施竞争力	管理服务竞争力	人民生活水平竞争力	经济综合竞争力
得分	2012年	77.9	87.8	67.4	99.2	67.2	80.1	61.2	60.0	93.3	80.3	76.1
	2013年	78.2	88.4	60.0	60.0	66.5	80.9	60.8	60.0	87.0	85.0	68.3
排名	2012年	5	5	8	2	6	4	11	12	2	6	5
	2013年	5	4	12	12	6	3	11	12	2	4	7
排名变化		0	1	-4	-10	0	1	0	0	0	2	-2
优势度		中势	优势	劣势	劣势	中势	优势	劣势	劣势	优势	优势	中势

第四章 内蒙古自治区区域经济综合竞争力评价——全区视角

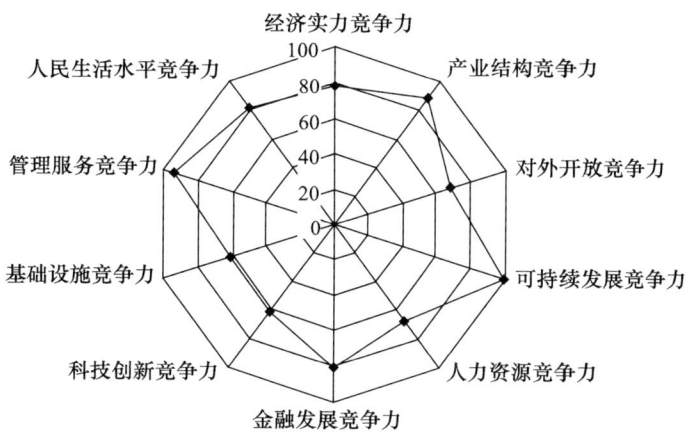

图 4-54　乌海市经济综合竞争力 10 要素雷达图（2012 年）

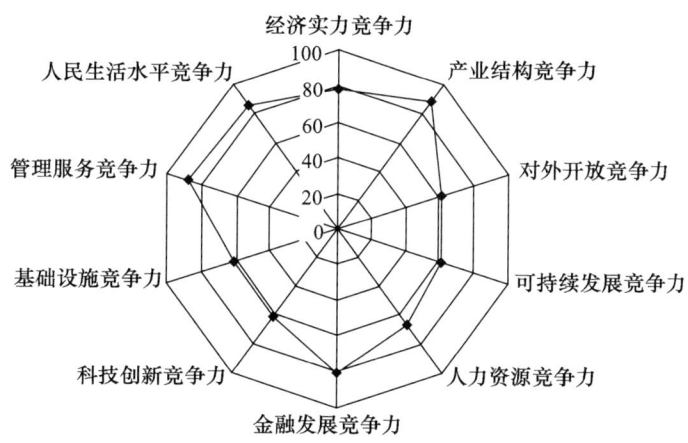

图 4-55　乌海市经济综合竞争力 10 要素雷达图（2013 年）

有 3 个，其中，产业结构竞争力和金融发展竞争力上升 1 位，人民生活水平竞争力上升 2 位；排名没有变化的有 5 个，其中，管理服务竞争力一直位列第 2 位，经济实力竞争力位列第 5 位，人力资源竞争力排名第 6 位，科技创新竞争力和基础设施竞争力分别位列第 11 位和第 12 位；排名下降的有 2 个，其中，对外开放竞争力下降 4 位，可持续发展竞争力下降 10 位。从竞争力要素所处的区位来看，在 2013 年处于优势的指标有 4 个，分别是产业结构竞争力、金融发展竞争力、管理服务竞争力和人民生活水平竞争力；处于中势的要素有 2 个，分别是经济实力竞争力和人力资源竞争力；处于劣势的要素有 4 个，分别是对外开放竞争力、可持续发展竞争力、科技创新竞争力和基础设施竞争力。这表明乌海市大多数的竞争力要素在全区不具有明显的竞争优势，受这些指标波动的影响，乌海市经济综合竞争力在两年中处于下降趋势，综合排名由 2012 年的全区第 5 位降至 2013 年的第 7 位。

十二、阿拉善盟经济综合竞争力评价分析

阿拉善盟位于内蒙古自治区西部，为内蒙古自治区现存三个盟之一。辖境西南与甘肃省接壤，东南与宁夏回族自治区毗邻，北与蒙古国交界，国境线长 735 公里。阿拉善盟常住总人口 23.85 万人（2013 年末），为内蒙古自治区人口最少的市盟。全盟总面积 267574 公里，与英国面积相当。2013 年，全盟 GDP 为 443.51 亿元，人均 GDP 达 185757 元。全境辖阿拉善左旗、阿拉善右旗和额济纳旗，盟府驻阿拉善左旗巴彦浩特。阿拉善盟地图如图 4-56 所示。

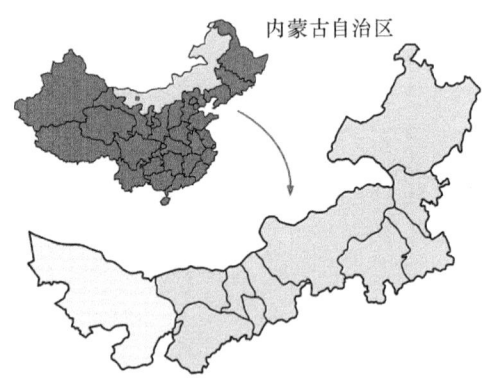

图 4-56 阿拉善盟地图示意图

2012~2013 年，阿拉善盟的经济综合竞争力总指数及各要素在全区的排名变化如表 4-24、图 4-57 和图 4-58 所示。从中可以看出，阿拉善盟经济综合竞争力总指数在全区的排名一直位列第 4 位，趋势稳定，表明阿拉善盟经济综合竞争力在全区处于明显的优势地位。与 2012 年相比，2013 年的 10 个竞争力要素中，排位上升的有 4 个，其中，人力资源竞争力、科技创新竞争力和基础设施竞争力均上升 1 位，管理服务竞争力上升 2 位；没有变化的有 2 个，分别是经济实力竞争力和金融发展竞争力；排名下降的有 4 个，分别是人民生活水平竞争力和产业结构竞争力（下降 1 位）、可持续发展竞争力（下降 2 位）以及对外开放竞争力（下降 3 位）。从竞争要素所处的区位来看，在 2013 年处于优势区位的要素有 5 个，分别是经济实力竞争力、人力资源竞争力、科技创新竞争力、基础设施

竞争力和管理服务竞争力；处于中势区位的要素有 5 个，分别是产业结构竞争力、对外开放竞争力、可持续发展竞争力、金融发展竞争力和人民生活水平竞争力；2013 年阿拉善盟没有劣势竞争要素。这表明阿拉善盟的各竞争力要素在全区具有一定的竞争优势，在这些指标的推动下，阿拉善盟经济综合竞争力在这两年中一直处于优势区位。

表 4-24 阿拉善盟经济综合竞争力总指数及 10 要素竞争力排名

要素		经济实力竞争力	产业结构竞争力	对外开放竞争力	可持续发展竞争力	人力资源竞争力	金融发展竞争力	科技创新竞争力	基础设施竞争力	管理服务竞争力	人民生活水平竞争力	经济综合竞争力
得分	2012 年	84.1	91.2	84.0	83.8	71.4	76.4	68.0	93.2	81.1	83.1	80.2
	2013 年	81.5	87.9	76.9	91.8	73.2	76.2	68.0	100.0	86.4	84.7	77.5
排名	2012 年	4	4	4	3	4	5	3	2	5	4	4
	2013 年	4	5	7	5	3	5	2	1	3	5	4
排名变化		0	-1	-3	-2	1	0	1	1	2	-1	0
优势度		优势	中势	中势	中势	优势	中势	优势	优势	优势	中势	优势

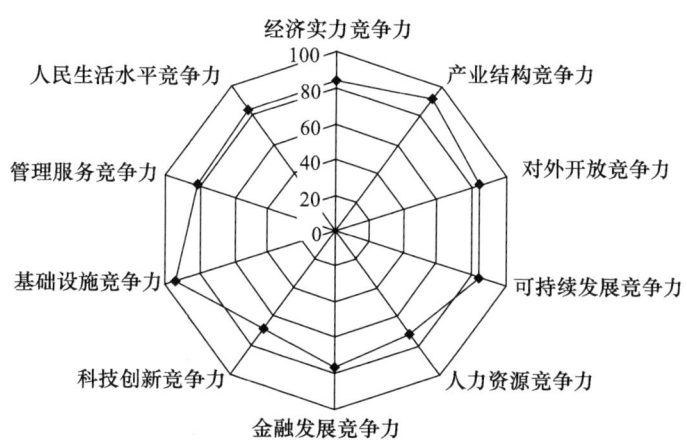

图 4-57 阿拉善盟经济综合竞争力 10 要素雷达图（2012 年）

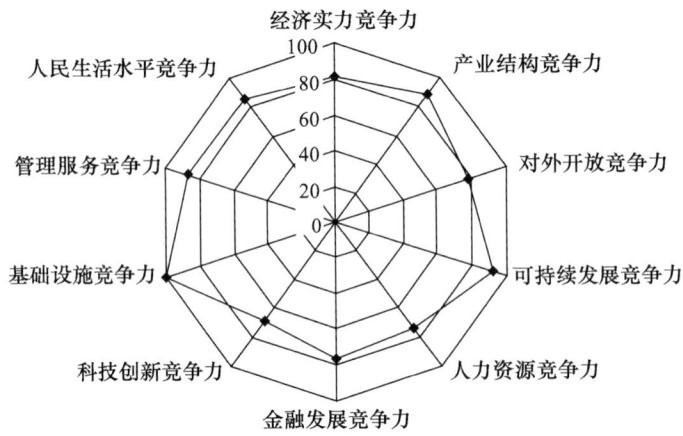

图 4-58　阿拉善盟经济综合竞争力 10 要素雷达图（2013 年）

第三节　内蒙古自治区各盟市经济综合竞争力类型划分

一、内蒙古自治区区域竞争力聚类结果

为了深入认识内蒙古自治区各区域经济综合竞争力的梯队情况，采用系统聚类法，根据 12 个盟市各要素竞争力指数得分将 12 个盟市进行自动分类。

根据 2012 年、2013 年内蒙古自治区 12 个盟市各要素竞争力得分，可得聚类结果见表 4-25 及图 4-59。

表 4-25　内蒙古自治区区域经济综合竞争力聚类结果

地区	分类	地区	分类	地区	分类
呼和浩特市	1	通辽市	4	鄂尔多斯市	2
包头市	2	赤峰市	4	巴彦淖尔市	3
呼伦贝尔市	3	锡林郭勒盟	3	乌海市	3
兴安盟	4	乌兰察布市	4	阿拉善盟	2

二、不同区域竞争力类型的区域的特点分析

根据图 4-59，可将内蒙古自治区 12 个盟市划分为四大类，第一类为强竞争力型，第二类为较强竞争力型，第三类为一般竞争力型，第四类为弱竞争力型。

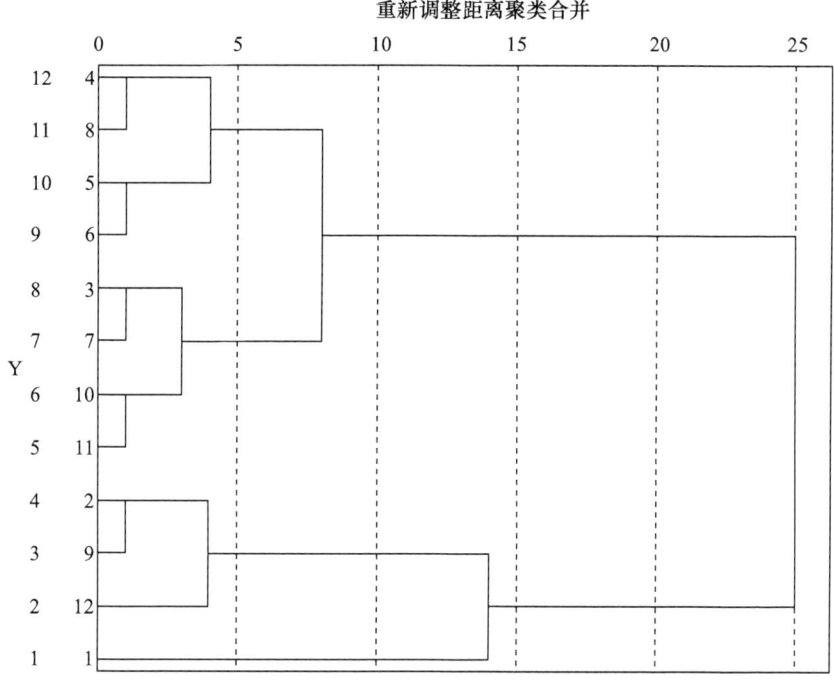

图 4-59 内蒙古自治区区域经济综合竞争力聚类树形图

（一）强竞争力型

这一类仅包括呼和浩特市，突出了作为内蒙古自治区首府的竞争优势，从2012年及2013年的综合指数平均得分来看，呼和浩特市得分100分，多项竞争力要素排在全区前列，如人力资源竞争力、金融发展竞争力和科技创新竞争力两年均位列第1位，经济实力竞争力和产业结构竞争力均位列第2位；竞争力指数最低的一项为可持续发展竞争力，其指数为79.5分，分值较高，其他竞争力要素的指数得分均在80分以上，体现了较高的竞争优势。

（二）较强竞争力型

这一类区域包括包头市、鄂尔多斯市和阿拉善盟，这3个区域的特点是经济综合竞争力较强，平均指数为81.6分，与呼和浩特市的差距较大，但从个别竞争力要素来看，各有优势，如包头市经济实力竞争力连续两年排在第1位，鄂尔多斯市产业结构竞争力连续两年排在第1位，阿拉善盟基础设施竞争力2012年排在第2位，2013年排在第1位。

（三）一般竞争力型

这一类区域包括呼伦贝尔市、锡林郭勒盟、巴彦淖尔市和乌海市，此类地区的特点主要是经济综合竞争力一般。呼伦贝尔市平均指数为70，锡林郭勒盟平均指数为71.4，巴彦淖尔市平均指数为70.4，乌海市平均指数为72.2，四区域平均指数为71。

(四) 弱竞争力型

这一类区域包括四个，分别是兴安盟、通辽市、赤峰市和乌兰察布市，2012年及2013年这四个区域的平均综合指数分别为60.6、65.7、65.5及60.1，总平均指数为62.8。此类地区的特点主要是区域竞争力水平低，为四类中最低的一类。

上述竞争力分类，仅限于内蒙古自治区12个盟市之间的比较分析，如果放在全国范围内比较，一些具有较高水平竞争力的地区可能降到弱竞争力区域。从上面的分类分析可知，内蒙古自治区12个盟市存在明显的梯度。不同梯度的地区有不同的竞争优势和劣势，所以各地区要因地制宜，从实际出发，发展地区优势因子，积极提升和改进劣势因子，共同促进内蒙古自治区的发展。

第四节 内蒙古自治区各盟市经济综合竞争力特点及问题分析

一、呼和浩特市经济综合竞争力特点及问题分析

呼和浩特市作为内蒙古自治区的首府城市，在经济发展方面具有许多得天独厚的优越条件，通过对前述各项评价的分析和概括，可以看出呼和浩特市各竞争要素均位于全区上游水平，经济发展水平总体上较高，人力、财力、科技支撑强劲。呼和浩特市作为全区的政治、经济和文化中心，金融业相对发达，市内有区内最高水平的科研机构和高等院校，各级各类人才会聚，其所产生的经济效益和社会效益是其他盟市无可比拟的。这些因素为呼和浩特市人力资源竞争力高居榜首、金融活动竞争力位于全区第1位奠定了坚实基础。而相对最强的科技创新竞争力，又是提升宏观经济竞争力的强力支撑，同时也为提升人民生活水平竞争力和基础设施竞争力提供了有力支持。但是，通过评价分析，我们也发现了以下一些不容忽视的问题：

第一，可持续发展竞争力与经济综合竞争力不相称，在全区处于中间区位。经济发展的可持续是当今社会发展的内涵要求，通过节能减排、加强环境保护推动社会经济的经济可持续发展是长久之计。但是，推进节能减排和环境保护需要坚实的经济基础，这也是一些经济欠发达地区可持续发展竞争力排名比较低的原因之一。呼和浩特市在评价期内可持续发展竞争力排名第6位、第7位，其节能减排和环境保护工作与高经济综合竞争力水平不相匹配，需要继续加强环境保护

工作，加大节能减排力度。

第二，产业结构、管理服务竞争力和基础设施竞争力有下降趋势。产业结构竞争力虽一直在优势区位，但排名比 2012 年下降 1 位。主要原因是大中型工业企业增加值占 GDP 比重有所下降。从对城市功能的定位来讲，大中型企业适当远离呼和浩特市也是有利于首府保持经济可持续发展的合理安排。管理服务竞争力由 2012 年的第 3 位降到 2013 年的第 6 位，下降幅度较大，基础设施竞争力由第 5 位降到第 6 位。作为经济现代化的重要标志，管理服务和基础设施对经济综合竞争力的提升有着重要的推动作用，两者之间也需要协调发展。管理服务体现了政府财政收支管理能力及对社会失业和就业的调整，基础设施则涉及人民生活方便程度以及经济建设的进程，在评价期内呼和浩特市在这两个方面均有下降趋势，需要提高自身财政自给率，努力控制失业率，积极完善基础设施建设。

二、包头市经济综合竞争力特点及问题分析

包头市是内蒙古自治区最大的工业城市，经济发展的总体水平较高，经济综合竞争力一直位于全区上游水平。经济实力、产业结构、人力资源、人民生活等要素竞争力排名均位于全区前列。值得肯定的是，可持续发展竞争力、基础设施竞争力和管理服务竞争力排名均有所上升，特别是可持续发展竞争力排名，由 2012 年的第 9 位上升为 2012 年的第 4 位，上升幅度较大；后两者则分别上升 2 位。但是，包头市的科技创新竞争力必须引起有关部门的高度关注。评价期内，包头市的科技创新竞争力指数均列全区最低，这与其经济综合发展水平相去甚远。科技活动人员少，科研机构设置量低，科研经费支出偏低，这些劣势因素必须在短期内有所扭转，否则在科技创新驱动的新常态背景下，包头市必然面临经济发展动力不足的尴尬局面。

三、呼伦贝尔市经济综合竞争力特点及问题分析

呼伦贝尔市是内蒙古自治区著名的边境口岸城市之一。依靠外向型经济的快速发展，经济综合竞争力一直位于全区中游水平。对外开放竞争力在 10 个竞争力要素中优势最明显，连续两年位列全区第 2 位，这体现出了作为内蒙古自治区重要的外贸口岸城市，呼伦贝尔市的竞争优势。可持续发展竞争力提升幅度很大，由 2012 年的全区第 10 位上升至 2013 年的全区第 3 位，上升了 7 位，进而对经济综合竞争力由第 8 位上升为第 6 位做出了重要贡献。

从其他竞争要素看来，经济实力竞争力处于中间水平，优势不显著；产业结构竞争力下降，第二产业、第三产业对经济综合竞争力的提升支撑不足。从呼伦贝尔市的产业结构来看，第二产业、第三产业总值虽有提升，但是在全区竞争中

优势仍不明显，对产业结构竞争力的支撑作用不突出；财力、人力和智力对经济发展的支撑作用不足。作为现代经济发展的必不可少的三个主要因素，财力、人力和智力对经济发展的影响不言而喻，呼伦贝尔市的经济综合竞争力优势并不明显，其中的一个主要原因就在于人力资源、金融发展、科技创新及管理服务等要素竞争优势不明显，特别是管理服务竞争力要素，基于地理位置和社会发展程度的限制，在全区一直处于竞争的劣势，这在很大程度上限制了呼伦贝尔市经济综合竞争力的进一步提升。

四、兴安盟经济综合竞争力特点及问题分析

兴安盟地处内蒙古自治区东北部，经济发展水平总体上比较落后，经济综合竞争力一直位于全区最下游水平。

值得肯定的是，可持续发展竞争力和科技创新竞争力。近两年来排名均有较大幅度的提升，分别由2012年的全区第5位和第7位上升至2013年的第2位和第3位，能够为兴安盟经济发展提供长久动力。但是兴安盟经济在发展过程中也存在众多问题。

经济基础薄弱，经济结构不合理。基于地理位置和资源禀赋等条件的限制，兴安盟的经济增长速度一直滞后于全区平均水平。经济增长方式粗放，外向型经济发展基础薄弱，民营经济投资不足，第二产业、第三产业发展滞后，经济总量特别是工业总量偏小等因素严重制约了兴安盟的经济发展和经济综合竞争力的提升。

财力、人力和智力等要素处于完全竞争劣势，对经济发展支撑不足。从近几年兴安盟的金融发展竞争力、管理服务竞争力及人力资源竞争力的排名来看，这些要素在全区全面处于竞争劣势，缺少了这些要素的支撑，经济增长方式必然过于单一，缺少稳定性，后劲不足。

基础设施薄弱，人民生活水平相对较低，导致可持续发展能力不足。无论是社会保障、交通设施，还是现代通信设施，在全区都处于下游水平。基础设施的不健全严重制约了地区的招商引资，导致投资乏力，经济发展动力不足。此外，人民生活水平较低，城乡发展不平衡，对人才的吸引力不够，导致人才流失严重，这些因素共同制约了经济综合竞争力的提升。

五、通辽市经济综合竞争力特点及问题分析

通辽市是内蒙古自治区东部的中心城市，经济综合竞争力位于全区中下游水平。各要素中，可持续发展竞争力由2012年的第11位上升至2013年的全区第1位，对经济综合竞争力排名的提升起到了决定性的作用。其他竞争力要素均处于

中下游水平，且存在的主要问题如下：

经济实力竞争力下滑，第三产业相对滞后。在三次产业内部，通辽市以第一产业为主打力量，第二产业实力较强，但是第三产业发展滞后；政府管理服务竞争力下滑；金融发展滞后，对经济综合竞争力的支持不足。从近两年通辽市金融发展竞争力的排名来看，依次位列第 11~12 位；处于竞争力的劣势区位，对区域经济发展的支撑不足，影响了经济综合竞争力的进一步提升；基础设施薄弱和人民生活水平不高，通辽市在交通设施和现代通信方面基础薄弱，处于竞争的劣势，作为区域经济增长所依赖的必要条件，无法为经济增长保驾护航；对外开放竞争力处于劣势地位，不能很好地带动经济增长。

六、赤峰市经济综合竞争力特点及问题分析

赤峰市是内蒙古自治区人口最多的城市，地处东北振兴区和环渤海经济区腹地，近两年经济综合竞争力略有下降，在全区处于劣势地位。

在各要素竞争力中，基础设施和可持续发展竞争力均高于经济综合竞争力。特别是基础设施竞争力，在 2013 年的排名中位列全区上游区，需继续保持和加强。存在的主要问题如下：

经济实力竞争力没有优势，位列第 8~9 位；产业结构竞争力薄弱，两年之间排名没有变化，均位列第 10 位；人力资源竞争力连续两年位居全区最后；金融发展滞后，管理服务、科技创新要素竞争力发展不足，影响了经济综合竞争力的稳步提升；从近两年赤峰市的管理服务竞争力排名来看，虽有小幅上升，但是仍不足以支撑经济综合竞争力的进一步提高；人民生活水平亟待改善。

七、锡林郭勒盟经济综合竞争力特点及问题分析

锡林郭勒盟地处内蒙古自治区中部，是国家重要的畜产品基地和西部大开发的前沿，近年来经济发展稳步提升，竞争力均位于全区中等优势水平。

外向型经济特征显著，经济实力竞争力排名稳定。锡林郭勒盟与蒙古国边境线长达 1098 公里，有二连浩特和珠恩嘎达布其两个常年开放的国家一类陆路口岸，在地理位置上具备发展外向型经济的条件。由以上分析可知，锡林郭勒盟外向型经济竞争力发展迅速，2012 年、2013 年对外开放竞争力均位列全区第 1 位。可持续发展竞争力也有较大幅度的提升，由 2012 年的全区第 12 位上升为 2013 年的第 8 位，为经济综合竞争力的提升做出了重要贡献。但是也存在以下问题：

作为宏观经济的重要组成部分，经济实力竞争力及产业结构竞争力一直处于中游水平，有很大的提升空间；在其他竞争力要素中，科技创新竞争力处于上游水平，剩余的要素基本处于中势，均有很大的上升空间。特别是基础设施竞争力

大幅下滑，需要引起相关部门的重视。

八、乌兰察布市经济综合竞争力特点及问题分析

乌兰察布市位于内蒙古自治区中部，近年来经济发展较快，但是总体水平不高，经济综合竞争力一直位于全区劣势水平。

经济结构不合理、外向型经济大幅下滑、产业竞争力发展严重滞后，导致经济增长动力不足。近几年来，乌兰察布市的经济结构始终处于失衡状态，在全区处于竞争的劣势，再加上经济基础薄弱，导致经济发展不平衡，素质较差。由于对外开放经济最终依赖于自身的经济实力，而进出口贸易容易受到外部因素的影响，从而导致经济综合竞争力始终处于全区劣势水平。此外，由于产业结构竞争力薄弱，特别是第二、第三产业竞争优势较弱，导致经济综合竞争力提升乏力。

管理服务、金融发展和科技创新竞争力发展处于劣势水平。作为经济发展的重要保障和支撑，乌兰察布市在政府财政、金融发展和科技方面，完全处于竞争劣势水平，无法为经济综合竞争力的提升提供可靠的保障作用。

可持续发展、人民生活和人力资源压力并存，限制了经济发展竞争力的提升。由于粗放式的经济发展模式，经济增长对能源消耗的依赖较为严重，高能耗、低资源综合利用率导致经济增长缺乏可持续性。此外，人民生活水平持续落后，城乡收入差异较大，以及人力资源的匮乏等因素共同制约了乌兰察布市的经济可持续发展能力。

基础设施薄弱，无法为经济发展提供基础保障作用。乌兰察布市的基础设施竞争力处于劣势水平，对区域经济发展提供的支撑不足，影响了经济综合竞争力的提升。

九、鄂尔多斯市经济综合竞争力特点及问题分析

鄂尔多斯市是内蒙古自治区新兴的一座能源型城市，依托能源优势，近几年来经济发展总体上保持较高水平，经济综合竞争力一直位于全区上游水平。

鄂尔多斯市经济竞争力、产业结构竞争力、金融发展竞争力、管理服务竞争力及人民生活水平竞争力优势明显，但和对外开放竞争力反差较大。依托强大的能源优势，近几年来鄂尔多斯市在经济实力竞争力、产业结构竞争力等方面始终保持明显的竞争优势，创造了内蒙古自治区乃至全国的一个发展奇迹。但是鄂尔多斯市的经济发展对能源的依赖较为严重，经济增长模式粗放，能源消耗严重，因而影响了可持续发展竞争力水平；且科技创新竞争力水平处于中势区位，与优势要素竞争力相比，相差较大。因此，鄂尔多斯市需坚持不懈地扩大改革开放，积极引进外资以及国外先进的技术和管理经验，不断开拓国外市场及提升科技创

新，以提升经济外向度竞争力水平。

十、巴彦淖尔市经济综合竞争力特点及问题分析

巴彦淖尔市是内蒙古自治区西部的新兴城市，位于举世闻名的河套平原，地处黄河流域，农业发展水平较高。近几年虽然经济发展的整体态势良好，但经济综合竞争力位于全区中下游水平。

巴彦淖尔市对外开放和科技创新竞争力较强，基础设施竞争力有所增强。主要问题表现如下：

经济基础薄弱，经济结构不合理，产业经济发展滞后导致经济综合竞争能力不强。巴彦淖尔市是一个以农业经济为主的地区，经济基础薄弱，经济结构不够合理，第一产业、第二产业、第三产业之间严重失衡，导致经济发展的动力不足。

管理服务和金融发展竞争力无法为经济综合竞争力的提升提供必要保障。巴彦淖尔市的政府财政和金融发展竞争力始终处于竞争的中势水平，发展滞后，对经济综合竞争力的支撑不足。

可持续发展竞争力排名由全区第1位直线下降至第11位需引起相关部门的高度重视。产业结构单一和粗放的经济增长模式导致了经济发展对能源消耗的依赖较强，再加上地域因素导致的人力资源匮乏等因素，共同导致了巴彦淖尔市可持续发展竞争力的下降。

十一、乌海市经济综合竞争力特点及问题分析

乌海市是内蒙古自治区一座新兴的工业城市，经济发展的总体水平较高，经济综合竞争力位于全区中游水平。

乌海市经济综合竞争力的突出特点是各要素发展极不均衡，既有排名在全区前列的管理服务竞争力和金融发展竞争力，也不乏竞争力排名全区倒数第1位、第2位的基础设施竞争力和科技创新竞争力，这在很大程度上制约了该地区经济综合竞争力的整体提升。存在的主要问题如下：对外开放竞争力滞后，在经济竞争力各要素中，乌海市管理服务与对外开放竞争力形成强烈的反差，前者有着突出的竞争力优势，而后者则完全处于劣势水平；基础设施最薄弱，可持续发展能力骤降。乌海市的基础设施，特别是交通设施建设严重滞后，能源消耗和环境保护形势非常严峻，严重影响乌海市的经济可持续发展能力；科技创新能力连续两年位列倒数第二，需加强科研投入，发挥其对经济发展的不可替代的重要作用。

十二、阿拉善盟经济综合竞争力特点及问题分析

阿拉善盟地处内蒙古自治区最西端，近年来经济发展的总体水平较高，经济

综合竞争力排名一直位于全区前列,但是各要素竞争力强弱程度有别。

经济实力和产业结构竞争力较强,但对外开放竞争力下滑明显。虽然阿拉善盟有策克、乌力吉两个对蒙口岸,在2012年随着口岸工业园区和物流园区建设力度的加大,口岸加工业、进出口贸易和现代物流业等蓬勃发展,使得对外开放竞争力优势明显,但在2013年下降显著,值得注意。

资源利用、能源消耗和环境保护压力并存。作为内蒙古自治区地区乃至全国沙漠化严重的地区,资源和环境问题一直是阿拉善盟较为突出的问题之一,必须予以高度重视,以提高可持续发展竞争力水平。

第五章

提升内蒙古自治区区域经济综合竞争力的对策建议

通过前四章的评价分析,我们明确了目前内蒙古自治区整体及各盟市区域经济综合竞争力的现状,本章就提升内蒙古自治区区域经济竞争力给出针对性的对策建议。

一、优化产业结构，进一步提升产业结构竞争力

内蒙古自治区产业结构竞争力在全国排名第 14 位，处于中游偏上水平。总体上存在以下问题：第一，第一产业占比较大，但农业机械化程度较低，农业产出效率偏低，发展后劲相对不足。第二，第二产业内部结构有待于优化，能源重化工业占很大比重，而低能耗、高附加值产业比重较低。第三，第三产业比重虽然有所提升，但是餐饮、商贸等传统服务业所占比重仍然较大，金融、证券、保险、信息以及旅游等现代新型传统服务业发展相对落后。

就内蒙古自治区内部而言，鄂尔多斯市、包头市和呼和浩特市产业结构竞争力排名分别位列前三甲，此外，乌海市和阿拉善盟产业结构竞争力也相对较强；排名处于第 6~10 位的依次是锡林郭勒盟、通辽市、乌兰察布市、赤峰市和呼伦贝尔市；排名最后两位的是巴彦淖尔市和兴安盟。

提升产业结构竞争力，必须从调整优化产业结构、转变经济增长方式两个方面入手，逐步打破以能源、基础原材料为主的单一产业结构，构建资源型产业和非资源型产业并举，多元发展、多极支撑的现代产业体系。

（一）优化产业结构，构建可持续发展的现代产业体系

要立足各地的具体实际，以构筑具备持续性竞争优势的产业体系为目标，根据产业的不同类型和发育程度，继续调整优化产业结构，发展壮大发展趋势好、后劲足、带动面大的现代制造业，改造占 GDP 比重较大但技术水平不够高的传统产业；壮大旅游、金融保险、现代物流业等具有一定基础又有较好发展前景的产业，培育新技术、高科技等现在比较弱小但代表着经济未来发展方向的新兴产业，着力发展特色产业，不断增强产业经济的独特竞争优势，努力形成一个内部关系协调、聚合力强、整体水平高、竞争优势持久的产业体系。

在第一产业方面，内蒙古自治区应该转变当前畜牧业发展方式。在牧区、半农半牧区坚持以草定畜，因地制宜发展草原畜牧业，在农区大力发展设施畜牧业，推进标准化规模养殖。在农业发展方面，内蒙古自治区应该提高农业现代化水平。加强农业基础设施建设，优化种植业结构，提高农业机械化水平，提倡保护性耕作，大力发展旱作节水农业。完善现代农业产业体系，发展高产、优质、高效、生态、安全的现代农业，推进农业生产经营专业化、标准化、规模化、集约化。发展设施农业和都市观光农业。

在第二产业发展中，首先，内蒙古自治区作为能源大省，应该进一步落实国家能源基地的定位，稳步推进国家能源基地建设。一方面，内蒙古自治区应该积极优化及规范煤炭资源开发，推进资源整合，提升煤炭开发工艺创新。另一方面，应该充分利用内蒙古自治区的地缘优势，开发并利用风电、太阳能等清洁能

源。在能源开发的基础上，充分发挥煤炭、有色金属、农畜产品等资源优势，提高资源的开发和深加工水平，努力打造国家新型化工、有色金属生产加工和绿色农畜产品生产加工基地，实现资源就地高效转化。其次，大力发展稀土深加工产品和应用产品，鼓励本土企业与国内外企业在稀土深加工、新材料与应用方面的合作与重组；积极打造"多晶硅—单晶硅—电子级硅片和太阳能级硅片—系列太阳能电池和组件"硅材料产业链。再次，以内蒙古自治区丰富的稀土资源为基础，积极培育战略性新兴产业。鼓励新材料、新医药、新一代信息技术和节能环保等战略性新兴产业的发展。加强稀土资源保护，加大资源开发整合和储备力度，加快稀土关键应用技术研发和科技成果产业化速度，提高稀土开发利用水平。最后，在发展新兴产业的同时，还应积极引进和发展高新技术改造提升冶金、建材、轻纺等传统产业的竞争力，提高企业技术装备水平和产品竞争力。推进传统产业产品的换代升级，扩大产业规模，提高产品档次。同时，在工业发展中既要注重引进国外先进技术，同时也要提升自身的创新能力，提升产业配套水平，积极引进先进生产设备和技术，提升生产效率、减少污染，走新型产业发展道路。

把发展服务业作为产业结构优化升级的重点，推进生产性服务业和生活性服务业的发展。加强区域性物流节点城市的物流基础设施建设，合理布局商业网点，完善城乡流通网络，提升城市社区服务业功能和水平，加快发展服务贸易，积极发展软件出口、服务外包和高新技术服务业以及民族商品贸易。建设草原文化旅游大区，提升草原、森林、沙漠、地质奇观等重点旅游景区水平，扶持发展休闲农业和乡村旅游，打造精品旅游线路；加强旅游公路、景区公共服务等基础设施建设，提升城市旅游集散中心功能。培育壮大金融业，进一步发展银行、证券、保险、信托、期货等金融服务，加快建设现代金融服务体系，推进金融改革创新，规范金融市场秩序。支持服务业综合改革试点区域做好相关工作。

（二）推动产业延伸和产业升级，转变经济增长方式

要大力推进产业集聚，不断延伸和壮大产业链群。整合各类经济园区，增强产业集约化竞争力。具体而言，要坚持淘汰落后产能，严格控制不符合国家产业政策的小化工项目，改造或关闭高耗能、高污染的工业项目，同时要巩固能源、冶金、化工和农畜产品加工等产业的主导地位，继续推动产业延伸和产业升级，努力扩大非资源型产业规模。

此外，要切实增强自主创新能力。努力增强原始创新、集成创新和引进消化吸收再创新能力，优化升级产业结构。推进科技基础设施、创新平台和创新载体建设，加强核心技术和共性关键技术研发，鼓励地方科研单位与国家级科研院所开展科技合作，推动新技术开发和成果应用。提升高新技术开发区产业集聚和自

主创新能力,充分发挥企业家和科技领军人才在科技进步中的作用。

对于各盟市的产业布局,也需要从服务内蒙古自治区乃至服务中国北方整体出发,针对各地区特点和发展优势进行合理引导,逐步构建合理的功能性产业布局。

二、合理规划对外开放格局,凸显内蒙古自治区作为向北开放窗口的战略重要性

内蒙古自治区对外开放竞争力在全国 30 个省市区中排名位列倒数第一,对外开放竞争力处于劣势。2013 年内蒙古自治区的进出口额、实际利用外资额分别只有 120 亿美元和 44 亿美元,经济的外贸依存度不到 5%,对外开放仍然是内蒙古自治区经济发展的短板。

就内蒙古自治区内部而言,对外开放竞争力的排名情况为:锡林郭勒盟位列第 1 位,呼伦贝尔市、巴彦淖尔市以及呼和浩特市分别位列第 2~4 位,处于第 5~8 位的依次是包头市、鄂尔多斯市、阿拉善盟和赤峰市;排名处于第 9~12 位的依次是通辽市、乌兰察布市、兴安盟和乌海市。

从整体上来看,内蒙古自治区对外开放竞争力严重落后于国内其他省份。这一方面与其地理位置有关,另一方面也与其发展战略不无关系。

2013 年,国家主席习近平提出了共建"一带一路"的构想,丝路沿线人口约 44 亿,经济总量约 21 万亿美元。"一带一路"战略主要包括中蒙俄经济带、新亚欧大路桥经济带、中国—南亚—西亚经济带、海上战略堡垒;涉及新疆维吾尔自治区、陕西省、甘肃省、宁夏回族自治区、青海省、内蒙古自治区、黑龙江省、吉林省、辽宁省、广西壮族自治区、云南省、西藏自治区、上海市、福建省、广东省、海南省等 18 个省(市、自治区)。其中,内蒙古自治区被定位为向北开放的重要窗口,在"中蒙俄经济带"中必然扮演重要的角色。

未来几年,内蒙古自治区应认真贯彻落实国家"一带一路"和向北开发战略,加快与俄蒙互联互通公路通道建设,抓住关键通道、关键节点和重点工程,优先打通缺失路段,畅通"瓶颈"路段,提升道路通达水平,加快构建连通内外、安全畅通的北疆草原"新丝路"。作为国家向北开放的大门,转型中的内蒙古自治区被列入"一带一路"战略 16 个省份之中。作为我国向北开放的重要桥头堡,近年来,内蒙古自治区大力实施向北开放战略,制定出台了《内蒙古自治区建设国家向北开放桥头堡和沿边经济带规划》等,二连浩特市、满洲里市重点开发开放试验区建设总体规划已经获得国家发改委批复,从 2015 年开始,内蒙古自治区将每年安排 15 亿元用于口岸基础设施建设,这必将为内蒙古自治区融入"一带一路"发展战略提供基础保障。这些年口岸发展比较快,习近平总书

记出访蒙古国、俄罗斯又签订了好多协议,将来双方会进一步的加强。国家实施的"一带一路"战略为内蒙古自治区加快推进对外开放带来了新的机遇。

在这一新形势下,内蒙古自治区应该进一步加大开放的广度与深度,扩大对外贸易规模,以改善当前对外贸易相对落后、对外贸易依存度低的格局。具体策略上,应采取以下措施:

首先,扩大对外经贸合作。大力发展外向型经济,鼓励机电、轻纺、建材和优势特色农畜产品,以及高新技术产品"走出去",加大对国内短缺原材料进口的扶持力度。创新利用外资方式,吸引外商投资特色优势产业,扩大基础设施、社会事业、生态环保、扶贫开发等领域利用外资规模。支持有条件的企业在境外建立资源开发基地。促进边境贸易发展,对进口有资质限制的商品,在核定边贸企业资质时适当放宽标准。推进满洲里重点开发开放试验区建设,研究建立二连浩特国家重点开发开放试验区。规划建设沿边开发开放经济带。探索在巴彦淖尔市等有条件的地区设立边境经济合作区,支持在符合条件的地区设立海关特殊监管区和保税监管场所。探索建立中俄、中蒙跨境旅游合作区。

其次,加强口岸综合能力建设,优化口岸通关环节。目前,港口远洋运输是我国对外经贸往来的主要方式,也是运输成本最低、能耗最低,最为低碳环保的运输方式,加快沿边口岸与沿海港口的快速通道建设,可实现口岸资源与港口资源的互补,进一步提升对外开放能力。依托对俄蒙口岸的亚欧大陆桥节点优势,可进一步扩大口岸功能,拓展与沿海港口联运业务,发展商贸物流、货物中转、跨境旅游等特色优势产业。

最后,加强区域合作,提升沿边各区域的对外开放水平。深化国内区域合作。进一步加强与北京、东北三省及其他省区的区域合作,建立健全合作机制,拓展合作领域,积极引导中央企业和其他省(区、市)企业到内蒙古自治区投资兴业。鼓励跨地区的重大基础设施建设和产业园区共建,支持内蒙古自治区与沿海地区合作建设出海通道和临港产业基地,与相邻省(区)合作建设能源产业集聚区。支持建设承接产业转移示范区,国家产业转移引导资金适当向内蒙古自治区倾斜。进而促进合理的地区产业分工,并实现规模经济,提升区域国际竞争力,进而在国际贸易中获得相应利益。

此外,内蒙古自治区应该进一步打造开放合作平台。除了加强与俄蒙毗邻地区的交往和联系,还应该积极参与东北亚、中亚等国际区域合作,加快建设北疆草原"新丝路"。逐渐形成全方位、多层次、宽领域的对外开放格局。对内对外开放相互促进,加快国际经济技术合作步伐,使外向型经济逐步成为国民经济的重要组成部分和增长点。

三、加大节能减排力度,增强经济可持续发展能力

经济发展是否可持续,关系到经济前行是否顺畅,也关系着子孙后代的福祉。经验表明,任何以牺牲资源和环境为代价的经济增长都是不可持续的,也是不可取的。

2013年,内蒙古自治区的可持续发展竞争力排在了全国倒数第3位,可见,资源型的经济发展烙印在内蒙古自治区仍然非常严重。

就内蒙古自治区内部而言,可持续竞争力排名前4位的盟市依次是通辽市、兴安盟、呼伦贝尔市和包头市;排名处于第5~8位的依次是阿拉善盟、呼和浩特市、赤峰市和锡林郭勒盟;排名处于第9~12位的依次是鄂尔多斯市、乌兰察布市、巴彦淖尔市以及乌海市。因此,提高内蒙古自治区经济发展可持续性的任务刻不容缓。具体而言,可采取如下措施:

首先,应该切实做好节能减排工作。大力实施重点节能工程,支持高载能行业节能改造和重大节水技术改造工程建设。加快淘汰落后产能,推行清洁生产,积极发展循环经济。开展循环经济示范、主要污染物排污权有偿使用和交易试点工作。推广应用低碳技术,实施森林草原固碳增汇技术示范工程,控制温室气体排放。

其次,内蒙古自治区应进一步加强环境综合整治,加大对全区水资源和土地资源的污染防治力度,加强城镇和工业园区污水、垃圾、危险废物处理等环保基础设施建设,实现危险废物全过程规范化管理。推进重点城市大气污染防治工程建设。提高环境监管能力,完善管理体系。此外,内蒙古自治区还应加大沙地沙漠和水土流失治理力度。加强沙地沙漠综合治理。进一步推动重点地区防沙治沙专项治理工程和沙化土地封禁保护区建设,推广实用技术和模式,鼓励发展沙产业,实施生态绿洲保护与治理工程,切实发挥内蒙古自治区作为我国北方重要的生态安全屏障的作用。

最后,在水资源、土地资源以及大气防治的基础上,内蒙古自治区还应进一步做好草原生态和森林生态保护与建设。在草原生态方面进一步推进草原牧区基础设施建设,发展设施畜牧业和人工草场,稳步实施生态移民,培育后续产业。提高草原防灾减灾能力,加大草原防火和病虫鼠害防治力度。探索建立基本草原保护制度,加强草原生态监测监理体系建设,加大草原管护力度。在森林生态保护与建设方面,继续实施天然林保护和"三北"防护林工程,巩固退耕还林成果,支持人工造林和森林改造培育。

四、大力发展人才强区战略,提升人力资源竞争力

内蒙古自治区人力资源竞争力在全国排名第24位,处于全国下游水平。反

映了当前内蒙古自治区在人力资源竞争力方面的弱势。

在内蒙古自治区内部,呼和浩特市人力资源竞争力位列第1位,第2~4位依次是包头市、阿拉善盟和鄂尔多斯市,排名处于第5~8位的分别是锡林郭勒盟、乌海市、呼伦贝尔市和通辽市,排名处于第9~12位的分别是巴彦淖尔市、兴安盟、乌兰察布市和赤峰市。

国以才立,业以才兴。人才是科学发展的第一资源,是关系一个地区经济社会发展的决定性因素。

人才工作是一项着眼长远、事关区域发展的战略性工作,更是一项长期、系统的工程。让人才工作理念深入人心,大量培养和引进推动科学发展的各类人才,是"人才强区"的当务之急。

(一) 大力实施人才培养工程,助推各类人才成长

人才投入是赢得未来的战略性投入,是效益最大的投入。想方设法培养人才,千方百计爱护人才,以最大的诚意、最好的服务、最优的环境留住人才,助推各类人才成长创业是人才工作的重中之重。

首先,优先发展学前教育,巩固提高九年义务教育,普及高中阶段教育。改善义务教育办学条件,积极推进边远地区义务教育均衡发展,支持乡镇(苏木)、村(嘎查)和边远艰苦农牧区学校改善特殊教育学校条件,建立健全保障机制。

其次,大力发展少数民族教育,提高双语教学质量,以及民族学校的办学质量,以培养更多的少数民族人才。

最后,积极发展职业教育,提高高等教育办学质量,鼓励国家重点高校与内蒙古自治区联合办学,扩大中央部属高校和东部省(市)高校在内蒙古自治区的招生规模,实施对口支援中西部地区高等学校计划和招生协作计划。

(二) 大力实施引才引智工程,为"人才强区"战略提供源源不断的动力

第一,更新观念,在全社会形成重才爱才的良好氛围。要树立"大人才观"。只要具有一定知识或技能,能够进行创造性劳动的都是人才。根据内蒙古自治区产业布局和城乡建设发展的需求,人才队伍应该是一个融合多种行业、多个层次的开放型群体。好的领导干部、专家学者是人才,高技能、懂文化、懂技术、在实践中成长起来的业务技术骨干、生产能人也是人才。要树立"人才是科学发展第一资源、人人都可以成才"的理念。让"知识就是财富,知识就是生产力,知识改变命运"等成为人们学习和工作的动力,尊重和重视每一名优秀人才,真正营造出重才爱才的良好氛围。

第二,优化结构,大力引进高学历、高层次人才。根据目前内蒙古自治区整体发展水平和人才短缺的现状,要走人才强区之路,就要创新工作思路和工作方

法，加大对高学历、高层次人才的引进力度，快速优化党政人才、管理人才和专业技术人才队伍结构。

第三，打造平台，实现人才智力与产业发展的良性结合。逐步实施技能人才振兴工程，侧重人才与产业对接，通过聘请专家担任"项目教授"、"技术顾问"或联合开发等形式，与国家高校和科研机构结成"产学研"联合体，打造人才智力推进和转化平台。柔性引进人才，依托产业优势打造人才优势。

"人才强区"之路任重而道远，我们要积极探索更为贴近人才、产业和社会发展需要的工作方式和服务方式，逐步将内蒙古自治区打造成一个包容性强、开放度高、吸纳能力大的人才高地，为全区实现快速发展提供强大的人才保障和智力支持。

五、加快发展现代金融业，为国民经济发展保驾护航

内蒙古自治区金融发展竞争力的指数排名位于第19位，处于中游偏下的水平。内蒙古自治区各盟市金融发展竞争力情况为：呼和浩特市排名第1位，鄂尔多斯市、乌海市以及包头市分别位列第2~4位，排名处于第5~8位的依次是阿拉善盟、锡林郭勒盟、巴彦淖尔市以及呼伦贝尔市，排名处于第9~12位的依次是赤峰市、乌兰察布市、兴安盟和通辽市。

要实现内蒙古自治区又好又快发展，离不开强有力的金融支持。要有序发展和创新金融组织、产品和服务，全面提升金融服务水平，不断增强金融市场功能，着力拓展金融服务的广度和深度，使其更好地为加快转变经济发展方式服务。

第一，全面增强农村金融服务能力，推动农村经济社会又好又快发展。农村金融是现代农村经济的核心。"十三五"时期，要进一步增强金融服务"三农"的能力，科学合理布局农村金融网点，加大新型农村金融机构培育力度，全面增强农村金融服务能力，持续提高农村地区银行业金融机构的覆盖率，加快完善农村金融组织体系和服务体系，突出农村金融服务针对性。一方面，要加强对水利建设的支持。各级监管部门和各银行业金融机构要高度重视水利建设，将支持水利建设作为现阶段"三农"金融服务工作重点，增加水利建设方面的信贷资金投入。政策性银行、大型商业银行和农村中小银行业金融机构要根据自身的业务功能和市场定位，在保证信贷资金安全的前提下，加强对农田水利建设项目的信贷支持，合理提高农田水利建设贷款比重，合力支持水利建设。另一方面，要加强对农业生产的支持。要着力满足粮食和农产品生产、加工、流通各环节的有效信贷需求。要根据粮食和农产品生产、产销区运输时间、产品销售周期等和从事生产、加工和销售的农户、企业资金需求特点，科学掌控涉农信贷投放节奏，确

定信贷投放的时机和额度,保证资金准确、及时到位。

第二,进一步建立健全中小企业金融服务和信用担保体系,促进中小企业发展。要进一步促进小企业金融业务可持续发展,改进小企业金融服务。要通过加大金融支持,建立健全中小企业金融服务和信用担保体系,提高中小企业贷款规模和比重,拓宽直接融资渠道,大力发展中小企业,促进中小企业加快转变发展方式,强化质量诚信建设,提高产品质量和竞争能力。要引导商业银行进一步加大对小企业业务的管理建设及资源配置力度,满足符合条件的小企业的贷款需求。

六、提升科技创新能力,为社会经济发展提供不竭动力

创新是力量之源,发展之基;科技本质是创新,科技发展靠创新;不断创新是当代科技发展的主旋律,创新是一个民族进步的灵魂,是一个国家兴旺发达的不竭动力;一个民族、一个国家或地区,只有不断创新才能在激烈的国内外市场竞争中始终处于领先地位。

2013年,内蒙古自治区的科技创新竞争力排名位于第23位,处于下游偏上水平,表明内蒙古自治区科技创新能力整体较弱。各盟市的排名情况是:呼和浩特市排名第1位,阿拉善盟和兴安盟分别位列第2位、第3位。第4~12位依次为锡林郭勒盟、巴彦淖尔市、呼伦贝尔市、通辽市、鄂尔多斯市、乌兰察布市、赤峰市、乌海市和包头市。鄂尔多斯市和包头市的科技创新能力需要引起自治区及当地政府的高度重视。

为提升内蒙古自治区的科技创新竞争力,首先应着力进一步优化创新环境,通过政策引导、资金投入支持等措施推动全区高新技术产业开发区、高新科技园区、产业化基地、可持续发展试验区改善创新创业环境,以此吸引和聚集高层次科技人才,有力地促进高新技术成果转化和产业化。

其次,搭建科技成果转移平台,实现科技成果与经济发展的有机融合。科技成果转化是使科技成果投入实际应用并走向市场的关键环节,也是促进科技与经济有机融合的重要举措。为了有效推动自治区科技成果转移转化,内蒙古自治区应进一步深入搭建科技成果转移平台,实现科研院所与企业的对接,推进科技成果转移转化。

最后,整合现有创新资源,提升自主创新能力。通过对现有企业、科研院所以及政府机构等部门科研资源的整合,围绕内蒙古自治区优势产业,建设一批集产学研用为一体的、以企业为主体的独立法人运行模式的新型研发机构,为加快构建传统产业新型化、新兴产业规模化、支柱产业多元化的产业发展新格局提供科技支撑。以便于发挥科技创新在区域创新体系建设和核心技术、产业共性技

术、人才引进和培育、企业孵化等领域的骨干和引领作用。

七、加强基础设施建设，为人民生活提供物质保障

基础设施主要包括交通运输、机场、港口、桥梁、通信、水利及城市供排水供气、供电设施和提供无形产品或服务于科教文卫等部门所需的固定资产，这些是一切企业、单位和居民生产经营工作和生活共同的物质基础，既是物质生产的重要条件，也是劳动力再生产的重要保障。

内蒙古自治区的基础设施竞争力评价排名位于全国第3位，处于全国上游区位。在相关指标中，人均公路长度全国排名第6位，全社会物资周转量排名第11位，电信光缆线路长度排名第1位。这反映了近年内蒙古自治区基础设施条件有了较大程度的改善。但仍需在以下方面加以改进：

第一，加强农村基础设施建设力度。切实增加政府投入，实施好一批直接服务农村、符合农民需求、让广大农民受益的项目，使农村面貌特别是基础设施和社会事业发展滞后的状况明显改善。统筹考虑区域性和社区性基础设施建设，重点解决农村地区道路硬化、饮水安全、能源清洁、环境美化、信息畅通等问题，以搞好垃圾、污水、厕所、道路整治为重点，全面整治农村环境。

第二，构建城市交通、供水、供电、供热和供燃气等综合体系。城市交通、供水、供电、供热和供燃气等基础设施的完善程度不仅关系到居民生活是否便捷，也是一个城市的对外名片。在供电方面，要逐步简化电网接线，实现双电源双主变，提高供电可靠性。加快风力发电、光伏发电等新能源的推广利用，积极推进智能电网建设，优化电力供应结构。加快建设环城高压天然气管线的进度，逐步更新改造天然气管网，加快燃气应急调节储备设施和液化石油气储配工程建设。在供热方面，全面改造供热管网，拆并整合分散小锅炉房，提高城市集中供热普及率和供热效率，逐步完善市内全部供热分区。在供水方面，要坚持开源与节流并重、防汛与抗旱并举，加强水资源供应能力建设，优先保证城乡供水安全，统筹城市排水与防洪设施建设，尽快形成比较完善的城市供排水体系和防洪体系，加强城市在各类"水灾"面前的防御能力。

在交通方面，进一步完善城市交通规划，加快轨道、快速路的建设，构建城市综合交通体系；进一步加强铁路建设，扩大公路网络覆盖面，提高公路通达深度和公路等级；加大对农村道路硬化的建设力度，要逐步实现"柏油路乡乡通，水泥路村村通"的现代农村交通体系。同时，鼓励市民积极参与绿色出行，有效缓解市内交通压力。

第三，加快信息基础设施建设步伐。政府积极鼓励和支持电信运营商不断改造和更新网络传输、交换设备，完善信息枢纽功能，特别是要提高农村的网络覆

盖率。优化邮政设施配置，提高邮件处理能力，逐步建成功能完善、布局合理、技术先进的现代化邮政设施网络。合理规划和布置街道候车亭、电话亭、报刊亭、广告牌、阅报栏、装饰路灯、座椅和垃圾桶等市政公用设施，方便市民生活，提升城市形象，逐步向"数字内蒙古"的目标靠拢。

八、提升管理服务意识，增强管理服务竞争力

内蒙古自治区管理服务竞争力排名位于第21位，处于全国下游水平，主要原因是由于内蒙古自治区失业率较高。而从财政收入、财政收入占GDP比重、财政年收入递增率以及财政自给率来看，内蒙古自治区同样处于中游靠下或下游靠上位置，都处于较低水平。

从区内各盟市管理服务竞争力排名情况来看，鄂尔多斯市的管理服务竞争力位列全区第1位，其次是乌海市、阿拉善盟和包头市；排名处于第5~8位的盟市依次是锡林郭勒盟、呼和浩特市、巴彦淖尔市和通辽市；排名处于第9~12位的盟市依次是赤峰市、呼伦贝尔市、乌兰察布市和兴安盟。

增强管理服务意识，提升内蒙古自治区管理服务竞争力，需从以下几个方面入手：

首先，深化城市管理体制综合改革。明确各级政府在城市管理中的工作职能，建立市、区、街相互衔接，合理分工和规范高效的城市管理框架。以城市社会管理体制改革推进带动社区管理体制创新，提高社区自治能力建设。充分发挥基层党组织、城乡基层自治组织以及社会中介组织在管理中的作用，把城市管理的基础工作落在实处。

其次，千方百计提高就业率。实施积极的就业政策，加大对就业和创业的支持力度，建立健全促进就业和支持创业的长效机制，以创业带动就业。进一步发挥政府投资、重大项目建设带动就业的作用，解决好城镇"零就业"家庭和就业困难群体的就业问题。加强公共就业服务体系和基层劳动就业公共服务平台建设，推进职业技能培训，建立健全人力资源市场。

鼓励高校毕业生面向基层就业，以强化实际操作技能训练和职业素质培养为着眼点，加强职业培训，提高劳动者就业能力。

健全社区、村镇就业服务网络，强化市、旗县区、街道各级各类职业介绍机构的就业服务功能，推行就业助理服务模式，广泛提供岗位信息，提高职业介绍服务效率和质量。

加强就业服务管理，健全城乡劳动力资源调查制度和就业失业登记制度。完善就业援助制度，落实就业援助政策，通过公益性岗位安置、"一对一"跟踪服务，促进困难群体多渠道实现就业。

再次,合理调节收入分配。兼顾效率和公平,着力提高低收入者的收入水平,逐步扩大中等收入者比重。保障进城务工人员合法权益,增加农民务工收入。提高公务员津贴补贴水平,加快推进事业单位绩效工资改革。加大税收监管和财政转移支付力度,妥善解决区域间和部分社会成员之间收入差距过大问题。

最后,克服重建设、轻管理现象,坚持依法、科学、从严、有序管理城市。充分发挥人民群众参与城市管理的作用,积极推进城市管理体制创新和模式转变,着力改进和加强基础管理,提高城市的运行效率和安全保障能力。

九、努力建设惠民工程,切实提高人民生活水平

人民生活水平是真正反映社会经济发展程度的最终指标。经济发展的最终目的是让社会生产成果普惠于民。在市场经济时代,衡量居民生活水平的最直接指标是居民的消费水平,而居民是否有实力消费,又是否愿意消费,则取决于其收入水平以及住房、教育、保险等各项社会保障程度是否完善。

内蒙古自治区人民生活水平竞争力排名位于全国第10位,这是由于内蒙古自治区的5个人民生活水平竞争力评价指标在全国排名中都较为靠前。尽管如此,内蒙古自治区在人民生活水平发展方面还存在诸多不足,主要表现在城乡居民收入不平衡,农村人均收入水平上升缓慢;区域内部人民生活水平各地区之间差距较大。由2013年的评价结果可知,评价得分在90~100分的区域为"呼包鄂"金三角区;80~90分的区域有乌海市和阿拉善盟,指数都约为8分;70~80分的区域有巴彦淖尔市、锡林郭勒盟和呼伦贝尔市;60~70分的区域有通辽市、赤峰市、乌兰察布市和兴安盟。此外,内蒙古自治区劳动保障制度还不够完善,社保覆盖率远低于发达地区。因此,内蒙古自治区城乡居民生活水平和全面建设小康社会的要求之间存在较大差距,仍有较大的提升空间。当前提升内蒙古自治区居民生活水平应从以下几个方面入手:

首先,要进一步完善社会保障体系。建立覆盖城乡的社会保障体系,扩大覆盖范围,加大投入力度,提高保障水平。加快实施新型农村社会养老保险制度,按照先保后征原则,将被征地农牧民纳入社会保障范围。进一步完善城镇基本养老保险、职工基本医疗保险、城镇居民医疗保险、新型农村合作医疗保险、失业保险、工伤保险和生育保险制度,提高社会保险统筹层次,合理确定城乡居民最低生活保障标准。加快建立城镇居民养老保险制度,按照国家统一部署提高企业退休人员基本养老金水平。健全社会救助体系,完善社区服务、儿童福利、养老服务、教育和文化事业的资金保障机制。

其次,规范发展社会福利事业。规范社会福利事业管理和服务,支持和鼓励社会力量参与社会福利事业,推进社会福利社会化,形成以居家为基础、社区为

依托、机构为补充的发展格局。加快社会福利基础设施建设，建成民政福利园和旗县区综合福利服务中心。大力发展养老服务机构，鼓励、支持社会力量兴办养老机构。加快建设街道老年活动中心和社区托老所，建立区、街道（乡镇）和社区（村）居家养老三级网络，提高对"空巢老人"和特困老人的服务水平。加大农村敬老院投入力度，提高农村"五保"老人集中供养率。积极发展残疾人事业，帮助残疾人康复、上学和就业，为残疾人平等参与社会生活创造条件。实行多元化的孤残儿童养育方式，努力提高孤残儿童集中供养率。

再次，加快保障性住房建设。以实现"人人有房住"为政策目标，综合运用土地、财税、金融、行政等手段，增加面向中低收入家庭的普通商品住房和保障住房的供应，满足不同群体的住房需求，充分保障每位市民的居住权。要加快城市棚户区、旧小区的改造力度。做好棚户区、旧小区搬迁改造建设工作，通过科学规划、税费减免、政策配套等多种方式，加大改造力度。完善搬迁改造小区的生活设施，多渠道增加基础设施和社会公益设施的投入。加大投入和出台优惠政策并举，解决棚户区居民搬入新居后的就业、养老、教育、医疗等问题，确保搬迁居民安居乐业。完善住房保障政策，加强经济适用房、廉租房的建设与管理，落实相关政策和建房用地，制定发展规划和年度计划，建立目标责任制。在土地出让（出租）、资金信贷、政策优惠等方面支持企业参与保障性住房建设。进一步提高住房公积金收缴率，扩大覆盖面，提高资金运营水平。给予进城农民工购房、租房补贴。

最后，基于内蒙古自治区居民生活水平的区域差异性，政府应加大扶贫开发力度。积极推进贫困地区基础设施建设，改善发展环境和生产生活条件。加大财政扶贫资金投入力度，扩大扶贫贴息贷款规模，继续实施整村推进、产业化扶贫、劳动力转移培训、以工代赈、兴边富民等工程，提高贫困人口收入。积极做好易地扶贫搬迁工作，妥善解决搬迁农牧民后续发展和长远生计问题。尽快实现农村低保制度与扶贫开发政策有效衔接。积极稳妥发展贫困村互助资金组织，加强定点扶贫和东、西扶贫协作，鼓励民间组织和企业积极参与扶贫开发。

十、努力提升经济实力，促进社会经济又好又快发展

针对内蒙古自治区当前的竞争力发展水平以及发展现状，应从以下几个方面提升自治区的经济实力：

首先，加快城镇化进程。统筹规划、合理布局，促进城市和城镇协调发展，积极构建多中心带动的城镇发展格局。依托盟（市）、旗（县）所在地和建制镇，积极引导产业集聚，提高城镇服务功能，引导城镇有序发展，积极稳妥推进城镇化，以进一步推进内蒙古自治区全区的国民生产和消费水平。

其次,结合城镇化进程,加强县城和重点镇建设,提高集聚和辐射带动能力,提升县域经济。发挥比较优势,扶持资源加工型、劳动密集型、产业配套型等产业发展,培育一批具有一定规模和水平的特色产业,着力打造一批各具特色的经济强县(旗)。

再次,内蒙古自治区区域内部经济发展存在明显的梯度结构,为此,内蒙古自治区应统筹东中西部地区发展,合理布局生产力,增强区域实力和竞争力。推进呼和浩特市、包头市、鄂尔多斯市一体化发展,辐射带动内蒙古自治区西部地区率先发展。加大对东部地区开放与开发支持力度,进一步融入东北及环渤海经济区(圈),主动承接辐射带动和产业转移。优化兴安盟、赤峰市、锡林郭勒盟等地区的水煤资源配置,有序发展煤电、煤化工、有色金属加工、装备制造、农畜产品深加工等产业。支持少数民族聚居区、边境地区、贫困地区加快发展。

最后,还应进一步促进资源型城市转型,建立多元化的产业体系,探索资源型地区可持续发展的新模式。

参考文献

[1] Anton Meyer. *Service Competitiveness: An International Benchmarking Comparison of Service Practice and Performance in Germany, UK and USA*. International Journal of Service Industry Management, 1999.

[2] Balassa B. *Trade Liberalization and "Revealed" Comparative Advantage*. Manchester School, 1965 (33): 99-123.

[3] Christophere James. *RAROC Based Capital Budgeting and Performance Evaluation: A Case of Bank Capital Allocation*. University of Pennsylvania, 1996.

[4] Claude Auroi. *Latin American and East European Economies in Transition*. Grank Cass Publishers, 1998.

[5] Erkki Koskela. *Ronnie hob, Hans-Werner Sinn, Green Tax Reform and Competitiveness*. http://papers.nber.org/Ppers/w6922, 2000.

[6] Fidelis Ezeaala-Harrison. *Theory and Policy of International Competitiveness*. PRAEGER, London, 1999.

[7] Frederique Sachwald. *Competitiveness and Competition: Which Theory of the Firm?*. European Integration and Competitiveness, 1994.

[8] Frederique Sachwald. *Conclusion: Integration and Globalization*. European Integration and Competitiveness, 1994.

[9] IMD. *The World Competitiveness Yearbook*. Lausanne, Switzerland, 1995-2000.

[10] WEF. *The Global Competitiveness Report*. Geneva, Switzerland, 1995-1998.

[11] WEF. *The Global Competitiveness Report 2012-2013*, http://reports.weforum.org/global-competitiveness-report-2012-2013.

[12] WEF. *The Global Competitiveness Report 2013-2014*, http://reports.weforum.org/global-competitiveness-report-2013-2014.

[13] WORLD BANK. *World Development Indicators*. Washington, US, 2002.

［14］Zhao Yanyun, Li Jingping. *Social and Economic Impact of the Asian Financial Crisis China*. Social Impact of the Asian Financial Crisis (ed, Tran Van Hoa), Macmillan Press Ltd., UK, 2000.

［15］［美］保罗·A. 萨缪尔森, 威廉·D. 诺得豪斯. 经济学［M］. 北京: 中国发展出版社, 1992.

［16］［美］保罗·克鲁格曼, 茅瑞斯·奥伯斯法尔德. 国际经济学（第1篇、第2篇）［M］. 北京: 中国人民大学出版社, 2000.

［17］［美］戴维·S. 兰德斯. 国富国穷［M］. 北京: 新华出版社, 2001.

［18］［美］马尔科姆·吉利斯, 德怀德·H. 帕金斯, 迈克尔·罗默, 唐纳德·R. 诺德格拉斯. 发展经济学［M］. 北京: 经济科学出版社, 1992.

［19］［美］迈克尔·波特. 国家竞争优势［M］. 北京: 华夏出版社, 2002.

［20］［美］迈克尔·波特. 竞争优势［M］. 北京: 华夏出版社, 1997.

［21］［美］迈克尔·波特. 竞争战略: 分析产业和竞争者的技术［M］. 北京: 三联出版社, 1988.

［22］［美］曼库尔·奥字森. 国家兴衰探源［M］. 北京: 商务印书馆, 2001.

［23］［瑞典］贝蒂尔·奥林. 地区间贸易和国际贸易［M］. 北京: 首都经济贸易大学出版社, 2001.

［24］［英］M. G. 韦布等. 能源经济学［M］. 成都: 西南财经大学出版社, 1987.

［25］陈宗胜等. 中国经济体制市场化进程研究［M］. 上海: 上海人民出版社, 1999.

［26］单玉丽, 张旭华等. 福州与厦门、东莞、苏州区域竞争力比较分析及对策研究［J］. 福建论坛（人文社会科学版）, 2005（3）.

［27］丁力, 杨茹. 经济增长加速度与地区竞争力［J］. 广东社会科学, 2003（3）.

［28］董会忠, 张峰, 宋晓娜. 基于正态云模型的科技创新与区域竞争力动态关联评价［J］. 科技进步与对策, 2015（15）.

［29］樊纲. 发展的道理［M］. 上海: 三联书店, 2002.

［30］高洪深. 区域经济学［M］. 北京: 中国人民大学出版社, 2002.

［31］桂昭明, 王辉耀. 国际人才蓝皮书——中国区域人才竞争力报告（2013）［M］. 北京: 社会科学文献出版社, 2013.

［32］郭秀云. 灰色关联法在区域竞争力评价中的应用［J］. 统计与决策, 2004（11）.

［33］韩延玲等. 经济全球化视角下的新疆区域竞争力多维评价与对策研究

［M］．北京：经济科学出版社，2014．

［34］胡昱，马秀贞．竞争力评价［M］．北京：中国经济出版社，2008．

［35］蒋满元，唐玉斌．基于区域经济学基本假定的区域竞争力形成机制解释［J］．财贸研究，2005（2）．

［36］景体华．2004～2005年：中国区域经济发展报告［M］．北京：社会科学文献出版社，2005．

［37］李建平．中国省域经济综合竞争力评价研究［J］．综合竞争力，2010（2）．

［38］李坤望．经济增长理论与经济增长的差异性［M］．太原：山西经济出版社，1998．

［39］卢中原．西部地区产业结构变动趋势、环境变化和调整思路［J］．经济研究，2002（3）．

［40］孟亮，吴旻．区域制造业竞争力评价体系构建及其应用［J］．商业时代，2010（13）．

［41］内蒙古统计局．内蒙古经济社会调查年鉴（2013）［M］．北京：中国统计出版社，2013．

［42］内蒙古统计局．内蒙古经济社会调查年鉴（2014）［M］．北京：中国统计出版社，2014．

［43］内蒙古统计局．内蒙古统计年鉴（2013）［M］．北京：中国统计出版社，2013．

［44］内蒙古统计局．内蒙古统计年鉴（2014）［M］．北京：中国统计出版社，2014．

［45］裴长洪，王镭．试论国际竞争力的理论概念与分析方法［J］．中国工业经济，2002（4）．

［46］上海财经大学区域经济研究中心．2005中国区域经济发展报告——长江三角洲区域规划及统筹发展［M］．上海：上海财经大学出版社，2005．

［47］舒元等．现代经济增长模型［M］．上海：复旦大学出版社，1998．

［48］陶文达等．发展经济学［M］．成都：四川人民出版社，1992．

［49］万斌．2005年中国长三角区域发展报告［M］．北京：社会科学文献出版社，2003．

［50］王秉安，陈振华等．区域竞争力理论与实证［M］．北京：航空工业出版社，2000．

［51］王力，黄育华．中国金融中心发展报告［M］．北京：社会科学文献出版社，2011．

[52] 王连月, 韩立红. AHP法在区域竞争力综合评价中的应用 [J]. 企业经济, 2004 (6).

[53] 王青云. 区域国际竞争力及其指标体系初探 [J]. 宏观经济研究, 2003 (12).

[54] 王与君. 中国经济国际竞争力 [M]. 南昌: 江西人民出版社, 2000.

[55] 肖红叶, 郑华章. IMD-WEF国际竞争力评价比较研究——以中国为例 [J]. 统计与信息论坛, 2008 (1).

[56] 肖红叶, 郑华章. IMD国际竞争力评价技术及其应用——以中国区域国际竞争力评价为例 [J]. 统计与信息论坛, 2006 (5).

[57] 肖红叶. 中国区域竞争力发展报告 (1985~2004) [M]. 北京: 中国统计出版社, 2004.

[58] 肖红叶. 中国区域竞争力发展报告 (2005) [M]. 北京: 中国统计出版社, 2006.

[59] 谢立新. 论地区竞争力的本质 [J]. 福建师范大学学报, 2003 (5).

[60] 徐滇庆. 世界格局与中国经济发展策略 [M]. 北京: 经济科学出版社, 1998.

[61] 徐宏, 李明. 试论区域竞争力评价指标体系的构建 [J]. 特区经济, 2005 (5).

[62] 阳国新. 区域贸易与区域竞争 [J]. 经济学家, 1995 (2).

[63] 张培刚. 发展经济学教程 [M]. 北京: 经济科学出版社, 2001.

[64] 张为付, 吴进红. 对长三角、珠三角、京津地区综合竞争力的比较研究 [J]. 浙江社会科学, 2002 (6).

[65] 赵修卫. 关于发展区域核心竞争力的探讨 [J]. 中国软科学, 2001 (10).

[66] 赵彦云, 宋东霞. 从国际竞争力看我国经济增长方式转变 [J]. 中国人民大学学报, 1996 (6).

[67] 赵彦云, 赵磊. 中国社会经济转型竞争力的国际比较研究 [J]. 现代财经, 2002 (12).

[68] 赵彦云. 1997年中国国际竞争力评价 [J]. 经济研究资料, 1997 (2).

[69] 赵彦云. 2002年世界竞争力主流竞争力要素与中国发展要点 [J]. 宏观经济研究, 2002 (10).

[70] 赵彦云. 21世纪: 全面提升中国国际竞争力 [J]. 中国统计, 2001 (1).

［71］赵彦云．国际竞争力发展的主要问题［J］．经济理论与经济管理，1997（2）．

［72］中国国家统计局．中国统计年鉴（2013）［M］．北京：中国统计出版社，2013．

［73］中国国家统计局．中国统计年鉴（2014）［M］．北京：中国统计出版社，2014．

［74］中国人民大学竞争力与评价研究中心研究组．中国国际竞争力发展报告（1996）［M］．北京：中国人民大学出版社，1997．

［75］中国人民大学竞争力与评价研究中心研究组．中国国际竞争力发展报告（1997）［M］．北京：中国人民大学出版社，1998．

［76］中国人民大学竞争力与评价研究中心研究组．中国国际竞争力发展报告（1999）［M］．北京：中国人民大学出版社，2000．

［77］中国人民大学竞争力与评价研究中心研究组．中国国际竞争力发展报告（2001）——21世纪发展主题研究［M］．北京：中国人民大学出版社，2001．

［78］中国人民大学竞争力与评价研究中心研究组．中国国际竞争力发展报告（2003）——区域竞争力发展主题研究［M］．北京：中国人民大学出版社，2003．

［79］朱冬辉，杨柯玲，彭跃．区域经济国际竞争力指标体系的构建及评价方法［J］．统计与决策，2013（18）．

［80］庄丽娟．广东国际竞争力研究［M］．广州：广东人民出版社，2006．